Word 2010

Micro Application

1ère Édition - Juin 2010

AUTEURS Marina Mathias

ISBN : 978-2-300-029332
ISSN : 1637-8148

MICRO APPLICATION
20-22, rue des Petits-Hôtels
75010 PARIS
Tél : 01 53 34 20 20 - Fax : 01 53 34 20 00
http://www.microapp.com

Support technique :
Fax : 01 53 34 20 00
également disponible sur le site
www.microapp.com

Retrouvez des informations sur cet ouvrage !

Rendez-vous sur le site Internet de Micro Application **www.microapp.com.** Dans le module de recherche, sur la page d'accueil du site, entrez la référence à 4 chiffres indiquée sur le présent livre. Vous accédez directement à sa fiche produit.

AVANT-PROPOS

Tout en couleur, la collection GUIDE MICROAPP vous accompagne dans votre découverte d'un logiciel ou d'une technologie informatique. Grâce à une approche résolument pratique, centrée autour de nombreux exemples pas à pas, elle vous permet de réussir vos premières prises en main et de réaliser des opérations concrètes, rapidement et facilement, sans connaissance préalable du sujet traité.

Les ouvrages de la collection sont basés sur une structure identique :

- Des étapes numérotées, associées à des captures d'écran, vous permettent de suivre et de reproduire pas à pas l'exemple étudié.
- Des informations complémentaires au sujet traité vous sont délivrées. Présentées sous forme d'encadrés, elles sont repérables par l'icône ▶.
- Des définitions vous permettent de comprendre les termes et abréviations relatifs au logiciel ou à la technologie étudiée. Présentées sous forme d'encadrés, elles sont identifiables par l'icône ▶.

Complète, la collection GUIDE MICROAPP vous délivre des outils innovants pour rendre l'apprentissage encore plus enrichissant et convivial :

Le coin des passionnés, pour tous ceux qui souhaitent approfondir leurs connaissances et aller plus loin dans leur utilisation du logiciel ou de la technologie étudiée.

Les Fiches pratiques, pour maîtriser en quelques clics une application précise.

Afin de faciliter la compréhension des techniques décrites, nous avons adopté les conventions typographiques suivantes :

- **Gras** : menu, commande, onglet, bouton
- *Italique* : rubrique, zone de texte, liste déroulante, case à cocher
- www.microapp.com : adresse Internet
- **Hotmail** : renvoi vers un encadré définition
- ✂ : indique, dans les programmes, un retour à la ligne involontaire dû aux contraintes de la mise en page

SOMMAIRE

Chapitre 1

TOUR D'HORIZON *de Word 2010*

L'ENVIRONNEMENT DE WORD 2010 11
La fenêtre Word 11
Le Ruban 12
La barre d'outils Accès rapide 13
Les flèches et barres de défilement 13
Les règles 14
La barre d'état 14
Les volets 14
Les menus et la barre d'outils contextuels 15
Les touches d'accès rapide 15
Les balises actives 16
LE MODE OFFICE BACKSTAGE 16
L'AIDE ET LES INFO-BULLES 17
Utiliser l'aide 17
Personnaliser l'aide 18
LES MODES D'AFFICHAGE 18

Chapitre 2

CRÉATION *d'un premier document*

SAISIE, IMPRESSION ET ENREGISTREMENT 20
Modification en cours de saisie 20
Sauvegarde du document 22
Impression 22
Ouverture d'un document existant 23
LES TECHNIQUES DE SAISIE 24
Les marques de mise en forme 24
Sélection et déplacement dans le document 25
Copier-couper-coller 27
Remplacer 28
Les outils de correction automatique 28

Chapitre 3

MISE EN PAGE

MARGES ET ORIENTATION DU PAPIER 32
ALIGNEMENT VERTICAL DU TEXTE 34

EN-TÊTES ET PIEDS DE PAGE 34
En-têtes et pieds de page prédéfinis 34
En-têtes ou pieds de page manuels 37
SUPPRESSION DES EN-TÊTES, PIEDS DE PAGE ET PAGINATION 38
PAGE DE GARDE 39
SAUTS DE PAGE ET DE SECTION 39
Les sauts de page 39
Les sauts de section 40
DISPOSITION EN COLONNES 41

Chapitre 4

MISE EN FORME

STYLES ET JEUX DE STYLES 43
Les galeries de styles 44
Les jeux de styles 45
Les jeux de couleurs et de polices 46
Les thèmes 46
MISE EN FORME MANUELLE 47
Format des caractères 47
Effets artistiques 52
Format des paragraphes 55
INSERTION DE SYMBOLES ET DE CARACTÈRES SPÉCIAUX 63
BORDURES ET TRAMES 63
REPRODUIRE LA MISE EN FORME 64

Chapitre 5

LES STYLES *et les modèles*

LES STYLES 65
Généralités 66
Modification d'un style 66
Enregistrement d'un nouveau jeu de styles 68
Homogénéité des couleurs et des polices 69
Raccourcis clavier 70
LES MODÈLES 71
Le modèle Normal 71
Enregistrement d'un modèle 71
Modification d'un modèle 72
Création d'un style dans un modèle 73
Suppression d'un style 74
UTILISATION DES MODÈLES ET DES STYLES 74
Création d'un nouveau document à partir d'un modèle 74

Application des styles....75
Effacer les mises en forme manuelles....75
GESTION DES MODÈLES....76

Chapitre 6

LES TABLEAUX

CRÉATION D'UN TABLEAU....77
Sélection du nombre de colonnes et de lignes....77
Indiquer le nombre de colonnes et de lignes....78
Dessiner un tableau....78
Insertion d'un tableau rapide....79
Ajout de données....79
Suppression de données....80
MODES DE SÉLECTION DE TABLEAUX....80
INSERTION ET SUPPRESSION DE COLONNES ET DE LIGNES....81
Insertion....81
Suppression....81
MODIFICATION DES DIMENSIONS....82
Redimensionnement du tableau entier....82
Modification de la largeur des colonnes et de la hauteur des lignes....82
MISE EN FORME DU TABLEAU....84
Alignement dans les cellules....84
Styles de tableau....85
Bordures et trames....87
Fractionnement et fusion de cellule....88
Répétition des en-têtes de colonnes sur plusieurs pages....88
POSITION DU TABLEAU DANS LA PAGE....89
CALCULS DANS UN TABLEAU....90
TRIS....92

Chapitre 7

UTILISER LES DICTIONNAIRES *et la bibliothèque de recherche*

VÉRIFICATION DE L'ORTHOGRAPHE ET DE LA GRAMMAIRE....93
Vérification en cours de saisie....93
Vérification à la demande....95
Options....95
Dictionnaires personnels....97
COUPURE DES MOTS....99
SAISIE EN LANGUES ÉTRANGÈRES....100
BIBLIOTHÈQUE DE RECHERCHE....101
Synonymes....101

Traduction 103
Définitions 105
OPTIONS DE RECHERCHE 106

Chapitre 8

LES OBJETS GRAPHIQUES

LES OUTILS DE DESSIN 108
Généralités 108
Les outils lignes 109
Les connecteurs 109
Astuces diverses 110
Mise en forme du dessin 110
LES ZONES DE TEXTE 111
Zones de texte prédéfinies 111
Zones de texte simples 112
Ajout de texte dans une forme automatique 112
Mise en forme d'une zone de texte 113
Effets WordArt 113
INSERTION D'IMAGES 114
À partir de la bibliothèque 114
À partir de vos fichiers 115
Mise en forme des images 115
LES DIAGRAMMES SMARTART 116
Mise en forme d'un SmartArt 116
Ajout/suppression d'éléments 117
GESTION DES OBJETS GRAPHIQUES 118
Sélection 118
Redimensionnement 119
Rognage 119
Emplacement des objets graphiques sur une page 120
Aligner et répartir 121
Rotations et retournements 122
Grouper et dissocier 122
Ordre d'empilement 123
LES ZONES DE DESSIN 124

Chapitre 9

ENREGISTREMENT *et partage*

ENREGISTREMENT 125
Options d'enregistrement 126
PARTAGER 130

Préparer pour le partage 130
Envoyer un document par messagerie 133

Chapitre 10

LE COIN DES PASSIONNÉS

PERSONNALISATION

PERSONNALISER SON ENVIRONNEMENT 134
Modifier les principales options 134
Personnaliser le Ruban 135
Créer des raccourcis clavier 137
Personnaliser la barre d'outils Accès rapide 137
Exporter/importer des personnalisations 138
Réinitialiser la configuration 139
PERSONNALISER L'AFFICHAGE DES DOCUMENTS ET EMPLACEMENTS RÉCENTS 139
PERSONNALISER LES THÈMES, POLICES ET COULEURS 140
Créer un jeu de couleurs 140
Créer un thème 141
CRÉER DES BLOCS DE CONSTRUCTION 142
Créer un composant QuickPart 142
Créer un en-tête personnalisé 144
Créer une zone de texte personnalisée 145
Créer un contrôle de contenu de bloc de construction 147
Modifier un bloc de construction 149
Supprimer un bloc de construction 149

Fiches

FICHES *pratiques*

CRÉER UNE LETTRE TYPE 150
CRÉER UNE NUMÉROTATION HIÉRARCHIQUE 152
CRÉER ET METTRE À JOUR UNE TABLE DES MATIÈRES 154
UTILISER LE MODE PLAN 156
CRÉER UN INDEX 158
CRÉER UNE PLANCHE D'ÉTIQUETTES IDENTIQUES 160
CORRECTIONS AUTOMATIQUES 162
NOTES DE BAS DE PAGE ET DE FIN 164
LE VOLET DE NAVIGATION 166
UTILISER LA FONCTION REMPLACER 168
INSÉRER UN TABLEAU EXCEL DANS UN DOCUMENT WORD 170
GÉRER LA PAGINATION DE DOCUMENTS COMPORTANT DES EN-TÊTES ET PIEDS DE PAGE MULTIPLES 172

FAIRE DES RENVOIS VERS D'AUTRES ÉLÉMENTS DU DOCUMENT 174
TRAVAILLER AVEC AUTRUI : SUIVRE LES MODIFICATIONS...176
ARRIÈRE-PLANS ET FILIGRANES 178
CRÉER ET UTILISER UN FORMULAIRE 180
CRÉER UNE BIBLIOGRAPHIE..182
INSÉRER UNE ÉQUATION...184
DÉTOURER UNE IMAGE 186
PROTÉGER UN DOCUMENT...188

INDEX...190

TOUR D'HORIZON de Word 2010

Le traitement de texte est un outil permettant de saisir, modifier, mettre en forme, sauvegarder et imprimer des données. Word, traitement de texte le plus vendu au monde, conçu par Microsoft et faisant partie de la suite Office, offre en outre de très nombreuses fonctions pour faciliter et automatiser ces tâches : enrichissement et mise en forme de vos documents, vérification orthographique et grammaticale, traduction, création de mailings, création et gestion d'objets graphiques, création de macrocommandes, liens avec d'autres programmes, travail avec d'autres personnes, etc. Word est aussi capable de générer des documents dans d'autres formats, comme des documents compatibles avec Open Office, des documents *.pdf*, etc.

Le but de ce manuel est de vous exercer aux principales fonctionnalités de Word et de faire de vous un utilisateur éclairé. Avec une utilisation régulière de Word et une bonne dose de curiosité, vous deviendrez un expert !

L'ENVIRONNEMENT DE WORD 2010

Ce chapitre a pour objet de vous familiariser avec votre environnement de travail, afin de faciliter votre approche de Word.

▸ La fenêtre Word

La fenêtre Word est composée d'éléments que nous allons détailler dans ce chapitre.

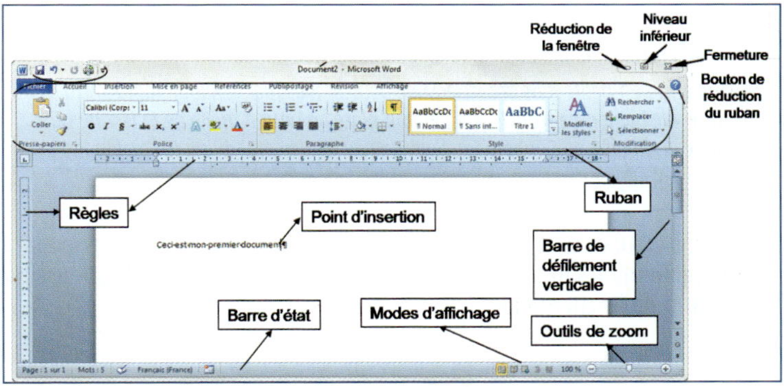

▸ Le Ruban

Le Ruban est le cœur de la nouvelle interface de Word.

- Ce Ruban est divisé en neuf onglets principaux et fixes, dont l'onglet **Développeur**, masqué par défaut. Chaque onglet regroupe la majorité des fonctionnalités utiles à Word. Ce sont les onglets fixes. Il existe également des onglets contextuels qui s'affichent selon l'objet qui est sélectionné.
- Les onglets sont eux-mêmes divisés en groupes qui contiennent des boutons de commande et des galeries accessibles via une flèche déroulante.

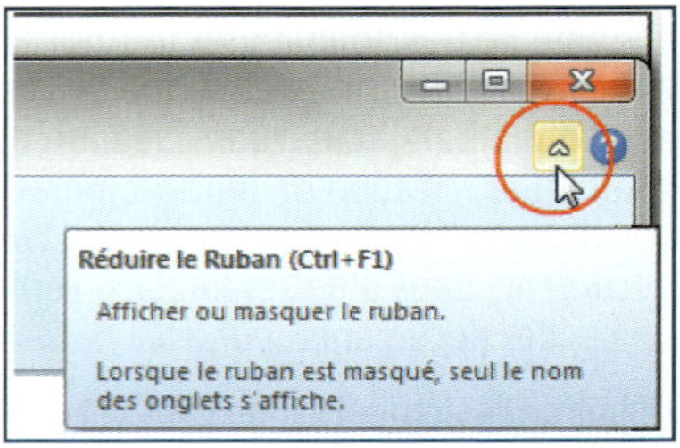

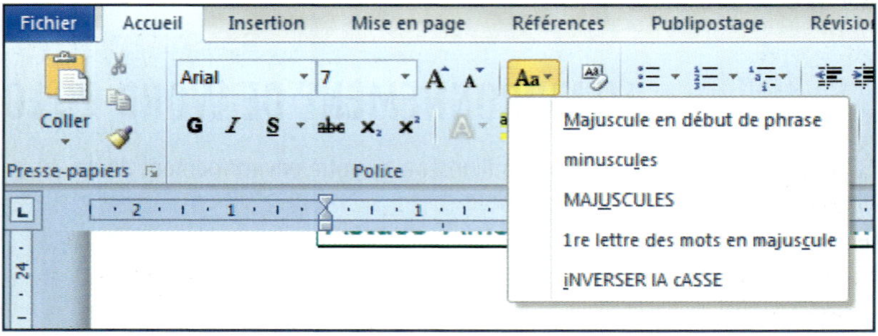

Afficher le document en mode Plein écran

Si votre écran est petit, vous apprécierez de pouvoir masquer le Ruban rapidement : un clic sur le bouton de réduction du Ruban placé en haut à droite de la fenêtre suffit à le faire disparaître et réapparaître. Vous pouvez également utiliser la combinaison de touches Ctrl+F1.

- Certains groupes sont équipés de lanceurs de boîte de dialogue permettant d'approfondir les fonctionnalités. Les lanceurs de boîte de dialogue se situent en bas à droite du groupe.

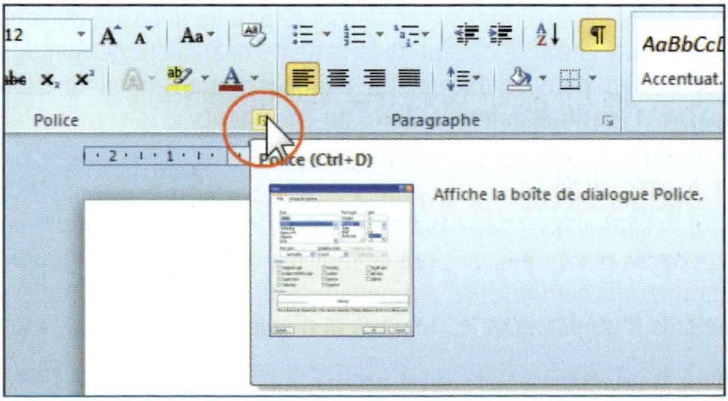

▸ La barre d'outils Accès rapide

C'est la seule barre d'outils fixe de Word. Vous pouvez la paramétrer de façon à y ajouter toutes les fonctions auxquelles vous souhaitez accéder rapidement. Par défaut, elle ne contient que les boutons d'enregistrement, d'annulation et de répétition.

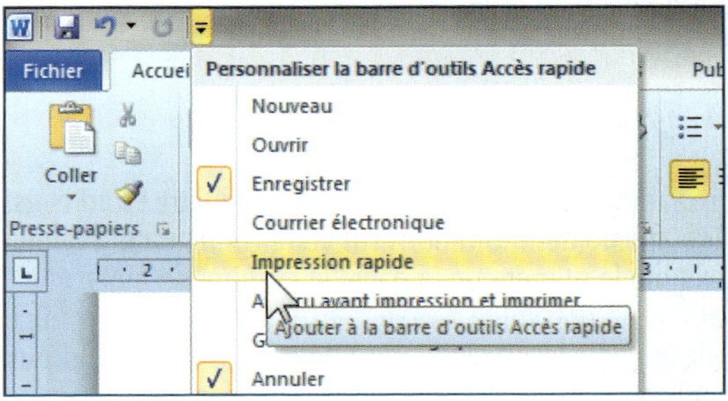

Vous pouvez la personnaliser rapidement en y ajoutant des commandes courantes telles que **Nouveau**, **Ouvrir** ou **Impression rapide**. Vous pouvez par ailleurs la positionner au-dessous ou au-dessus du Ruban. Pour cela, cliquez sur la flèche déroulante située à l'extrémité de la barre, puis cliquez sur l'option de votre choix.

Nous verrons dans le chapitre *Personnalisation* qu'il est possible de la configurer à votre goût.

▸ Les flèches et barres de défilement

Communément appelées « ascenseurs », ces barres de défilement vous permettent de parcourir un document. Les flèches de défilement sont situées aux deux extrémités des barres de défilement. Cliquez en dessous ou au-dessus du curseur de la barre de défilement verticale pour passer d'une page à l'autre, vers le bas ou vers le haut. Cliquez sur les flèches pour faire défiler le document ligne par ligne. Faire glisser le curseur de la barre de défilement permet de se déplacer plus rapidement dans un document en visualisant dans une info-bulle les numéros des pages et éventuellement les titres du document.

▸ Les règles

Les règles Word, que vous pouvez afficher ou masquer via l'onglet **Affichage**, groupe *Afficher/masquer*, permettent de visualiser et de modifier les marges et les retraits d'un paragraphe, de poser et d'enlever les taquets de tabulation.

Plus rapidement, vous pouvez afficher ou masquer les règles en cliquant sur le bouton situé en haut de la barre de défilement verticale.

Pour plus d'informations sur les retraits et taquets de tabulation, voyez le chapitre *Mise en forme.*

▸ La barre d'état

La barre d'état se trouve en bas de la fenêtre Word et est, elle aussi, paramétrable. Elle affiche des indications sur votre configuration et/ou votre document en cours, comme le numéro de la page, le nombre de mots. Elle offre également, entre autres, la possibilité de zoomer sur le texte. Pour configurer cette barre, il suffit de cliquer dessus avec le bouton droit de la souris pour ouvrir un menu dans lequel vous devrez cocher les options souhaitées.

▸ Les volets

Selon les fonctionnalités utilisées, Word pourra afficher différents volets qui seront situés, par défaut, à des emplacements déterminés, à droite ou à gauche de la fenêtre Word.

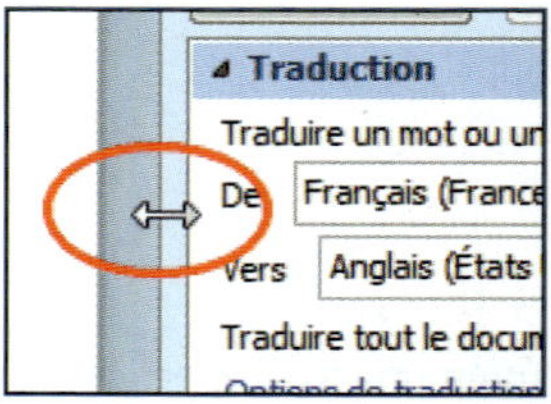

Ces volets sont paramétrables. Une fois le volet affiché, vous pouvez le redimensionner en faisant glisser la barre de redimensionnement vers la droite ou vers la gauche. Vous pouvez également le déplacer en faisant glisser sa barre de titre. Il sera alors flottant. Un double-clic sur sa barre de titre l'ancrera automatiquement.

Les menus et la barre d'outils contextuels

Les menus contextuels s'affichent lorsque vous cliquez du bouton droit de la souris ; ils proposent uniquement les commandes relatives au contexte, et donc liées à l'endroit où vous avez cliqué.

Par exemple, si vous cliquez sur un mot dans le document, vous aurez accès, à portée de clic, via le menu contextuel aux commandes de mise en forme ou à la recherche de synonymes.

Les menus contextuels

Il s'agit souvent du moyen le plus simple d'accéder à une fonction lorsqu'on ne sait pas où la trouver. Prenez donc l'habitude de cliquer avec le bouton droit, vous ne pourrez plus vous en passer !

À l'instar des menus contextuels, la mini-barre d'outils contextuels n'attend pas d'être sollicitée pour apparaître. Il suffit de sélectionner un texte pour qu'elle s'affiche, toujours à portée de clic, et vous propose les fonctions de mise en forme.

Les touches d'accès rapide

Pour accéder aux différents onglets et sélectionner une commande, vous devez cliquer dessus avec la souris. Cependant, si vous êtes un adepte du clavier, les touches d'accès rapide sont faites pour vous.

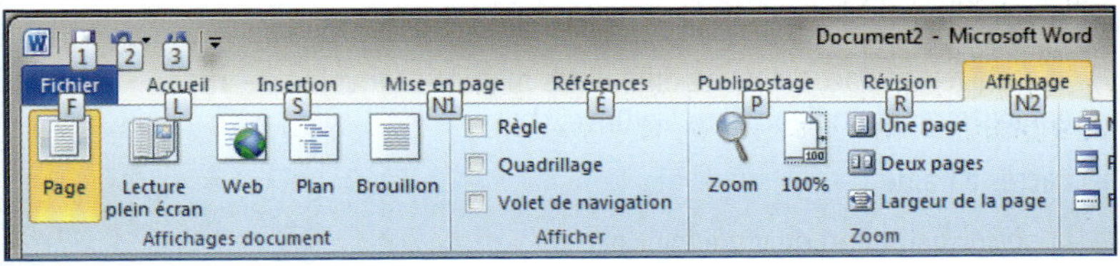

Appuyez sur les touches Alt ou F10 : toutes les lettres permettant d'accéder aux différents onglets s'affichent. Tapez sur la lettre correspondant à un onglet pour afficher celui-ci. Ce sont ensuite des lettres et/ou des chiffres relatifs aux différentes commandes qui apparaissent ; tapez sur la ou les touches correspondantes. Vous pouvez également utiliser la touche [Tab] et/ou les flèches du clavier pour vous déplacer de commande en commande.

▶ Les balises actives

Certaines données reconnaissables par Word font l'objet de balises actives. Word souligne ces données d'un trait en pointillé violet. Si vous déplacez le curseur de la souris sur ces pointillés, Word affiche une balise active dotée d'une liste déroulante vous proposant plusieurs types d'actions.

LE MODE OFFICE BACKSTAGE

Examinons d'ores et déjà de plus près l'onglet **Fichier**, qui est le premier onglet du Ruban.

Lorsque vous cliquez sur l'onglet **Fichier**, vous passez en mode Backstage. C'est dans ce mode que vous gérez vos fichiers et leurs données, ainsi que les options de configuration de Word.

Le mode Backstage (qui signifie mot à mot « derrière la scène ») permet d'agir en arrière-plan. Vous pourrez ainsi déterminer et afficher les informations afférentes au fichier en cours et à l'application. Vous remarquerez que ce mode est affiché en plein écran.

Le mode Backstage permet notamment :

- l'ouverture et la sauvegarde des documents ;
- l'affichage des propriétés du document (taille, nombre de mots, de pages, date de création, nom de l'auteur, etc.) ainsi que de diverses informations telles les autorisations, les versions en cours, etc. ;
- l'impression ainsi que la gestion des options d'impression ;
- le partage des documents de différentes manières (envoi par e-mail, enregistrement en ligne dans SkyDrive...) ;
- l'accès à l'aide ;
- la personnalisation de votre logiciel.

Pour sortir du mode Backstage, cliquez à nouveau sur l'onglet **Fichier** ou bien sur n'importe quel autre onglet.

L'AIDE ET LES INFO-BULLES

Word ne vous laissera pas tomber ! Tout est prévu pour vous guider au fur et à mesure de votre travail.

▸ Utiliser l'aide

Afficher la page d'accueil de l'aide

Pour afficher la page d'accueil de l'aide, vous pouvez soit taper sur la touche [F1], soit cliquer sur le bouton en forme de point d'interrogation situé en haut à droite de la fenêtre Word.

Obtenir de l'aide sur une commande

Lorsque vous pointez avec votre souris sur un bouton de commande ou un lanceur de boîte de dialogue, une info-bulle s'affiche et vous en donne la signification. Si le message « *Appuyez sur F1 pour obtenir de l'aide* » apparaît, appuyez sur la touche [F1] pour avoir plus d'informations sur l'utilisation de cette commande.

Obtenir de l'aide sur une boîte de dialogue

Pour obtenir de l'aide sur une boîte de dialogue ouverte, cliquez sur le bouton en forme de point d'interrogation situé à droite de la barre de titre de la boîte de dialogue, ou appuyez sur la touche [F1] : la rubrique d'aide pour la boîte de dialogue s'affiche.

Imprimer l'aide

Vous pouvez imprimer l'aide affichée en cliquant sur le bouton **Imprimer** de la fenêtre d'aide.

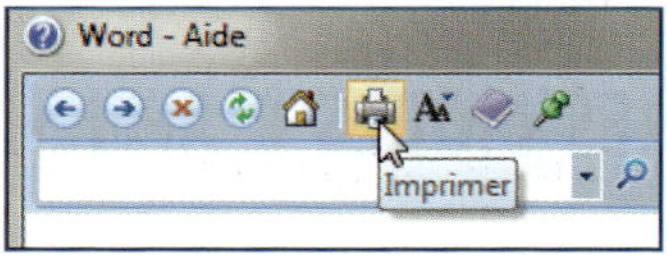

▸ Personnaliser l'aide

Choisir entre l'aide en ligne ou hors connexion

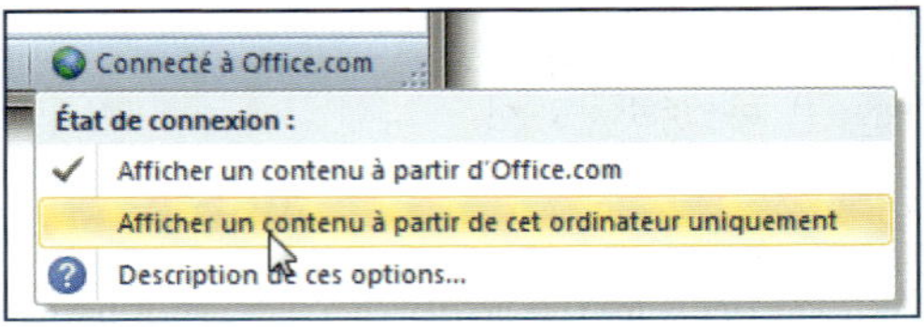

Vous avez la possibilité d'utiliser soit l'aide installée sur votre ordinateur, soit celle du site Microsoft Office Online. Si vous êtes connecté à Internet, l'affichage de la fenêtre d'aide se fait par défaut en ligne. Cette aide, mise à jour régulièrement, est plus complète, mais elle peut être également plus lente à obtenir si vous ne disposez pas d'une connexion haut débit. Pour passer d'une aide à l'autre, cliquez sur le menu **État de connexion** situé en bas à droite de la fenêtre d'aide et choisissez l'option souhaitée.

Modifier l'apparence de la fenêtre d'aide

La fenêtre d'aide de Word est configurée pour rester positionnée au premier plan. Cela vous permet de travailler dans votre document et de garder la fenêtre d'aide à portée de clic en cas de besoin. Il est possible néanmoins de la redimensionner et de la déplacer. Vos modifications seront conservées pour vos futures utilisations.

Si vous ne souhaitez pas garder la fenêtre au premier plan, cliquez sur le bouton **Maintenir sur le dessus**, afin d'en modifier l'état. Ce bouton est une touche bascule ayant l'aspect d'une épingle bleue. Lorsque l'épingle est enfoncée, la fenêtre d'aide reste positionnée au premier plan, et inversement, lorsque l'épingle n'est plus enfoncée et qu'elle prend la couleur verte, elle peut passer en arrière-plan. Vous remarquerez également que l'info-bulle change selon l'état du bouton.

Si le volet **Table des matières** n'est pas affiché, cliquez sur le bouton en forme de livre **Afficher la table des matières** : le volet s'ouvre à gauche de la fenêtre d'aide. Vous pouvez ainsi cliquer sur les items de la table des matières pour afficher l'aide correspondante. Cliquez sur le même bouton pour refermer le livre et masquer la table des matières.

LES MODES D'AFFICHAGE

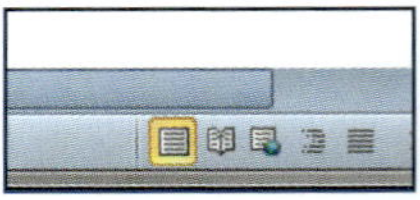

Plusieurs modes d'affichage sont possibles, selon le travail que vous effectuez. Ces modes d'affichage sont sélectionnés par un clic sur les icônes en bas à gauche de la fenêtre Word ou sur l'un des boutons de commande du groupe *Affichages document* de l'onglet **Affichage**.

Par défaut, l'affichage est en mode Page. C'est le mode que vous allez le plus souvent utiliser et qui permet d'avoir une vue générale du document, avec sa mise en page et ses objets insérés.

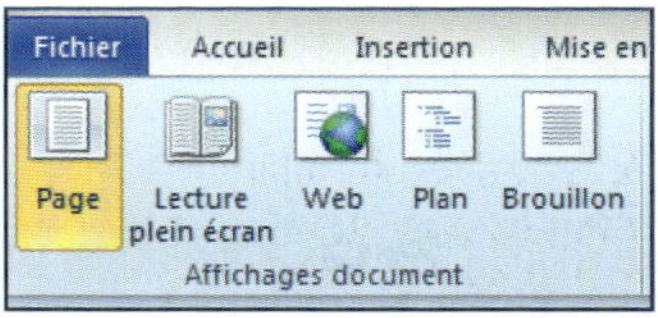

Masquer les blancs en affichage Page

Ce mode affiche la page entière. Si vos pages ne sont pas remplies, vous souhaiterez peut-être voir uniquement la partie utile et masquer les espaces. Dans ce cas, approchez le curseur du haut de la page jusqu'à ce qu'il se transforme en double flèche, et double-cliquez. Les en-têtes et pieds de page seront également masqués. Pour afficher les espaces, recommencez la même opération !

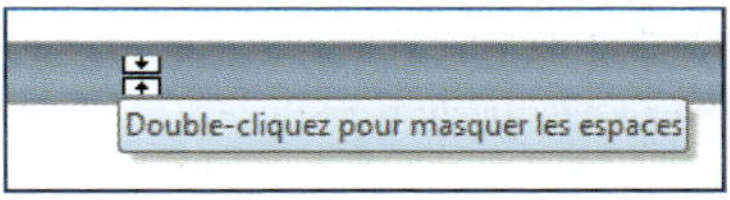

Les modes d'affichage

Icône	Affichage
	Le mode Page affiche le document page par page, et la mise en page est visible.
	Le mode Lecture vous permet de relire plus facilement votre document à l'écran. Pour quitter ce mode, cliquez sur le bouton **Fermer** situé en haut à droite de la fenêtre.
	Le mode Web permet de travailler uniquement avec les options compatibles avec le format *.html*.
	Le mode Plan vous permet de travailler en organisant vos idées aux dépens de l'affichage de la mise en page (voir la fiche pratique *Utiliser le mode Plan*).
	Le mode Brouillon affiche le texte, les sauts de page et de section, mais n'affiche pas les objets graphiques avec habillage.

CRÉATION *d'un premier document*

Ce chapitre va vous aider à créer votre premier document en recourant aux fonctions de base de Word.

SAISIE, IMPRESSION ET ENREGISTREMENT

1 Ouvrez Word : un nouveau document s'affiche, dont le nom provisoire, *Document 1*, apparaît dans la barre de titre.

2 Saisissez le texte pris comme exemple ; celui-ci va s'afficher à gauche du point d'insertion.

> **Point d'insertion**
>
> *Le point d'insertion désigne la petite barre verticale qui clignote à l'écran et qui indique l'endroit où l'on va saisir le texte. Pour déplacer le point d'insertion, cliquez avec la souris à l'endroit souhaité.*

3 Lorsque vous arrivez en fin de ligne, le retour à la ligne est automatique. Pour débuter un nouveau paragraphe, appuyez sur la touche Entrée.

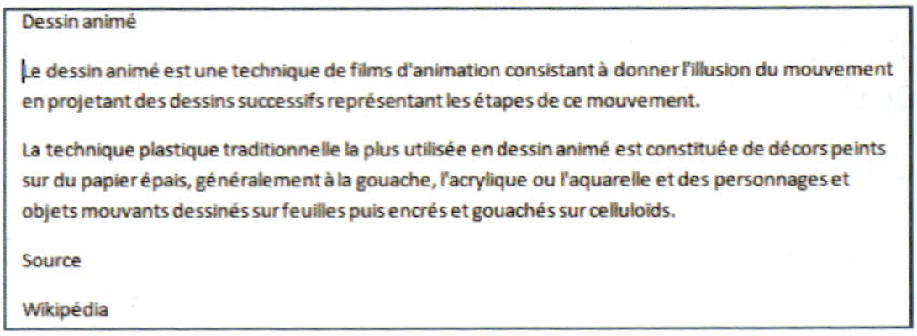
Dessin animé

Le dessin animé est une technique de films d'animation consistant à donner l'illusion du mouvement en projetant des dessins successifs représentant les étapes de ce mouvement.

La technique plastique traditionnelle la plus utilisée en dessin animé est constituée de décors peints sur du papier épais, généralement à la gouache, l'acrylique ou l'aquarelle et des personnages et objets mouvants dessinés sur feuilles puis encrés et gouachés sur celluloïds.

Source

Wikipédia

4 Si votre texte excède une page, une nouvelle page sera automatiquement créée.

Pour créer vous-même vos sauts de page, reportez-vous au chapitre *Mise en page*.

▸ Modification en cours de saisie

Effacer, insérer, remplacer

La touche ← efface le texte qui se trouve à gauche du point d'insertion. La touche Suppr efface le texte qui se trouve à droite du point d'insertion. Ces deux touches effacent le texte si celui-ci est sélectionné. Vous allez maintenant tester ces fonctions sur le texte déjà saisi.

1 Cliquez juste derrière le « s » de « films » et appuyez sur la touche ← : le « s » s'efface.

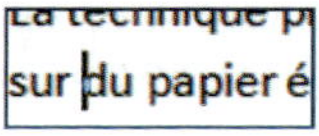

2 Cliquez juste devant les lettres « du », avant le texte « papier épais », appuyez trois fois sur la touche [Suppr] : le texte situé à droite du point d'insertion s'efface.

3 Double-cliquez sur le mot « différentes » pour le sélectionner et appuyez sur la touche [←] ou sur la touche [Suppr] : le mot est supprimé, ainsi que l'espace qui suit.

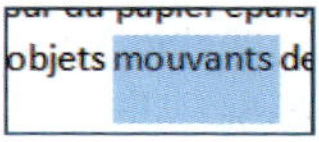

4 Double-cliquez sur le mot « mouvants » pour le sélectionner, puis tapez `mobiles` : le premier mot est remplacé par le second.

5 Positionnez le curseur juste après le mot « dessinés », puis saisissez le texte `et gouachés`. Par défaut, Word est en mode Insertion de texte.

Insertion et Substitution

Cliquez avec le bouton droit sur la barre d'état, puis cliquez sur ***Refrappe/Insérer****. Un bouton est ajouté à la barre d'état. Le fait d'appuyer sur ce bouton vous fait passer du mode Insertion au mode Substitution, et inversement.*

Annulation et rétablissement des actions

Avec Word, vous avez droit à l'erreur !

Un clic sur les boutons **Annuler** et **Rétablir** de la barre d'outils *Accès rapide* annule ou rétablit la dernière action.

Les flèches de liste déroulante situées à droite de ces boutons permettent de lister les dernières actions. Il suffit alors de sélectionner les actions de la liste déroulante pour les annuler ou les rétablir.

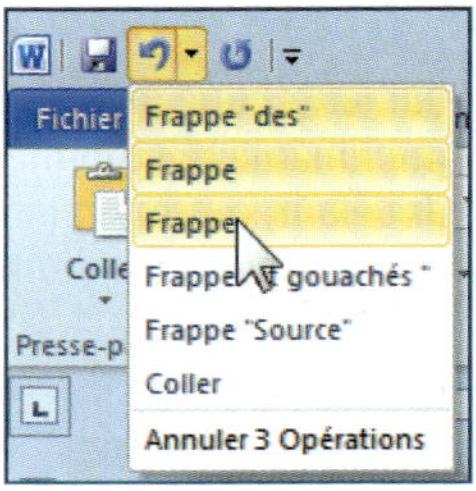

Correction des fautes d'orthographe, contextuelles et de grammaire

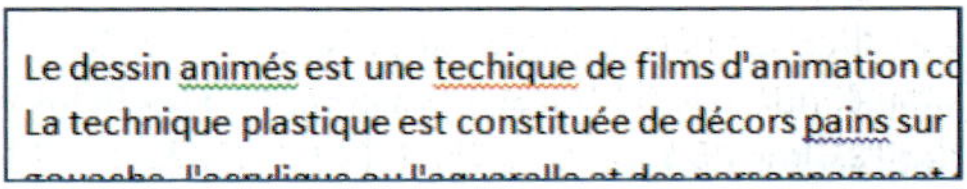

Word est doté d'un vérificateur orthographique et grammatical qui est actif par défaut en cours de saisie. Lorsqu'un mot est mal orthographié, Word le souligne d'un trait ondulé dont la couleur diffère selon le type d'erreur.

Pour plus de détails, consultez le chapitre *Utiliser les dictionnaires et la bibliothèque de recherche*.

▸ Sauvegarde du document

Lorsque vous saisissez un texte, celui-ci est stocké dans la mémoire de votre ordinateur. Bien que Word procède à une sauvegarde régulière de votre travail qui pourra être récupéré si un problème survient, enregistrez votre document sur votre disque dur sans attendre et pensez à sauvegarder au fur et à mesure.

Vous allez enregistrer votre document en cours :

1. Appuyez sur la touche de fonction F12.

2. La fenêtre **Enregistrer sous** s'affiche, proposant d'enregistrer le document dans le répertoire par défaut *Mes documents*.

3. Nous allons nommer le document *Premier document*. Dans la zone de saisie *Nom de fichier*, saisissez `Premier document`.

Votre premier document se trouve maintenant sur votre disque dur, et par défaut dans votre dossier *Mes documents*.

Pour en savoir plus sur l'enregistrement d'un document, reportez-vous au chapitre *Enregistrement et partage*.

Votre document est maintenant sauvegardé, vous pouvez le fermer en cliquant sur sa case de fermeture : il s'agit de la croix située dans le coin supérieur droit.

▸ Impression

Pour lancer une impression de votre document sur l'imprimante sélectionnée par défaut, avec les options par défaut, passez en mode Backstage, cliquez à gauche sur **Imprimer**, puis cliquez sur le bouton **Imprimer**.

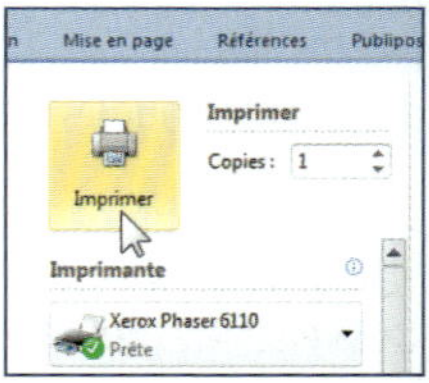

Toutefois, un bouton **Impression rapide** peut être installé facilement sur la barre d'outils *Accès rapide* : cliquez sur la flèche déroulante située à l'extrémité de la barre d'outils *Accès rapide*, puis cliquez sur la commande **Impression rapide**. Un bouton du même nom est maintenant installé sur votre barre d'outils et prêt à être utilisé.

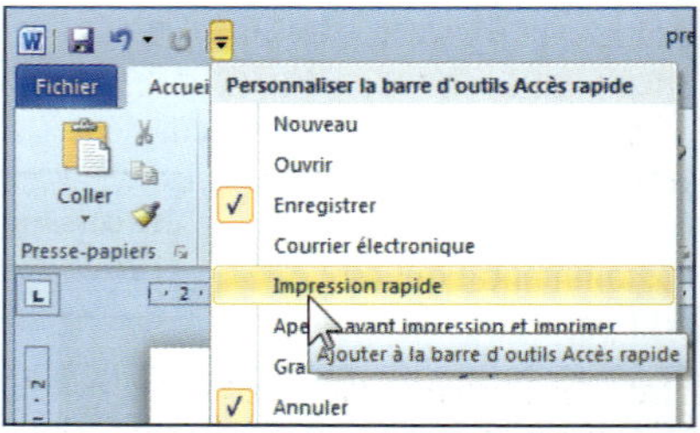

Par contre, si vous souhaitez choisir entre diverses imprimantes et modifier les options par défaut, affichez la boîte de dialogue **Imprimer** via le mode Backstage.

Aperçu avant impression

Cette boîte de dialogue vous permet avant tout d'avoir un aperçu de votre document avant l'impression. Avant de lancer l'impression de votre travail, il est toujours préférable de visualiser à l'écran ce que cela va donner sur le papier. Un aperçu avant impression vous permet souvent de faire des économies d'encre et de papier !

Vous pouvez faire défiler les pages à l'aide des flèches situées en bas de la fenêtre ou bien utiliser la barre de défilement.

Pour avoir une vue générale du document, utilisez le curseur de zoom afin d'afficher plusieurs pages dans la fenêtre. Pour revenir à la taille maximale d'une page, cliquez sur le bouton situé à droite du curseur de zoom.

Autres choix d'impression

Toujours dans la boîte de dialogue **Imprimer**, vous pouvez changer d'imprimante et modifier les options de celle-ci en cliquant sur le bouton **Propriétés de l'imprimante**. Ces propriétés sont bien entendu spécifiques à chaque imprimante. Selon votre imprimante, vous pourrez par exemple imprimer en recto verso, ou choisir un type de papier particulier.

Si vous ne souhaitez pas imprimer le document dans sa totalité, vous devrez indiquer les numéros des pages qui vous intéressent : séparez les numéros par un tiret pour imprimer un groupe de pages qui se suivent (par exemple 2-8), ou bien par une virgule pour imprimer un groupe de pages discontinues (par exemple 1,5,8).

Les options d'impression

L'impression d'un document est soumise à certaines options que vous pouvez paramétrer. En mode Backstage, cliquez sur **Options**, puis sur **Affichage**. Vous trouverez les principales options d'impression sous la rubrique *Options d'impression*.

D'autres options d'impression sont aussi disponibles : toujours en mode Backstage, cliquez sur **Options avancées**. Les options se trouvent sous la rubrique *Impression*, située dans la partie droite de la fenêtre. Notez que, via la liste déroulante *Lors de l'impression de ce document*, vous pouvez modifier ces options pour un document à la fois, ou bien pour tous les nouveaux documents.

▶ Ouverture d'un document existant

Pour réviser un document existant, il faut bien entendu commencer par l'ouvrir. Vous allez maintenant ouvrir le fichier *Premier document.docx* que vous venez de créer.

Passez en mode Backstage, puis, dans la colonne de gauche, cliquez sur **Récent**. Cliquez sur votre document.

Si votre document ne fait plus partie des derniers documents ouverts, il faut cliquer sur **Ouvrir**, également dans la colonne de gauche, sélectionner votre document à l'endroit où vous l'avez rangé et cliquer sur le bouton **Ouvrir**.

Bouton Ouvrir de la fenêtre Ouvrir

Une flèche de liste déroulante située à droite du bouton **Ouvrir** *de la fenêtre* **Ouvrir** *propose d'autres options d'ouverture pour votre document :* Ouvrir en lecture seule *(sans possibilité d'écraser le document avec de nouvelles corrections),* Ouvrir en copie, Ouvrir et réparer *(en cas de document corrompu),* Ouvrir en mode protégé *pour éviter les modifications intempestives.*

Pour ouvrir votre document, vous pouvez également double-cliquer dessus dans l'Explorateur Windows.

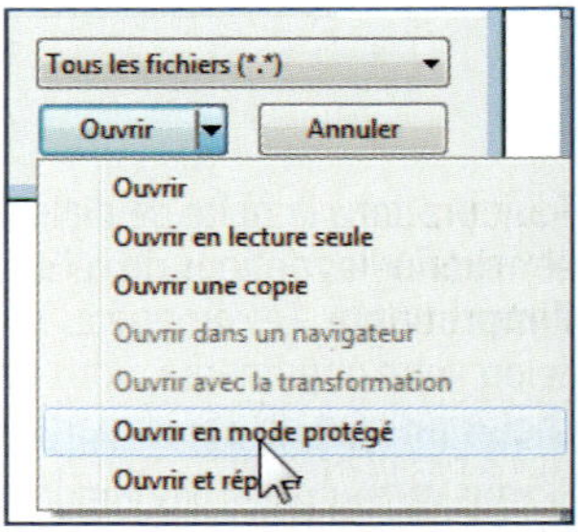

LES TECHNIQUES DE SAISIE

Nous allons étudier les techniques les plus courantes utilisées dans Word pour créer facilement un document.

▸ Les marques de mise en forme

Les marques de mise en forme sont des caractères non imprimables qui représentent entre autres les espaces, les marques de fin de paragraphe, etc. Elles sont par défaut masquées, mais il est recommandé de les afficher en cours de travail. Elles vous permettront en effet de comprendre où sont les erreurs de mise en forme et faciliteront l'ajout ou la suppression des retours paragraphe, des tabulations, etc., et leur positionnement aux bons endroits.

Pour afficher ou masquer les marques de paragraphe, cliquez sur le bouton **Afficher tout** qui se trouve dans l'onglet **Accueil**, groupe *Paragraphe*.

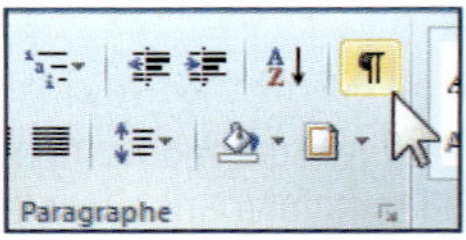

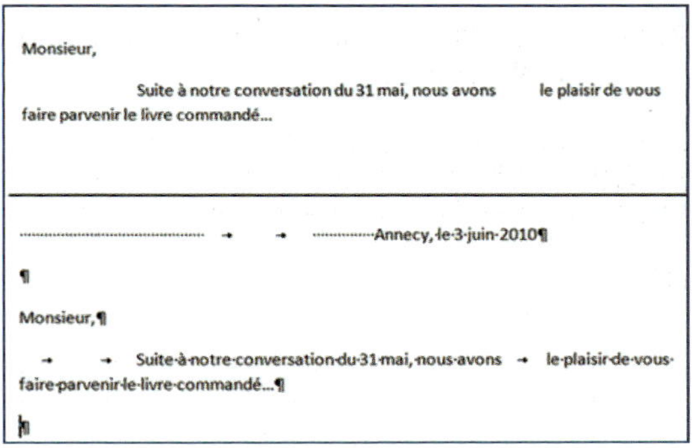
Monsieur,

Suite à notre conversation du 31 mai, nous avons le plaisir de vous faire parvenir le livre commandé...

Annecy, le 3 juin 2010¶

¶

Monsieur,¶

Suite à notre conversation du 31 mai, nous avons le plaisir de vous faire parvenir le livre commandé...¶

¶

Sélection et déplacement dans le document

Sélection

Pour procéder à certaines opérations sur du texte, vous devez d'abord le sélectionner. Vous pouvez faire glisser le curseur de la souris pour sélectionner le texte souhaité, mais il existe des méthodes plus rapides :

Sélections	
Que sélectionner ?	**Comment ?**
Un mot	Un double-clic sur le mot
Une phrase	Touche Ctrl+clic dans la phrase
Une ligne	Un clic dans la zone de sélection
Un paragraphe	Trois clics dans le paragraphe ou un double-clic dans la zone de sélection
Un texte de longueur indéterminée	Un clic au début du texte, puis Maj+clic à la fin du texte
Une multisélection	Ctrl+sélection
Tout le document	Ctrl+A

Zone de sélection

La zone de sélection est la marge à gauche de votre texte. Dans cette zone, le pointeur prend l'aspect d'une flèche blanche qui permet de sélectionner le texte.

Paragraphe

Dans Word, un paragraphe est défini par une marque de retour de paragraphe obtenue en appuyant sur la touche [Entrée].

Multisélection

C'est une sélection portant sur plusieurs occurrences de texte. La multisélection est pratique pour attribuer le même format à des mots ou à des phrases disséminés dans le document.

Déplacement

Avec les touches du clavier

Les touches fléchées de déplacement permettent de se déplacer d'un caractère vers la droite ou vers la gauche, et d'une ligne vers le haut ou vers le bas.

Associées à la touche [Ctrl], elles permettent de se déplacer d'un mot vers la droite ou vers la gauche, et d'un paragraphe vers le haut ou vers le bas.

La touche [Origine] permet de se déplacer au début de la ligne en cours, la touche [Fin], à la fin de la ligne en cours.

Associées à la touche [Ctrl], ces touches permettent de se déplacer en début de document ou en fin de document.

Avec la fonction Parcourir l'objet

Cliquez sur le petit cercle qui se trouve en bas de la barre de défilement vertical et vous verrez apparaître un menu proposant de faire défiler le document par différents éléments (champ, note de fin, tableau, etc.). Lorsque vous choisissez un élément dans ce menu, les doubles flèches de part et d'autre du petit cercle deviennent bleues ; cliquez sur ces flèches et vous vous déplacerez d'élément en élément.

À l'aide du volet de navigation

Cliquez sur le bouton **Volet de navigation** situé sous l'onglet **Affichage**, dans le groupe *Afficher*. Le volet de navigation s'affiche à gauche de votre écran. Pour le masquer, cliquez à nouveau sur le bouton.

Ce volet contient trois onglets qui facilitent vos déplacements dans un document.

Voyez à ce sujet la fiche pratique *Le volet de navigation*.

Copier-couper-coller

Cette technique permet de copier en mémoire un objet (texte, image, tableau...), puis de le coller à l'endroit souhaité. Contrairement à la fonction **Copier**, la fonction **Couper** supprime l'élément d'origine. Commencez par sélectionner l'objet, puis utilisez l'une des méthodes suivantes :

- À l'aide du clavier : Ctrl+C pour copier, Ctrl+X pour couper, Ctrl+V pour coller.
- Via le Ruban : cliquez sur les boutons **Copier** ou **Couper** puis **Coller** du groupe *Presse-papiers* de l'onglet **Accueil**.
- Via le menu contextuel.

Exploiter les formats de collage

1. Dans votre document *Premier document.doc*, sélectionnez un paragraphe, puis appuyez sur Ctrl+C. Cet élément se trouve maintenant dans le Presse-papiers.

2. Pour coller ce paragraphe, cliquez à un autre endroit du document et appuyez sur Ctrl+V.

Une fois l'élément collé, un bouton s'affiche, qui propose diverses options dans un menu déroulant. Il s'agit du bouton de collage. Un clic sur ce bouton fait apparaître les options.

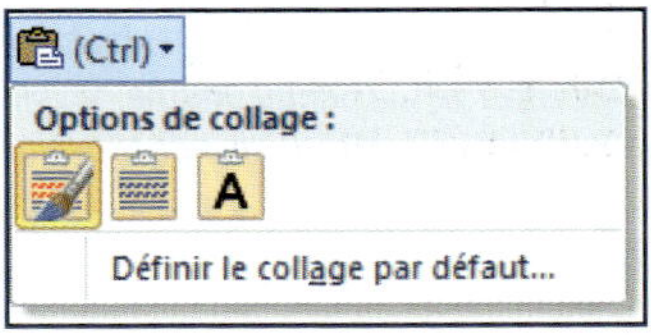

Les options proposées peuvent différer selon l'objet collé. En passant la souris sur les icônes de collage, vous voyez immédiatement le résultat dans votre document et vous pouvez ainsi modifier facilement votre collage selon le format qui vous convient.

Si vous cliquez du bouton droit dans le document, vous voyez apparaître alors dans le menu contextuel le même type d'options qu'avec le bouton de collage, mais vous avez cette fois le choix du format de collage avant de coller. En passant la souris sur les différentes options, vous voyez immédiatement le résultat qui sera obtenu. Il en est de même si vous cliquez sur la flèche déroulante du bouton **Coller**, situé sous l'onglet **Accueil**, du groupe *Presse-papiers*.

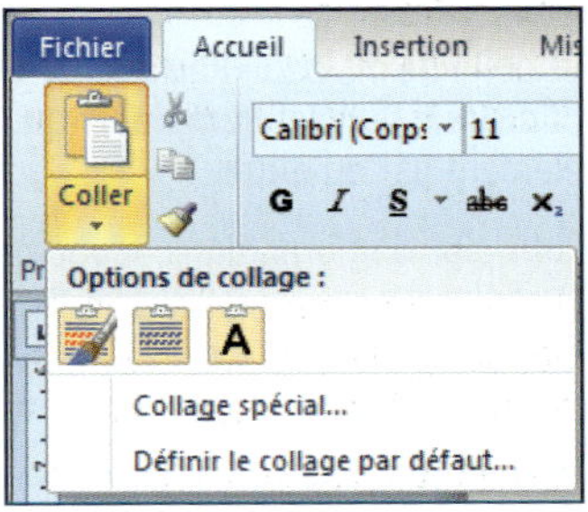

Copier-coller plusieurs éléments

Si vous devez copier-coller plusieurs éléments à la suite, utilisez de préférence le Presse-papiers Office. S'il ne s'affiche pas automatiquement, ouvrez-le en cliquant sur le lanceur de la boîte de dialogue ***Presse-papiers****. Faites vos différentes copies (24 au maximum) et vous verrez le Presse-papiers se remplir au fur et à mesure. Il suffira ensuite de cliquer sur chaque objet copié et visible dans le Presse-papiers pour le coller à un autre endroit de votre document. Si vous souhaitez coller toutes les entrées d'un seul coup, cliquez sur le bouton* ***Coller tout*** *du Presse-papiers.*

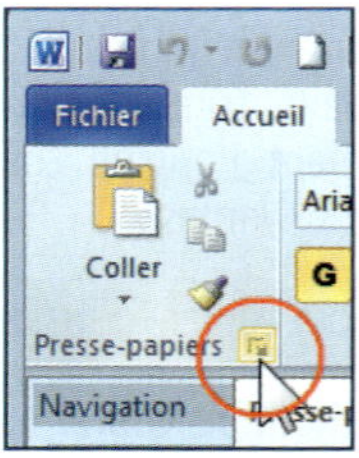

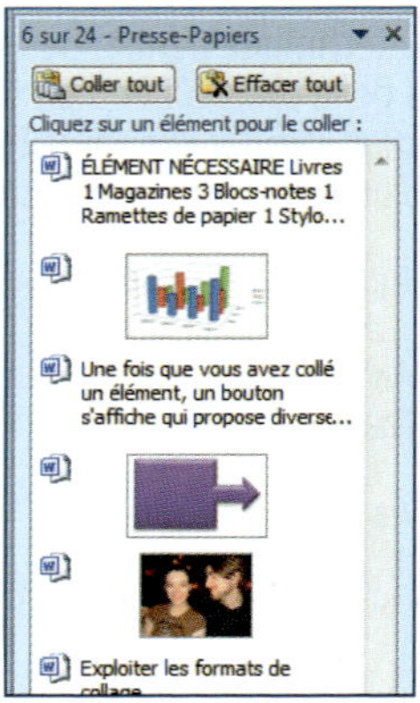

Glisser-déplacer

Pour déplacer un élément, texte ou graphisme, sélectionnez-le et faites-le glisser à l'aide de la souris à l'emplacement souhaité. Le curseur doit prendre l'apparence d'une flèche blanche orientée vers le haut à gauche. Si vous appuyez en même temps sur la touche [Ctrl]*, vous copierez l'élément au lieu de le déplacer.*

Remplacer

Si, dans votre document, vous souhaitez remplacer un élément par un autre, utilisez la commande **Remplacer**, accessible sous l'onglet **Accueil**, dans le groupe *Modification*, ou encore par le raccourci clavier [Ctrl]+[H].

La boîte de dialogue **Rechercher et remplacer** comprend trois onglets et en particulier l'onglet **Remplacer** qui permet de rechercher et de remplacer un élément par un autre.

Pour plus d'informations, reportez-vous à la fiche pratique *Utiliser la fonction Remplacer.*

Les outils de correction automatique

Word dispose d'assistants qui font parfois le travail à votre place ! Lors de la saisie de votre texte, vous serez parfois étonné par certains automatismes, par exemple :

1 En début de ligne, tapez la lettre A suivie d'un point, d'une tabulation : aussitôt le paragraphe se met en retrait. Si vous saisissez un texte et que vous appuyez sur Entrée, un B apparaît. Il s'agit d'une liste numérotée automatique.

2 Tapez *** tout seuls sur une ligne, puis appuyez sur la touche Entrée : une ligne de gros pointillés apparaît. Essayez avec trois tirets -, trois underscores _, trois signes dièse #, trois signes égal =, trois tildes ~... Il s'agit de bordures automatiques.

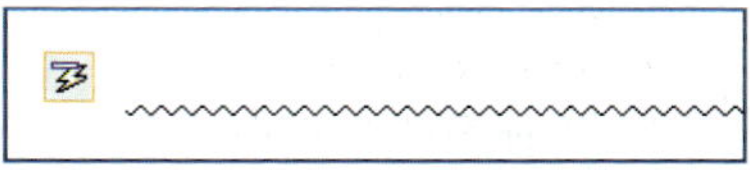

Les options

Les différentes options de correction automatique sont activées par défaut.

Toute correction automatique est accompagnée d'un bouton de correction automatique ; vous pouvez cliquer dessus pour faire apparaître les options vous permettant :

- d'annuler ponctuellement cette action ;

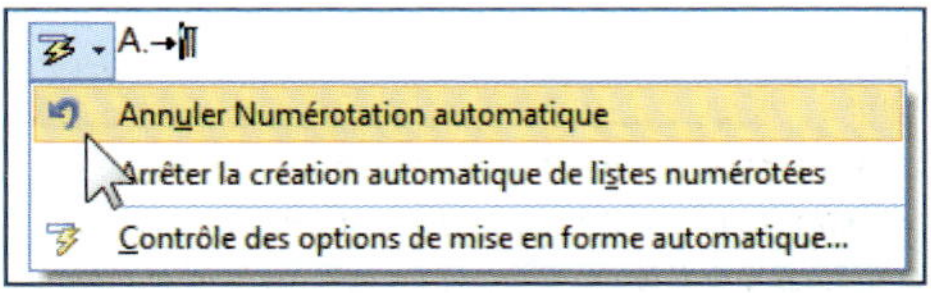

- d'annuler définitivement cette action ;
- d'afficher la boîte de dialogue **Options de correction automatique** afin d'avoir accès à toutes les options que vous pourrez cocher ou décocher à votre guise.

Boîte de dialogue Options de correction automatique

Vous pouvez également afficher cette boîte de dialogue à tout moment : passez en mode Backstage et cliquez sur ***Options****. Sélectionnez à gauche la commande* ***Vérification****, puis cliquez à droite sur le bouton* ***Options de correction automatique****. Cliquez enfin sur l'onglet* ***Lors de la frappe****.*

Les guillemets

La case d'option Remplacer guillemets ' ' ou " " par « » ou " " *de l'onglet* ***Lors de la frappe*** *dépend essentiellement de la langue que vous utilisez.*

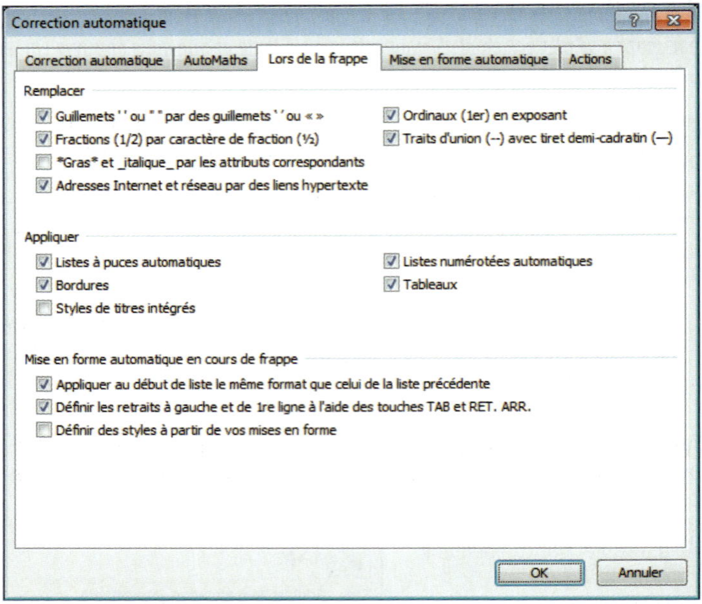

Liste des corrections automatiques

Certaines fautes de frappe sont automatiquement corrigées en cours de saisie. Essayez par exemple de taper le mot `suport` avec un seul p. Lorsque vous insérez un espace ou un retour paragraphe, Word ajoute automatiquement un deuxième p. Ce mot existe dans la liste des corrections automatiques.

Il s'agit d'une correction automatique et vous avez la possibilité de la refuser via la liste déroulante du bouton de correction automatique :

- Annuler le remplacement du mot.
- Arrêter la correction automatique de ce mot : attention, ce mot sera supprimé de la liste.

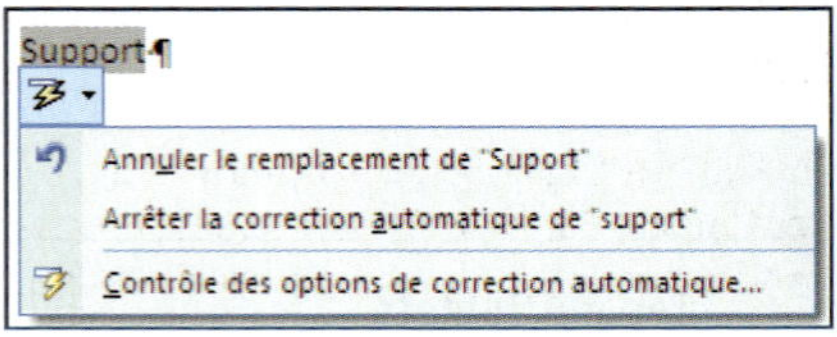

Vous pouvez supprimer et créer vos propres corrections, voyez pour cela la fiche pratique *Corrections automatiques*.

MISE EN PAGE

Le but premier d'un logiciel de traitement de texte étant d'imprimer des pages correctement organisées, il est important de savoir mettre en page son document.

Pour cela, vous utiliserez l'onglet **Mise en page** du Ruban.

Mise en page

La mise en page d'un document n'est accessible que si une imprimante a été déclarée. Ce peut être une imprimante virtuelle. En effet, selon le modèle d'imprimante, la mise en page d'un document peut différer.

Créez un nouveau document que vous nommerez *Mise en page.docx*. Saisissez un texte au kilomètre de façon à obtenir un document d'environ deux pages.

Faux texte

Pour tester la mise en page d'un document sans saisir de texte, un code permet de générer du faux texte. Tapez `=rand(6,10)` *suivi immédiatement d'un retour paragraphe : vous venez de produire automatiquement six paragraphes de dix phrases. Si vous tapez* `=lorem(5,10)`*, vous générerez cinq paragraphes de dix phrases en faux latin.*

FORMAT DU PAPIER

Sous l'onglet **Mise en page**, groupe *Mise en page*, cliquez sur le bouton **Taille** afin de vérifier si le format sélectionné dans la galerie des tailles est correct. Par défaut, le papier est au format A4, c'est-à-dire au format 21x29,7 qui correspond à la norme française.

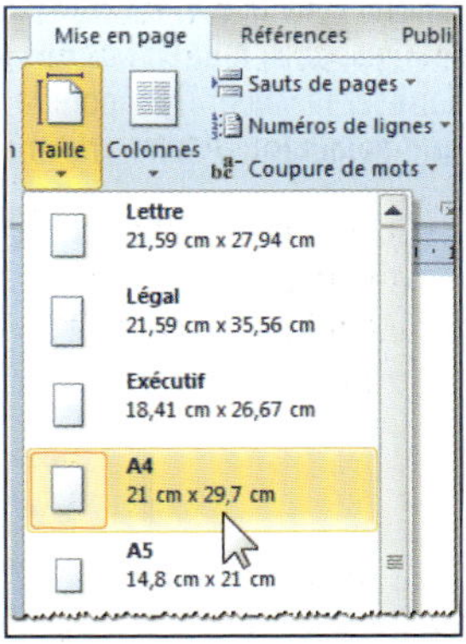

Vous pourrez voir d'autres formats, y compris des formats d'enveloppe utilisables si votre imprimante est équipée d'un bac Enveloppes.

MARGES ET ORIENTATION DU PAPIER

Les marges peuvent être modifiées à l'aide de la règle, plus rapidement via la galerie des marges prédéfinies, et via la boîte de dialogue **Mise en page**, onglet **Marges**. Cette dernière méthode permet de modifier non seulement les marges mais également l'orientation du document, et de prévoir un espace supplémentaire pour une reliure.

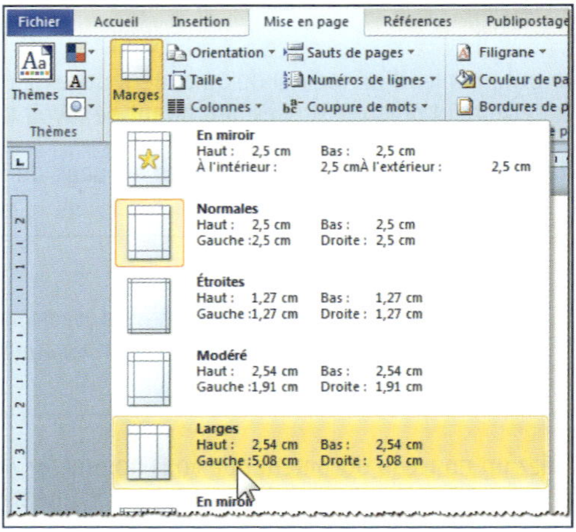

1 Cliquez sur le bouton **Marges** puis, dans la galerie, choisissez la commande **Larges**.

> **Marges**
>
> *Veillez à ne pas choisir des marges trop petites. Votre imprimante ne sera peut-être pas capable d'imprimer aussi près du bord. En général, respectez un minimum de 1 cm, voire plus.*

2 Toujours dans le groupe *Mise en page*, cliquez sur le bouton **Orientation** et vérifiez que la commande **Portrait** est sélectionnée.

3 Nous souhaitons maintenant prévoir un espace supplémentaire de 0,5 cm pour la reliure. Cette option n'existe pas dans les galeries. Vous allez donc cliquer sur le bouton **Marges**, puis, tout en bas de la galerie, sur la commande **Marges personnalisées**. Saisissez la valeur `0,5` pour la reliure et sélectionnez son emplacement (*Gauche*) dans la liste déroulante *Position de la reliure*.

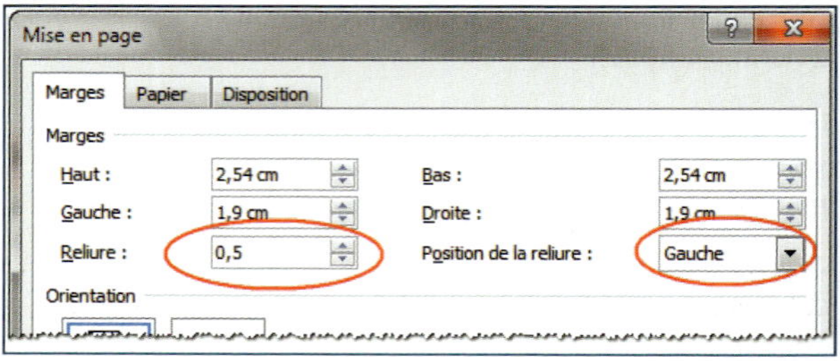

4 Cliquez sur le bouton OK pour valider, puis visualisez la mise en page de votre document en affichant l'aperçu avant impression. Pour cela, passez en mode Backstage et cliquez sur **Impression** dans la colonne de gauche. La fenêtre qui s'affiche vous offre un aperçu avant impression. Vous pouvez encore y modifier les marges et vous rendre compte immédiatement du résultat.

Vous allez maintenant tester un autre type de mise en page sans sortir de la fenêtre **Imprimer**. Nous souhaiterions avoir deux pages par feuille, mises côte à côte, afin de fabriquer un livret :

1 Sous la rubrique *Paramètres*, cliquez tout en bas sur l'option *Mise en page*.

2 Sous l'onglet **Marges**, sélectionnez l'option *Disposition Livre* dans la liste déroulante *Afficher plusieurs pages*. Les pages devant être mises côte à côte, notez que l'option *Paysage* est sélectionnée par défaut dans la rubrique *Orientation*. Notez également que l'accès à la position de la reliure n'est pas modifiable : en effet, la reliure sera forcément à l'intérieur. Remarquez aussi que les marges ont été adaptées au type d'affichage.

3 Cliquez sur OK pour valider ; vous obtenez immédiatement un aperçu de votre nouvelle mise en page ainsi que des nouveaux paramètres.

4 Enregistrez votre document.

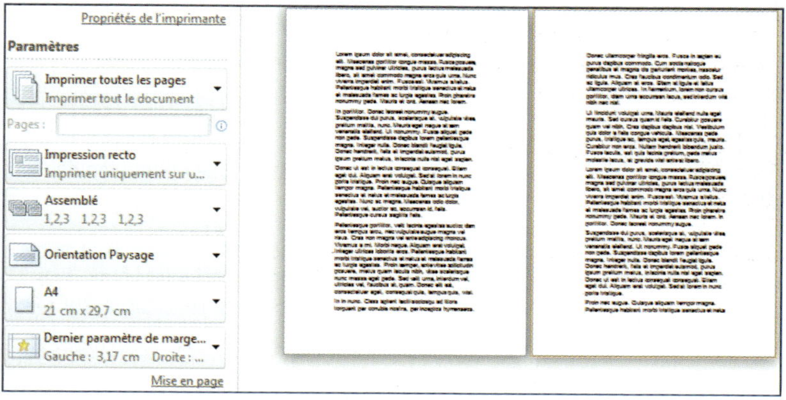

Deux feuilles par page ou plus

L'option qui permet d'imprimer plusieurs feuilles par page conserve la mise en page mais réduit la taille du texte, ce qui n'est pas le cas avec la fonction de disposition en livre.

ALIGNEMENT VERTICAL DU TEXTE

Par défaut, le texte que vous tapez dans votre document sera aligné en haut de la page. Vous pouvez également l'aligner en bas, le centrer ou même le justifier. Si le texte est justifié, l'espace entre les lignes et les paragraphes sera réparti sur toute la hauteur de votre document.

1 Pour modifier l'alignement, ouvrez la boîte de dialogue **Mise en page** en cliquant sur le lanceur de boîte de dialogue situé en bas à gauche du groupe *Mise en page*.

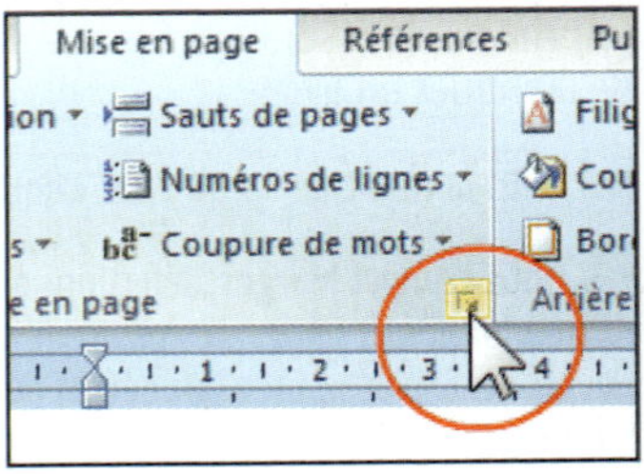

2 Cliquez sur l'onglet **Disposition**.

3 Dans la zone *Page*, sélectionnez l'alignement qui vous convient dans la liste déroulante *Alignement vertical*.

EN-TÊTES ET PIEDS DE PAGE

Les en-têtes et les pieds de page contiennent les informations qui doivent se retrouver sur chaque page.

Si votre document comporte plusieurs pages, a fortiori s'il s'agit d'un gros document, vous aurez sans doute besoin d'y placer un en-tête ou un pied de page, voire les deux.

Word 2007 propose une bibliothèque d'en-têtes et de pieds de page. Vous pouvez donc utiliser cette galerie d'en-têtes et de pieds de page ou créer les vôtres. Il est possible également de créer vos en-têtes et pieds de page en vous basant sur ceux qui sont fournis avec Word.

Vous allez donc maintenant ajouter un en-tête et un pied de page à votre document *Mise en page.docx*.

▸ En-têtes et pieds de page prédéfinis

Sous l'onglet **Insertion**, trois boutons sont disponibles dans le groupe *En-tête et pied de page*, un bouton **En-tête** et un bouton **Pied de page** qui fonctionnent de la même manière : en cliquant sur l'un comme sur l'autre, vous accédez à la galerie des en-têtes ou des pieds de page et vous pouvez choisir un élément de la galerie. Lorsque vous pointez votre souris sur les différents éléments de la galerie, une description s'affiche pour chacun d'eux dans une info-bulle avec, entre autres, ce que cet en-tête ou ce pied de page va insérer comme information : nom du document, auteur, etc.

Le troisième bouton, **Numéro de page**, permet d'insérer une numérotation. Mais attention, la numérotation est quelquefois déjà incluse dans les en-têtes et pieds de page !

1 Cliquez sur le bouton **En-tête** puis, dans la galerie, cliquez sur l'en-tête *Classique* : l'en-tête est immédiatement inséré.

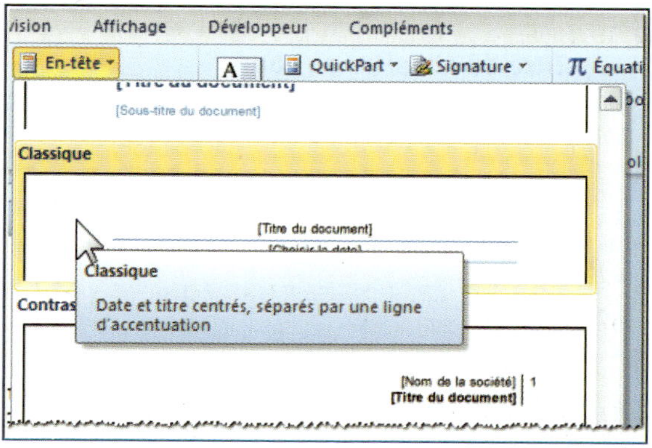

- Vous remarquez que votre fichier se trouve maintenant en mode Affichage en-tête et pied de page, ce qui vous permet de compléter voire de modifier cet en-tête. Notez que, dès lors que le curseur se trouve en affichage en-tête/pied de page, un nouvel onglet apparaît : **Outils des en-têtes et pieds de page/Création**.

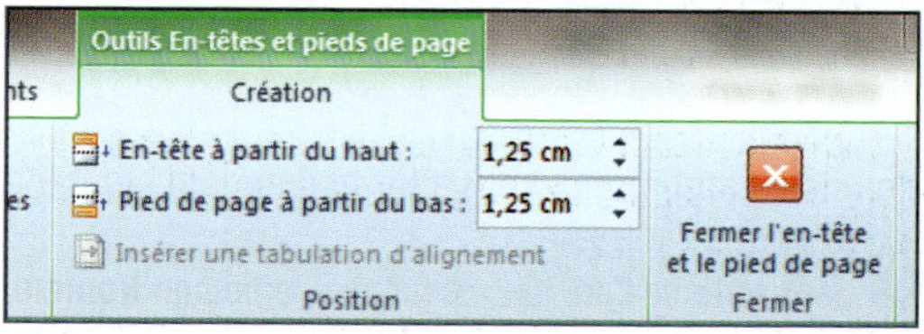

2 L'en-tête *Classique* est composé d'une zone de texte destinée au nom du document et d'un bloc de date.

- Cliquez dans la zone de texte afin de saisir le titre de votre document : `Mise en page`.

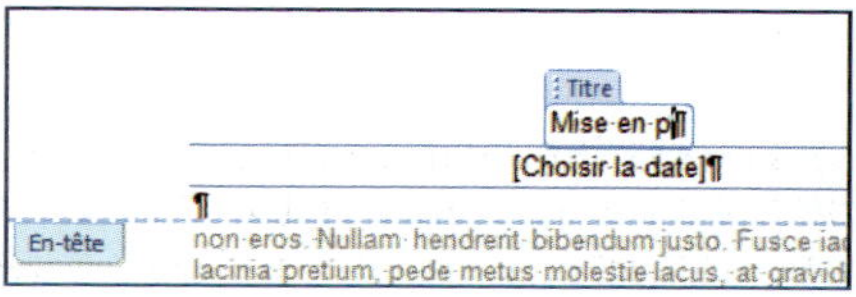

- Pointez maintenant sur le bloc de date et cliquez sur la flèche déroulante puis sur le bouton **Aujourd'hui** pour insérer la date du jour. Pour ajouter une autre date, faites défiler les mois à l'aide de la flèche droite, puis, lorsque le mois que vous cherchez est affiché, cliquez sur un jour.

Titre du chapitre en cours

Certains en-têtes insèrent le titre du chapitre en cours. Cette fonction va de pair avec les styles utilisés dans votre document (style Titre 1, Titre 2, *etc.).*

Pour de plus amples informations sur les styles, voyez le chapitre *Les styles et les modèles*.

Mise en forme des en-têtes et pieds de page

Tous les éléments de votre en-tête ou pied de page sont paramétrables à votre goût. Vous pouvez reformater chaque élément, modifier la position, la taille, etc. Vous pouvez ajouter ou supprimer des éléments.

L'en-tête étant inséré, vous allez maintenant ajouter une pagination :

1 Sans sortir de l'en-tête, cliquez sur le bouton **Numéro de page** du groupe *En-tête et pied de page* situé à gauche du Ruban, pointez sur la commande **Bas de page**, et enfin choisissez le pied de page *Ruban*.

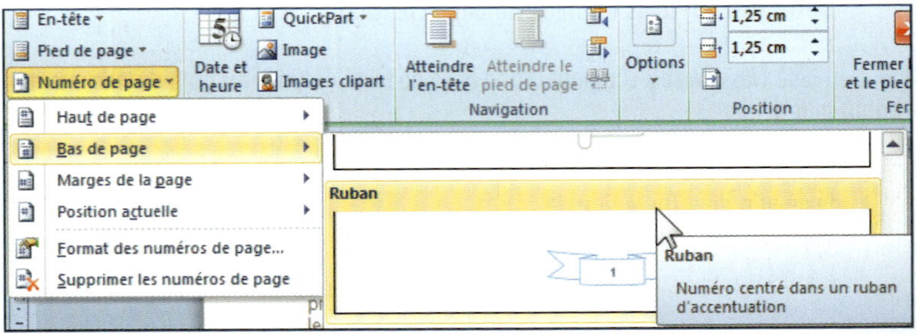

2 Nous souhaitons modifier le format du numéro de page. Pour cela, cliquez à nouveau sur le bouton **Numéro de page** puis sur la commande **Format Numéro Page** qui affiche la boîte de dialogue correspondante. Sélectionnez le format chiffres romains.

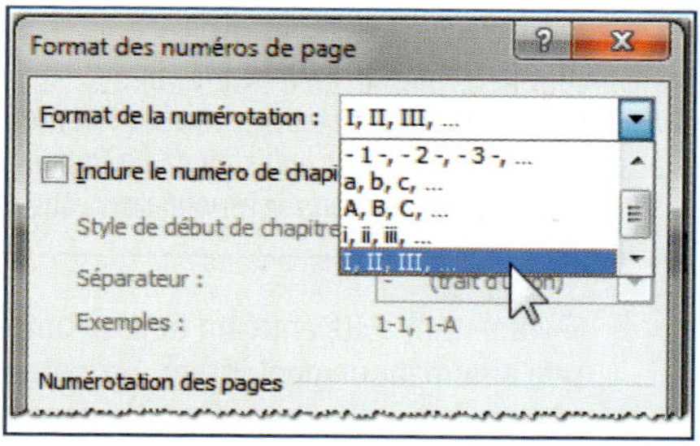

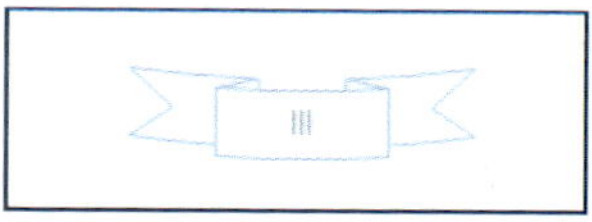

Nombre de pages

Si vous souhaitez obtenir le numéro de page sur le nombre de pages, vous choisirez l'un des types Page x sur y *situés en bas de la galerie des numéros de page, des catégories* Haut *et* Bas de page.

Votre en-tête et/ou votre pied de page complétés ou modifiés, cliquez sur le bouton **Fermer l'en-tête et le pied de page** à l'extrême droite du Ruban, afin de retourner dans le corps du document.

▸ En-têtes ou pieds de page manuels

Nous avons vu comme il est simple d'insérer des en-têtes ou pieds de page prédéfinis. Toutefois, si la bibliothèque de Word ne vous convient pas, vous pouvez modifier l'en-tête ou le pied de page insérés automatiquement. Vous pouvez également en concevoir de toutes pièces. Créez un nouveau document puis :

1 Sous l'onglet **Insertion**, cliquez sur le bouton **En-tête** et, tout en bas de la galerie, cliquez sur la commande **Modifier l'en-tête** : le point d'insertion se trouve automatiquement positionné dans la zone d'en-tête.

2 Dans cette zone d'en-tête, insérez tout ce qui devra figurer en en-tête de chaque page de votre document. Cela peut être du texte, un tableau ou un objet quelconque comme une image. Ici, vous allez simplement saisir votre nom :

- Dans le groupe *Insérer*, cliquez sur le bouton **QuickPart**, pointez sur **Propriétés du document**, puis cliquez sur la commande **Auteur**.

Nom de l'auteur

Par défaut, le nom de l'auteur est celui de l'utilisateur. Pour modifier ce nom par défaut, passez en mode Backstage puis cliquez sur **Options**. *Saisissez le nom de l'utilisateur dans la zone appropriée de la rubrique* Personnaliser votre copie d'Office.

– Si votre nom a été entré en tant qu'auteur, il sera automatiquement inséré. Si ce n'est pas le cas, vous pouvez saisir votre nom dans la zone dédiée.

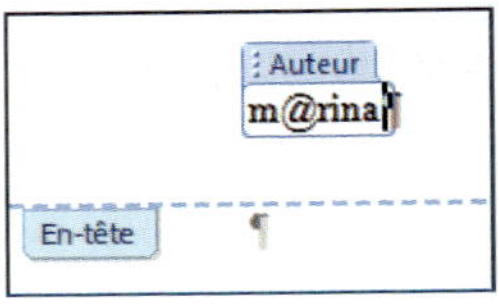

3 Basculez dans la zone de pied de page en cliquant sur le bouton **Atteindre le pied de page** de l'onglet **Outils des en-têtes et pieds de page/Création**, groupe *Navigation*.

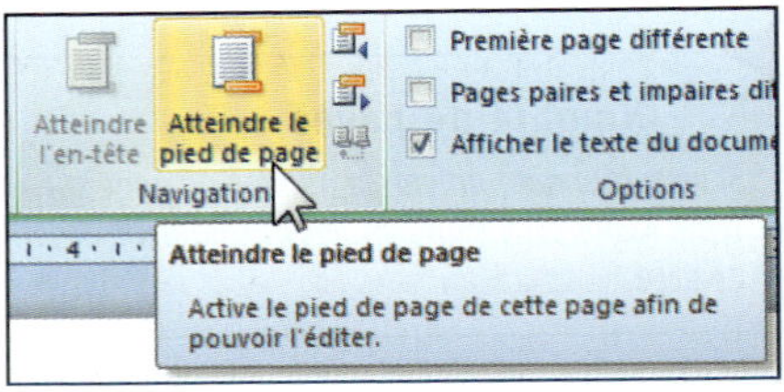

4 Cliquez sur le bouton **Date et heure** du groupe *Insérer* afin d'ajouter la date actuelle. Dans la boîte de dialogue, sélectionnez un format de date et cliquez sur OK.

Pour sortir du mode Affichage en-tête et pied de page, cliquez sur le bouton **Fermer l'en-tête et le pied de page** ou double-cliquez dans votre texte.

Accès direct

En mode d'affichage Page, vous pouvez double-cliquer sur l'en-tête ou le pied de page pour accéder directement aux en-têtes et pieds de page.

SUPPRESSION DES EN-TÊTES, PIEDS DE PAGE ET PAGINATION

Pour supprimer un en-tête, un pied de page et/ou un numéro de page, il suffit d'utiliser les commandes **Supprimer l'en-tête**, **Supprimer le pied de page**, **Supprimer les numéros de pages** accessibles en cliquant sur les boutons **En-tête**, **Pied de page** et **Numéro de page** de l'onglet **Insertion**, groupe *En-tête et pied de page*.

PAGE DE GARDE

Vous avez besoin d'insérer une page de garde un peu sophistiquée ? Word va vous aider.

Reprenez le document enregistré *Mise en forme.docx*.

1 Peu importe l'endroit où se trouve le point d'insertion, cliquez sur le bouton **Page de garde** sous l'onglet **Insertion**, groupe *Pages*, et choisissez la page de garde *Moderne* : la page de garde est automatiquement insérée en début de document.

2 Cette page de garde contient plusieurs zones à compléter ou déjà préremplies puisque Word conserve en mémoire les renseignements entrés dans l'en-tête ou le pied de page :

- Le nom du document est celui que vous aviez saisi dans l'en-tête.
- Le nom de l'auteur est celui qui est déclaré dans Word.
- L'année de la zone *Date* est conforme à la date déclarée dans l'en-tête.
- Vous pouvez compléter en tapant un sous-titre ainsi qu'un résumé du document dans les zones de texte prévues à cet effet.

Si vous souhaitez changer de page de garde, il suffit d'en choisir une autre. La nouvelle page remplacera l'ancienne.

Pour effacer une page de garde, cliquez sur le bouton **Page de garde** puis sur l'option *Supprimer la page de garde actuelle.*

Ne pas inclure la page de garde dans la pagination

Lorsque vous insérez une page de garde, l'option Première page différente *est automatiquement activée, si bien que par défaut les en-têtes et les pieds de page préchoisis n'y figurent pas. Si votre document est paginé et que la pagination doit commencer à 1 après la page de garde, cliquez sur le bouton* **Numéro de page** *puis sur l'option* Format Numéro Page. *Choisissez de démarrer la numérotation des pages à partir de 0.*

SAUTS DE PAGE ET DE SECTION

▸ Les sauts de page

Lorsque le texte arrive en bas de la page, un saut de page est automatiquement généré. Toutefois, il peut arriver que vous ayez besoin d'insérer vous-même un saut de page, par exemple pour commencer un chapitre particulier en haut de page ou bien pour insérer un tableau ou une image qui doivent rester seuls sur une page.

1 Cliquez à la fin de votre document *Mise en page.docx*, puis sous l'onglet **Insertion**, groupe *Pages*, cliquez sur le bouton **Saut de page** ou bien utilisez le raccourci Ctrl+Entrée. Le saut de page est représenté à l'écran par une ligne en pointillé, annotée *Saut de page*.

2 Vous constatez que vous avez créé une nouvelle page.

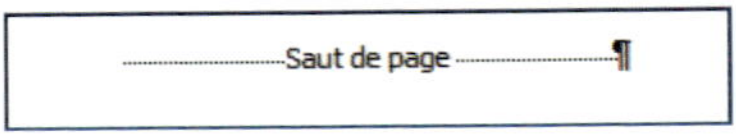

Insertion d'une page vierge

Pour insérer une page vierge à un endroit quelconque d'un document, cliquez là où elle doit se placer, puis cliquez sur le bouton **Page vierge** *de l'onglet* **Insertion**, *groupe* Pages.

Les sauts de section

Les sauts de section vont permettre de découper un document en plusieurs parties, afin de créer des mises en page différentes concernant, par exemple, l'orientation des pages (Portrait ou Paysage), les marges, l'en-tête et le pied de page, la pagination, etc. Ainsi, si vous souhaitez commencer votre pagination à la page 5, vous devrez insérer un saut de section avant la page 5.

Un saut de section est obtenu en cliquant sur le bouton **Sauts de pages** de l'onglet **Mise en page**, groupe *Mise en page*. Il est représenté à l'écran par une double ligne en pointillé. Il existe plusieurs types de sauts de section.

Les sauts de section

Type de saut de section	Pour quelle utilisation ?
Page suivante	Saut de section par défaut qui crée une nouvelle page
Continu	Saut de section sans saut de page
Page paire	Saut de section qui crée une nouvelle page paire
Page impaire	Saut de section qui crée une nouvelle page impaire

Avant de supprimer un saut de section

Attention, un saut de section contient toute la mise en page de la section qui le précède. Si vous supprimez un saut de section, vous effacez toute la mise en page qui va avec !

Reproduction d'une mise en page

Si vous souhaitez reproduire la mise en page d'une partie d'un document dans une autre partie ou un nouveau document, vous pouvez faire un copier-coller du saut de section qui suit la mise en page qui vous intéresse.

DISPOSITION EN COLONNES

Vous pouvez aisément disposer votre document ou une partie de votre document en colonnes type journal.

1. Sélectionnez une partie du texte de votre document *Mise en page.docx*.

2. Sous l'onglet **Mise en page**, groupe *Mise en page*, cliquez sur le bouton **Colonnes** et choisissez **Deux** : le texte sélectionné se trouve présenté sur deux colonnes.

- Vous remarquerez que Word a automatiquement inséré un saut de section continu avant et après la présentation en colonnes.

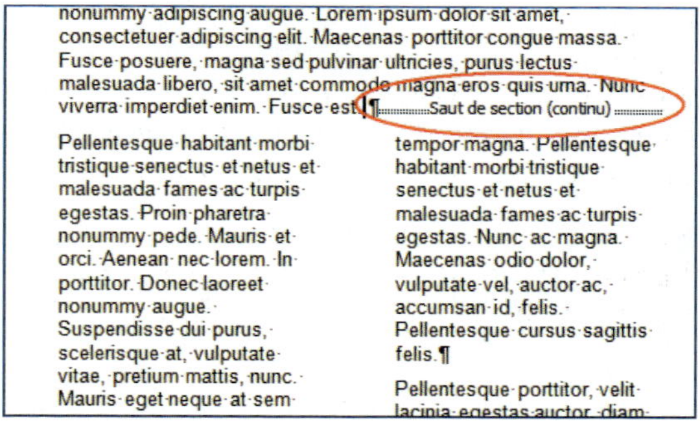
nonummy adipiscing augue. Lorem ipsum dolor sit amet, consectetuer adipiscing elit. Maecenas porttitor congue massa. Fusce posuere, magna sed pulvinar ultricies, purus lectus malesuada libero, sit amet commodo magna eros quis urna. Nunc viverra imperdiet enim. Fusce est.¶ Saut de section (continu)

Pellentesque habitant morbi tristique senectus et netus et malesuada fames ac turpis egestas. Proin pharetra nonummy pede. Mauris et orci. Aenean nec lorem. In porttitor. Donec laoreet nonummy augue. Suspendisse dui purus, scelerisque at, vulputate vitae, pretium mattis, nunc. Mauris eget neque at sem tempor magna. Pellentesque habitant morbi tristique senectus et netus et malesuada fames ac turpis egestas. Nunc ac magna. Maecenas odio dolor, vulputate vel, auctor ac, accumsan id, felis. Pellentesque cursus sagittis felis.¶

Pellentesque porttitor, velit lacinia egestas auctor diam

3. Pour commencer une colonne à un endroit précis de votre texte, insérez un saut de colonne : sous l'onglet **Mise en page**, groupe *Mise en page*, cliquez sur le bouton **Sauts de pages** puis sur la commande **Colonne**, ou plus simplement utilisez le raccourci [Ctrl]+[Maj]+[Entrée].

Pour appliquer un format colonnes à tout un document, ne sélectionnez pas de texte.

Si vous souhaitez modifier la présentation en cours de document :

1. Insérez un saut de section continu.

2. Choisissez un nombre de colonnes via le bouton **Colonnes**.

Word propose d'autres options concernant les colonnes via la boîte de dialogue **Colonnes** qui s'affiche en cliquant sur la commande **Autres colonnes**, accessible via le bouton **Colonnes**. Cette boîte de dialogue vous permet entre autres de choisir vos propres largeurs de colonnes et d'imposer une ligne séparatrice entre chaque colonne. Par ailleurs, la liste déroulante *Appliquer à* vous permet de désigner la partie du document où appliquer ce format ; Word se chargera d'insérer le saut de section si nécessaire.

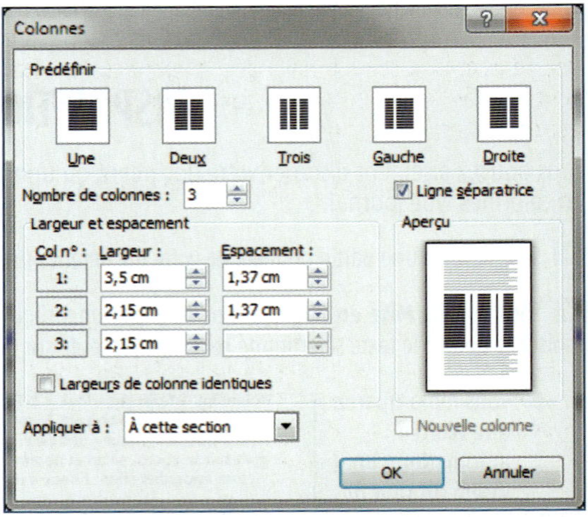

Modification de la largeur et du nombre de colonnes

Vous pouvez modifier la largeur et le nombre de colonnes en retournant dans la boîte de dialogue **Colonnes**.

Vous pouvez également changer la largeur des colonnes en faisant glisser les marges de chaque colonne sur la règle.

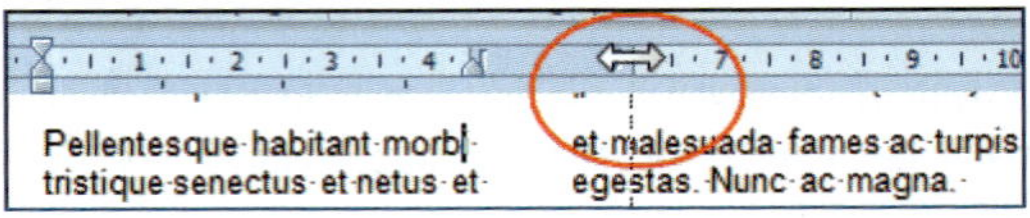

MISE EN FORME

La mise en forme permet de mettre en valeur le texte afin qu'il soit plus agréable à lire. On peut distinguer deux types de formatage : la mise en forme des caractères et la mise en forme des paragraphes. La mise en forme d'un document peut indifféremment se faire au fur et à mesure de la saisie ou bien une fois le document entièrement tapé.

Pour les longs documents, il est conseillé de gérer la mise en forme au fur et à mesure de la saisie.

Aperçu immédiat de la mise en forme

Pour la plupart des modifications de mise en forme de caractères comme de paragraphes, il suffira de faire glisser la souris sur les diverses commandes de mise en forme pour avoir une vue immédiate du rendu dans le document.

Dans un premier temps, nous allons voir qu'il est possible de mettre en forme un document très rapidement en utilisant les feuilles de styles prédéfinies de Word. Nous verrons ensuite comment créer nous-mêmes nos propres formats, puis, dans le chapitre suivant, comment créer nos propres styles.

STYLES ET JEUX DE STYLES

Un style est un ensemble de mises en forme identifiées par un nom. Appliquer un même style à plusieurs paragraphes permet de leur attribuer exactement la même mise en forme.

Les jeux de styles sont des ensembles de styles prédéfinis qui contiennent un certain nombre de styles, les styles rapides, et qui sont prévus pour fonctionner ensemble.

Un jeu de styles permet d'obtenir un document toujours homogène et harmonieux avec un minimum de manipulations. Après avoir utilisé les styles rapides dans un document, vous pourrez, d'un seul clic de souris, obtenir une présentation totalement différente en changeant simplement de jeu de styles.

Nous allons mettre en forme le fichier *Nouveautés.docx* qui se trouve sur le site de Micro Application (www.microapp.com).

Les galeries de styles

Sous l'onglet **Accueil**, vous trouverez le groupe *Styles* qui contient la galerie des styles rapides.

Pour appliquer un style, sélectionnez un texte, puis cliquez sur le style choisi dans la galerie.

Sélectionner ou ne pas sélectionner

Un style de paragraphe s'appliquera sur tout le paragraphe où se trouve le curseur, même si celui-ci n'est pas sélectionné. Un style de caractères s'appliquera au mot où se trouve le curseur, même si celui-ci n'est pas sélectionné.

Le document *Nouveautés.docx* contient trois descriptions qui doivent être mises en forme de la même façon.

Avant tout, commençons par appliquer un style au titre du document :

1. Cliquez dans le titre du document.

2. Cliquez sur le style rapide *Titre* de la galerie des styles : le titre est automatiquement mis en forme.

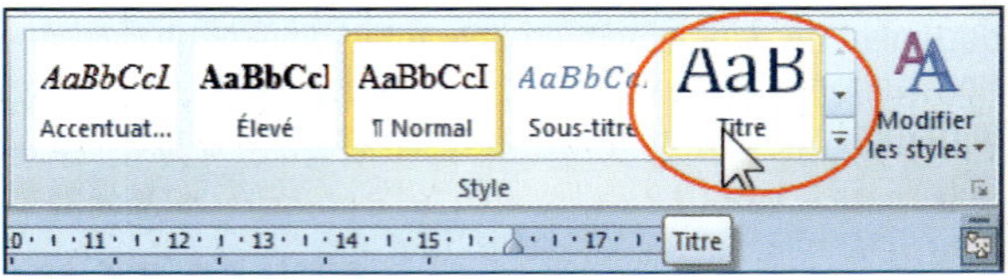

Continuons la mise en forme. Chaque élément étant présent quatre fois, vous utiliserez la touche Ctrl pour faire des multisélections :

1. Appuyez sur la touche Ctrl et, tout en la maintenant enfoncée, sélectionnez les quatre titres des rubriques. Cliquez sur le style rapide *Titre 1* : les quatre titres sont mis en forme.

2. Sélectionnez de la même manière les trois sous-titres, puis cliquez sur le style rapide *Référence intense.*

Faire défiler les styles

Vous pouvez faire défiler les lignes de la galerie en cliquant sur les flèches haut et bas situées à droite de la galerie ou sur la flèche déroulante située en bas à droite et qui permet d'en visualiser une plus grande partie.

3 Sélectionnez les deux ou trois lignes d'adresses de chaque rubrique, puis cliquez sur le style *Sans interligne* afin de ne pas garder d'espace supplémentaire entre les lignes.

4 Sélectionnez la première ligne de chaque adresse, puis cliquez sur le style *Emphase intense* afin de mettre le nom en valeur.

5 Enregistrez votre document.

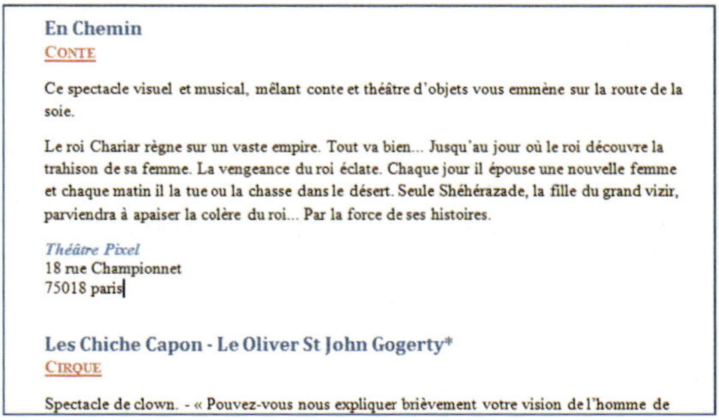
En Chemin
CONTE

Ce spectacle visuel et musical, mêlant conte et théâtre d'objets vous emmène sur la route de la soie.

Le roi Chariar règne sur un vaste empire. Tout va bien... Jusqu'au jour où le roi découvre la trahison de sa femme. La vengeance du roi éclate. Chaque jour il épouse une nouvelle femme et chaque matin il la tue ou la chasse dans le désert. Seule Shéhérazade, la fille du grand vizir, parviendra à apaiser la colère du roi... Par la force de ses histoires.

Théâtre Pixel
18 rue Championnet
75018 paris

Les Chiche Capon - Le Oliver St John Gogerty*
CIRQUE

Spectacle de clown. - « Pouvez-vous nous expliquer brièvement votre vision de l'homme de

▸ Les jeux de styles

À n'importe quel moment, une fois votre document terminé ou en cours de saisie, vous pouvez modifier son aspect en utilisant d'autres jeux de styles.

Sous l'onglet **Accueil**, dans le groupe *Styles*, cliquez sur le bouton **Modifier les styles** puis pointez sur la liste déroulante *Jeu de styles* et choisissez un jeu de styles parmi ceux qui sont prédéfinis. Si vos styles ont été correctement utilisés, vous verrez votre document changer d'aspect tant au niveau des couleurs que des polices, des retraits, des espacements, des trames et bordures, etc.

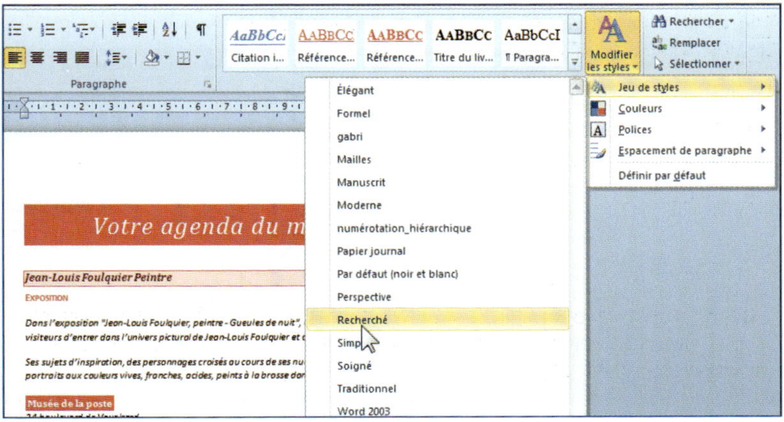

Les jeux de couleurs et de polices

Toujours par un clic sur le bouton **Modifier les styles**, vous pourrez changer les couleurs en utilisant la liste déroulante *Couleurs*, ou encore les polices en utilisant la liste déroulante *Polices*.

- Les jeux de couleurs.
- Chaque jeu de couleurs contient douze couleurs prédéfinies. Ces douze couleurs se déclinent par ailleurs en un camaïeu de cinq teintes.

- Les jeux de polices.
- Vous remarquerez, dans la liste déroulante *Polices*, que chaque jeu est composé de deux polices. Il s'agit pour la première de la police qui sera appliquée aux titres, et pour la seconde de la police qui sera appliquée au corps du texte.

Les thèmes

Un thème est le regroupement d'un jeu de polices, d'un jeu de couleurs et d'un type d'effets graphiques. Une fois que vous avez sélectionné le jeu de styles, vous pouvez le faire varier en choisissant différents thèmes. Pour choisir un thème, cliquez sur l'un d'entre eux dans l'onglet **Mise en page**, groupe *Thèmes*.

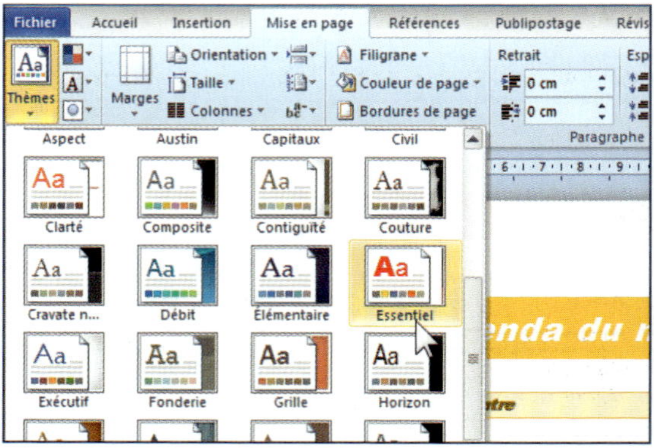

MISE EN FORME MANUELLE

Étant donné le nombre de possibilités pour formater automatiquement son document, la mise en forme manuelle n'est pas conseillée. Néanmoins, il est nécessaire d'en connaître le processus, d'une part pour des formatages ponctuels, et d'autre part pour modifier les styles existants ou créer vous-même vos propres styles.

▸ Format des caractères

Les méthodes

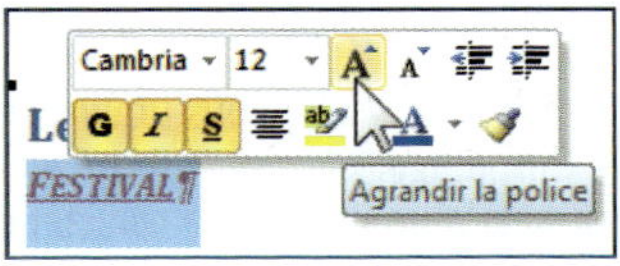

D'une manière générale, les principaux attributs de caractères se trouvent à portée de clic sous l'onglet **Accueil**, dans le groupe *Police*, ou bien, encore plus à portée de clic, sur la mini-barre d'outils contextuels.

Il existe également de nombreux raccourcis clavier. En pointant sur la commande, vous obtenez des renseignements sur la commande elle-même et sur son raccourci clavier.

D'autres attributs de police sont accessibles dans la boîte de dialogue **Police**. Il suffit de cocher les différentes options. La zone *Aperçu* vous permet de voir l'effet produit. Pour afficher cette boîte de dialogue, cliquez sur le lanceur de boîte de dialogue situé en bas à droite du groupe *Police*.

Pour modifier les caractères, deux méthodes s'offrent à vous :

- Saisissez d'abord votre texte, sélectionnez-le et attribuez-lui une mise en forme.

Modifier la mise en forme d'un mot

Pour modifier la mise en forme d'un mot, il est par défaut inutile de le sélectionner : il suffit en effet que le point d'insertion se trouve à l'intérieur du mot. En revanche, si l'option Lors d'une sélection, sélectionner automatiquement le mot entier *est décochée, le mot devra être sélectionné.*

- En cours de saisie, sélectionnez l'attribut de mise en forme, tapez le texte, puis annulez le choix de l'attribut.

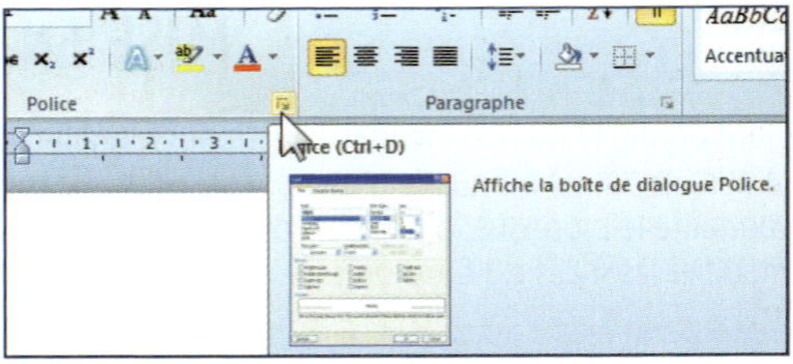

Les méthodes d'annulation

Les boutons sur le Ruban ou sur la mini-barre d'outils contextuels sont des boutons bascule : cliquez une seconde fois dessus, le format est annulé.

En cours de saisie, vous pouvez appuyer sur le même raccourci clavier pour annuler le formatage. Mais plus simplement, et en particulier si vous avez attribué divers formats à un groupe de caractères, appuyez sur Ctrl+Barre d'espace pour annuler tous les changements de format et revenir au format de votre paragraphe.

Application

Le premier fichier que nous avons créé ensemble, *Premier document.docx*, va servir à tester divers formatages.

Choix de la police et de la taille

1. Sélectionnez tout votre texte en appuyant sur Ctrl+A.

2. Dans la liste déroulante *Police*, sélectionnez la police Corbel.

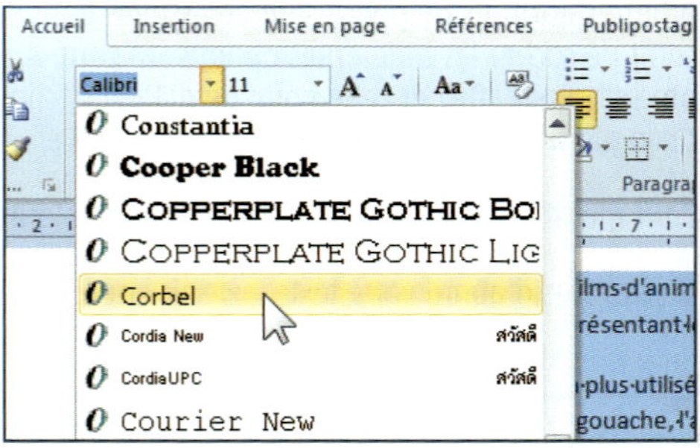

TrueType et Bitmap

Une police TrueType peut s'adapter à toutes les tailles possibles, contrairement à une police Bitmap qui est à taille fixe.

3 Dans la liste déroulante *Taille de police*, sélectionnez le corps 14. Lorsque la taille souhaitée n'y figure pas, cliquez dans la case *Taille de police*, entrez une valeur, puis appuyez sur [Entrée]. Cette valeur doit être comprise entre 1 et 1638 !

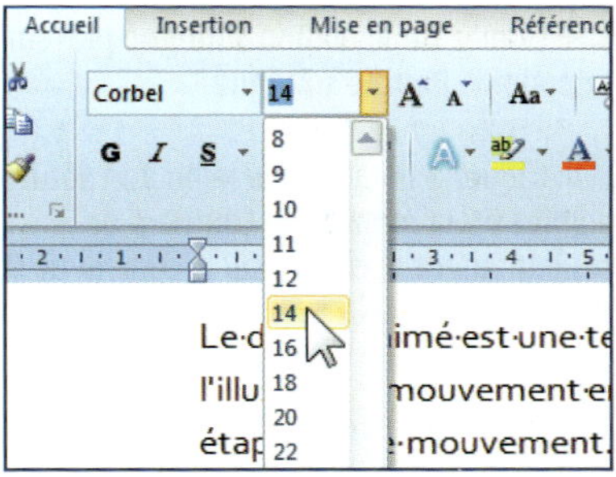

Le corps

C'est un terme typographique qui désigne la taille : sa valeur se mesure en points (1 point = environ 0,35 mm).

Deux autres boutons vous permettent également de modifier la taille. Il s'agit des boutons d'agrandissement et de réduction des polices. Ils sont incrémentés de la même manière que dans la liste déroulante des tailles. Au-delà, le pas d'incrément est de 10.

Les styles

Les styles d'une police sont le gras, l'italique ou une combinaison des deux. Ils sont obtenus en cliquant sur les outils correspondants du groupe *Police* ou de la mini-barre d'outils.

1 Cliquez à l'intérieur du mot « Technique » dans votre texte.

2 Cliquez sur le bouton **Gras** puis sur le bouton **Italique** : les caractères sont maintenant en gras italique.

3 Cliquez de nouveau sur le bouton **Italique** : le mot a gardé le style gras, mais a perdu l'italique.

Le soulignement

Le soulignement est obtenu via la liste déroulante du bouton **Souligné**. D'autres styles de soulignement sont disponibles en sélectionnant la commande **Autres soulignements**. Notez que la couleur de soulignement peut également être modifiée avec le bouton **Souligné**.

1 Sélectionnez le titre « Dessin animé » dans votre texte.

2 Cliquez sur le bouton **Souligné** puis sur la commande **Double souligné**.

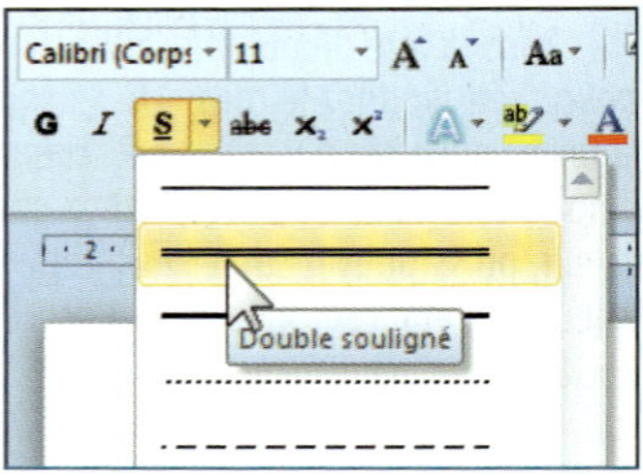

3 Cliquez à nouveau sur le bouton **Souligné**, pointez sur la commande **Couleurs de soulignement** et cliquez sur la couleur de votre choix.

Les petites majuscules

Cet attribut de police est accessible via la boîte de dialogue **Police** ou à l'aide du raccourci clavier Ctrl+Maj+K.

Nous allons utiliser cet attribut mais cette fois en modifiant le format en cours de saisie.

1 Positionnez le point d'insertion en dessous du premier paragraphe et commencez à saisir le texte suivant : `En 1932, Mickey Mouse devient le personnage le plus populaire de dessin animé`. Nous modifierons le format des mots « Mickey Mouse ».

2 Avant de saisir le mot « Mickey », appuyez sur les touches Ctrl+Maj+K.

3 Tapez les mots `mickey Mouse` qui seront donc en petites majuscules, puis appuyez sur les touches Ctrl+Barre d'espace afin de revenir au format du paragraphe en cours.

La couleur

Vous pouvez modifier la couleur de la police grâce à la liste déroulante *Couleur de police* du groupe *Police* ou de la mini-barre d'outils.

La casse

Pour modifier la casse, vous pouvez utiliser le bouton **Casse**, mais il existe une solution plus simple et plus rapide, le raccourci clavier Maj+F3 :

> **La casse**
>
> *La casse d'une police correspond aux majuscules et aux minuscules, autrefois appelées « haut de casse » et « bas de casse » d'après leur position dans la casse qui était la boîte où on rangeait les polices de caractères.*

1 Sélectionnez le mot « Wikipédia ».

2 Appuyez sur les touches Maj+F3.

3 Le mot s'inscrit en majuscules.

4 Appuyez de nouveau sur les touches Maj+F3.

5 Le mot s'inscrit en minuscules.

6 Si vous appuyez encore une fois sur les mêmes touches, le mot reprend son initiale majuscule.

Vous pouvez utiliser ces touches en cours de frappe pour modifier la casse du texte qui va être saisi.

Échelle et espacement entre les caractères

1 Sélectionnez le titre « Le dessin animé ».

2 Affichez la boîte de dialogue **Police**, onglet **Paramètres avancés**, puis modifiez l'échelle pour déformer les mots.

3 Modifiez l'espacement entre les caractères pour avoir un texte plus ou moins serré.

▸ Effets artistiques

Que ce soit pour créer une invitation à un mariage, un recueil de poésies..., différents effets artistiques s'offrent à vous. Créez un document que vous nommerez *Blancheneige*, et dans lequel vous allez appliquer quelques effets de styles.

1 Choisissez l'option *Marges Larges*.

2 Saisissez le texte de l'exemple ci-dessous en corps 14, police Times New Roman.

Blanche Neige

Blanche Neige travaille tout le jour en chantant pour ses amis, les oiseaux. Ce matin-là, tandis qu'elle tire de l'eau au puits pour laver la cour, un bel inconnu, charmé par sa voix mélodieuse, franchit le mur d'enceinte.

3 Passez le titre en corps 36.

Effets de texte

Dans le groupe *Police*, le bouton **Effets de texte** propose des effets de texte préformatés que vous pourrez, si nécessaire, affiner ensuite.

Sélectionnez les mots « Blanche Neige » dans le paragraphe, cliquez sur le bouton **Effets de texte**, puis passez la souris sur les différents effets afin d'obtenir un aperçu. Ces effets de texte peuvent combiner différents éléments de style : couleur, ombrage, réflexion et lumière. Choisissez un effet prédéfini, le deuxième de la dernière ligne.

Blanche-Neige travaille to
ses amis, les oiseaux. Ce

Pour modifier les effets, vous devrez cliquer sur le même bouton et choisir dans les galeries correspondantes les effets à appliquer : contour, ombre, lumière.

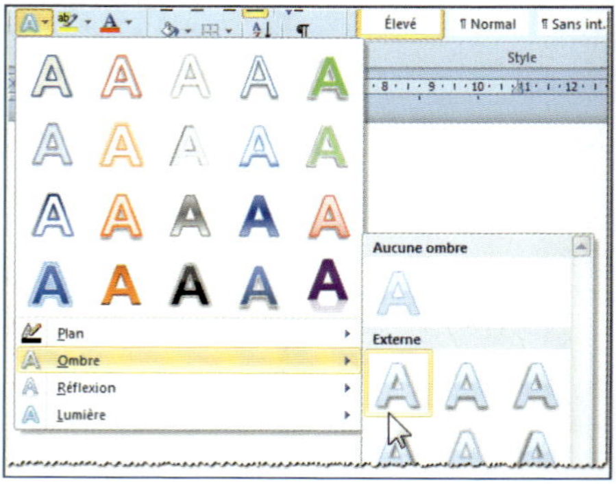

Sélectionnez à présent le titre de votre document *Blancheneige* et appliquez à ce dernier un effet de réflexion rapprochée. Profitez-en pour choisir la même couleur que pour le mot Blanche Neige dans le texte.

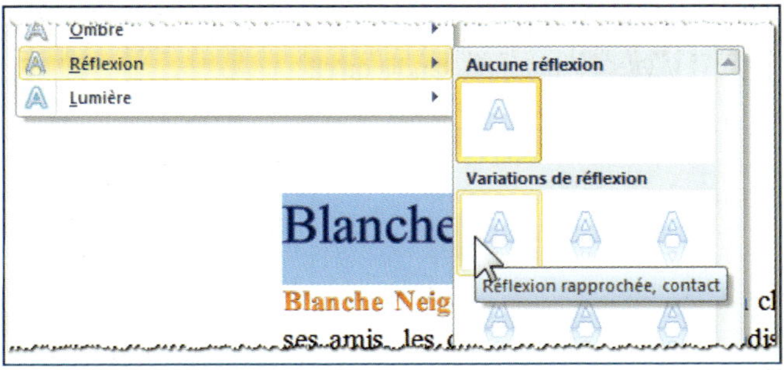

Encore plus d'options

Pour accéder à des options plus pointues concernant ces effets, rendez-vous dans la boîte de dialogue ***Police*** *: sous l'onglet* ***Paramètres avancés****, en bas, cliquez sur le bouton* ***Effets de texte****.*

Lettrine

Lettrine

Une lettrine est la première lettre d'un paragraphe qui occupe plusieurs lignes de texte.

Nous allons à présent créer une lettrine pour ce même texte, Blanche-Neige.

1 Cliquez à l'intérieur du paragraphe.

2 Sous l'onglet **Insertion**, groupe *Texte*, cliquez sur le bouton **Lettrine** puis sur la commande **Dans le texte**. Votre lettrine est insérée, mais nous allons la modifier. Pour cela, cliquez à nouveau sur le bouton **Lettrine** puis sur la commande **Options de lettrine** :

- Choisissez une police différente de celle du texte courant : optez pour la police Monotype Corsiva.
- Laissez le nombre de lignes à 3.

– Réglez la distance au texte à 0,3 cm.

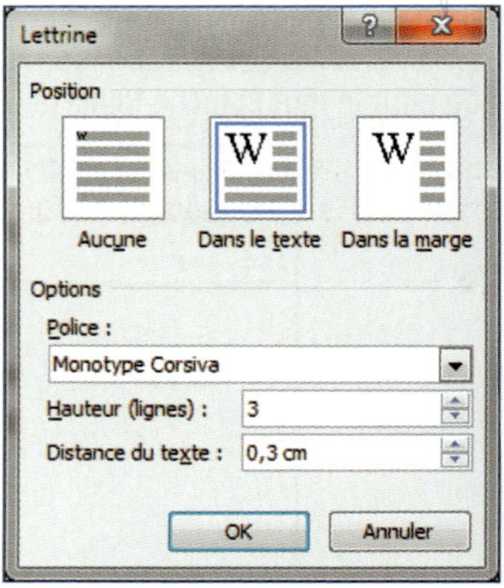

Pour supprimer une lettrine, cliquez à nouveau sur le bouton **Lettrine** puis sur **Aucun**.

Effets stylistiques OpenType

OpenType

OpenType est un format de police développé par Microsoft et Adobe. Il s'agit d'une extension de la technologie TrueType, basée sur Unicode. Une police OpenType peut contenir de multiples alphabets internationaux et offrir des raffinements typographiques avec divers styles de figures, des jeux complets de ligatures et d'alternatives, ainsi que de nombreux caractères accentués et signes diacritiques. Word 2010 supporte les polices OpenType.

1. Sélectionnez le titre de votre document *Blancheneige* et ouvrez la boîte de dialogue **Police**.

2. Choisissez la police Gabriola, qui est une police OpenType et pour laquelle vous pouvez appliquer un effet stylistique.

3. Sous l'onglet **Paramètres avancés**, dans la liste déroulante *Jeux stylistiques*, sélectionnez différents jeux et observez le résultat dans l'aperçu.

4. Choisissez enfin le jeu numéro 6 et cliquez sur OK.

5. Les lettres étant trop collées, optez pour un espacement étendu de 2,1 pt.

Format des paragraphes

Les principales options se trouvent dans l'onglet **Accueil**, groupe *Paragraphe*. Les autres options sont disponibles via la boîte de dialogue **Paragraphe** à laquelle vous accédez via le lanceur de la boîte dialogue situé en bas à droite du groupe *Paragraphe*.

> **Modifier un format de paragraphe**
>
> *Pour modifier un format de paragraphe, inutile de le sélectionner. Placez simplement le point d'insertion dans le paragraphe à formater.*

Alignements

Quatre types d'alignements sont possibles. Ils sont obtenus en cliquant sur les outils correspondants du groupe *Paragraphe*.

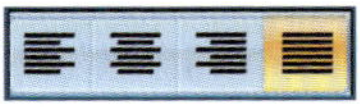

1. Sélectionnez tout le texte du document en cours en appuyant sur les touches Ctrl+A.

2. Cliquez tour à tour sur les différentes icônes d'alignement.

Les alignements	
Aligné à gauche	
Aligné à droite	
Centré	
Justifié	

> **Justification**
>
> *Lorsqu'un texte est justifié, l'espace entre les mots est réparti sur toute la ligne. Les lignes seront donc alignées à gauche comme à droite.*

Interligne et espacement

L'interligne est l'espace qui se trouve entre les lignes à l'intérieur d'un paragraphe.

Vous pouvez le modifier grâce au bouton **Interligne** du groupe *Paragraphe*. Il se mesure par défaut en nombre de lignes.

L'espacement est l'espace entre les paragraphes. Il se mesure en points et doit être au minimum égal à la taille de la police. Vous pouvez ajouter rapidement un espace avant et/ou après un paragraphe en choisissant les options *Ajouter (ou Supprimer) un espace avant (ou après) le paragraphe.*

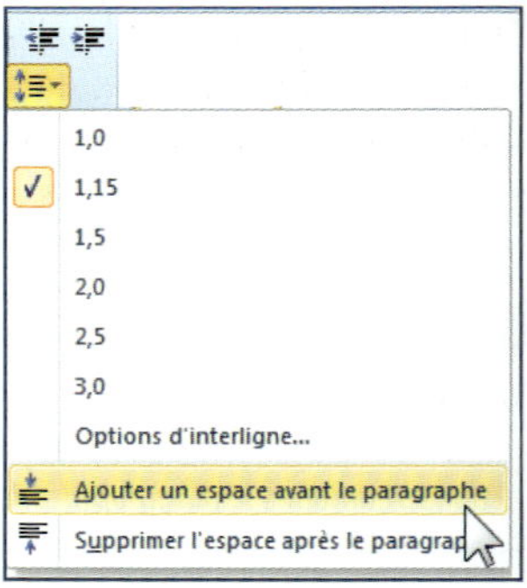

Pour des mesures plus fines, utilisez la boîte de dialogue **Paragraphe** :

1 Dans un document que nous n'allons pas conserver, tapez la commande `=rand(3,3)` suivie immédiatement par un retour paragraphe pour entrer du faux texte.

2 Sélectionnez les deux derniers paragraphes et affichez la boîte de dialogue **Paragraphe**. Vous voyez que par défaut Word règle l'interligne à 1,15 ligne et ajoute un espace de 10 pt après chaque paragraphe.

3 Dans la liste déroulante *Espacement après*, entrez la valeur de `3 pt`.

4 Dans la liste déroulante *Interligne*, sélectionnez l'option *Au moins*, puis entrez la valeur `18` (lorsque l'option *Au moins* est sélectionnée, la mesure est par défaut le point).

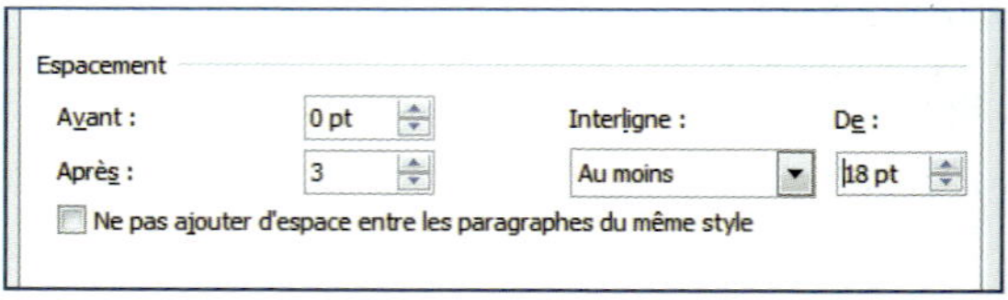

5 Cliquez sur OK pour voir le résultat : les deux paragraphes concernés ont maintenant un interligne plus important et sont donc plus aérés que le premier. Par contre, l'espace entre eux est plus petit.

Espacement

Évitez d'utiliser l'espacement avant ET après. Les cumuls d'espacement sont difficiles à gérer.

Annulez cette dernière action afin de retrouver vos paragraphes tels qu'ils étaient au départ, puis sous l'onglet **Accueil**, dans le groupe *Styles*, cliquez sur le bouton **Modifier les styles**, pointez sur la commande **Espacement de paragraphe**, et faites glisser la souris sur les différentes options proposées. Si vous en sélectionnez une, ce sont tous les styles du document qui sont concernés, et donc le document dans sa totalité, à moins que vous n'ayez fait des modifications manuelles.

Retraits

Un retrait consiste à décaler un paragraphe par rapport aux marges de gauche ou de droite. Un paragraphe peut également avoir un retrait de première ligne négatif.

Retrait de première ligne

Le retrait de première ligne correspond à l'alinéa et évite de devoir placer une tabulation au début de chaque ligne.

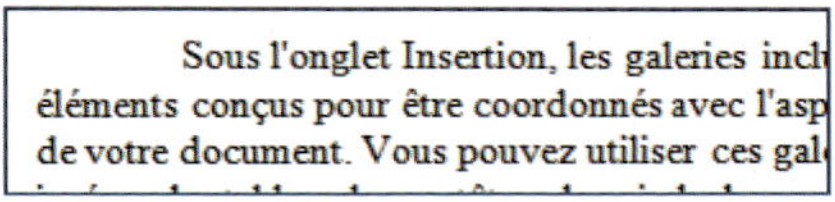
Sous l'onglet Insertion, les galeries incl
éléments conçus pour être coordonnés avec l'asp
de votre document. Vous pouvez utiliser ces gal

Retrait négatif de première ligne

La première ligne est alignée sur la marge de gauche, le reste du paragraphe est en retrait. Ce type de retrait est couramment utilisé dans le cas d'une numérotation à l'extérieur du paragraphe.

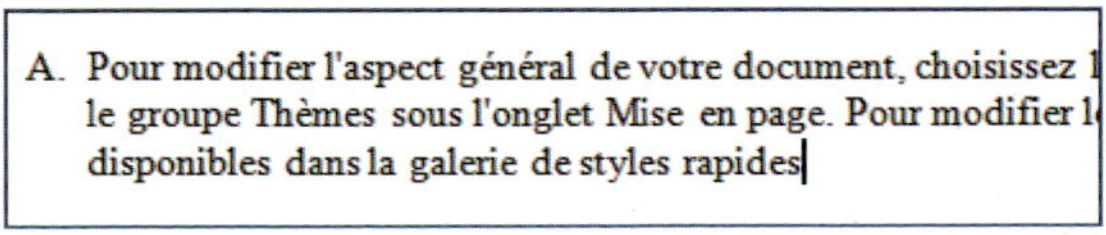
A. Pour modifier l'aspect général de votre document, choisissez l
le groupe Thèmes sous l'onglet Mise en page. Pour modifier l
disponibles dans la galerie de styles rapides

Les retraits peuvent être modifiés à l'aide des boutons du groupe *Paragraphe*, de la règle ou via la boîte de dialogue **Paragraphe**.

Avec les boutons

Des retraits simples peuvent être réalisés facilement en utilisant les deux boutons du groupe *Paragraphe* : **Diminuer le retrait** et **Augmenter le retrait**.

1 Dans votre document *Premier document.doc*, placez le point d'insertion dans le premier paragraphe et cliquez deux fois sur le bouton **Augmenter le retrait** : le paragraphe se déplace vers la droite.

2 Cliquez deux fois sur le bouton **Diminuer le retrait** : le paragraphe se déplace vers la gauche et reprend sa place initiale.

Les boutons de retrait

La valeur des retraits obtenus par ces boutons est définie par la position des taquets de tabulation (voir la section Tabulations *plus loin dans ce chapitre).*

Avec la règle

Les retraits se définissent manuellement en déplaçant sur la règle les éléments suivants, indiqués sur la figure.

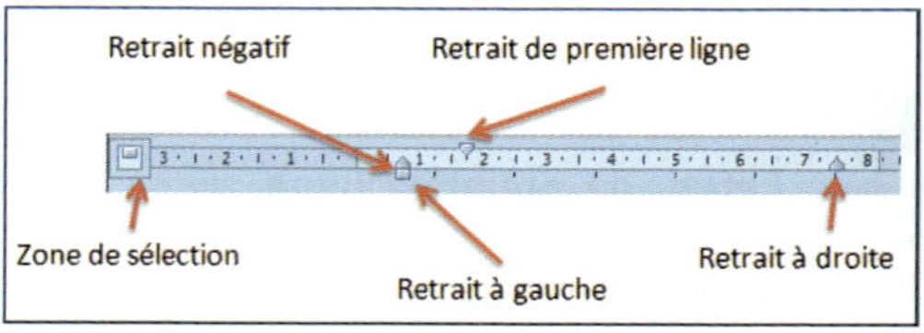

Dans le document *Premier document*, nous allons créer quelques retraits :

1. Cliquez dans le premier paragraphe, puis faites glisser le triangle supérieur positionné à gauche de la règle de 1 cm vers la droite, de façon à obtenir un retrait de première ligne.

2. Faites glisser le triangle positionné à droite de la règle sur la graduation 10 de façon à obtenir un retrait à droite.

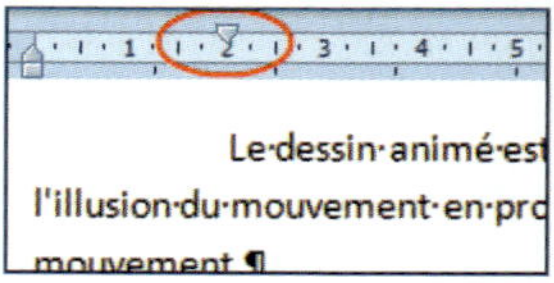

Modifier les retraits à l'aide de la souris

Il n'est pas toujours facile de dissocier le triangle du retrait de première ligne et le carré du retrait négatif. Une autre méthode consiste à cliquer dans le petit carré qui se trouve à l'extrême gauche de la règle autant de fois qu'il est nécessaire pour afficher l'élément puis à cliquer à l'emplacement souhaité sur la règle.

Depuis la boîte de dialogue Paragraphe

Pour modifier les retraits d'une manière plus précise, vous pouvez utiliser la boîte de dialogue **Paragraphe**.

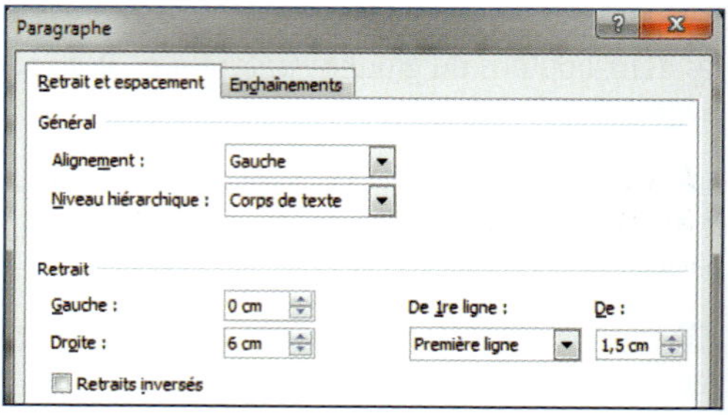

Tabulations

Pose et suppression des taquets de tabulation

Vous pouvez poser et supprimer des taquets de tabulation à l'aide de la règle ou via la boîte de dialogue **Tabulations**.

Les taquets de tabulation

Un taquet de tabulation est un repère qui permet d'aligner son texte à un endroit précis. Une fois le taquet de tabulation posé, la touche Tab *permet de se positionner à l'endroit du taquet.*

Des taquets de tabulation sont positionnés par défaut tous les 1,25 cm. Cette mesure est modifiable via la boîte de dialogue **Tabulations**. Pour changer cette valeur par défaut :

1. Affichez la boîte de dialogue **Paragraphe**, puis cliquez sur le bouton **Tabulations**.
2. Saisissez une autre valeur par défaut dans la zone prévue à cet effet.

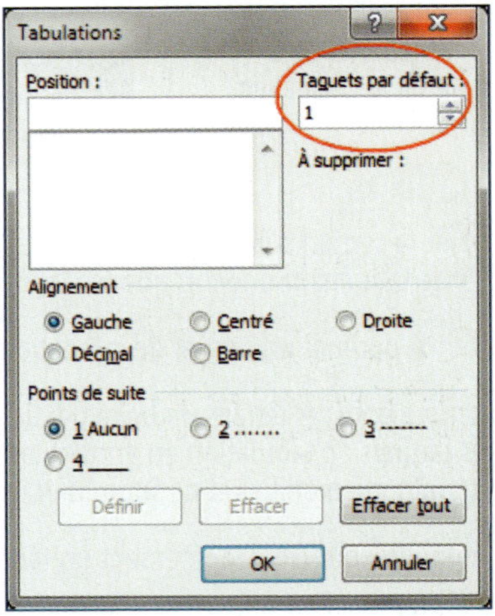

Pose et retrait des taquets de tabulation

Il est plus simple d'ajouter ou de supprimer des taquets de tabulation sur la règle, quitte à les modifier via la boîte de dialogue ***Tabulations****.*

Les différents types de taquets de tabulation	
Bouton	**Effet**
	Gauche : le texte est aligné à gauche
	Centré : le texte est centré
	Droite : le texte est aligné à droite
	Décimal : les chiffres décimaux sont alignés sur la virgule
	Barre : une barre s'insère au niveau de la tabulation

Vous allez poser un taquet de tabulation à l'aide de la souris, de manière à centrer les deux lignes de la source.

1. Sélectionnez les deux lignes concernées.
2. Sélectionnez le taquet Centré à l'extrême gauche de la règle.
3. Cliquez dans la règle sur la graduation 10,5.

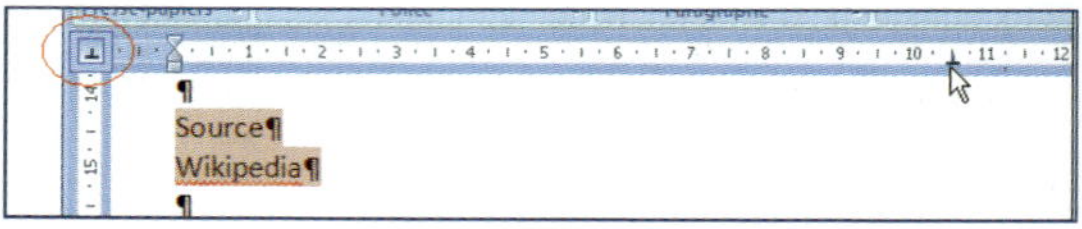

Voyez la section suivante *Utilisation des tabulations* pour savoir comment se servir d'une tabulation une fois que les taquets sont posés.

Pour supprimer un taquet de tabulation, faites-le glisser à l'extérieur de la règle.

Comme pour les retraits, la boîte de dialogue **Tabulations** permet de positionner les taquets de tabulation en entrant la mesure précise en centimètres. Elle permet en outre de modifier et de supprimer les taquets de tabulation.

Méthode pour créer rapidement un taquet de tabulation avec des points de suite :

1. Posez un taquet de tabulation en cliquant sur la règle (voir ci-dessus).
2. Double-cliquez sur ce taquet. La boîte de dialogue **Tabulations** s'affiche et le taquet est sélectionné.
3. Choisissez un style de point de suite.

Utilisation des tabulations

À l'aide du taquet de tabulation que vous venez de poser, vous allez maintenant centrer les deux lignes de la source au niveau de la graduation 10,5.

Positionnez tour à tour le curseur au début de chacune des deux lignes et appuyez sur la touche [Tab]. Chaque ligne va se déplacer au niveau du taquet de tabulation.

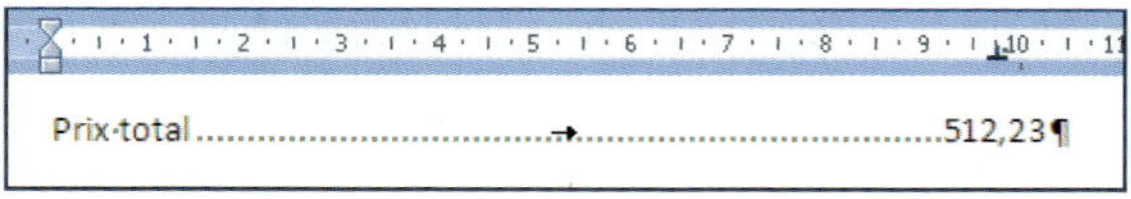

Lorsque vous posez un taquet avec des points de suite, ceux-ci apparaissent après que vous avez appuyé sur la touche [Tab].

Enchaînements

Toutes les options d'enchaînement de paragraphes se modifient via la boîte de dialogue **Paragraphe**, onglet **Enchaînements**.

- En typographie, une veuve est la première ligne d'un paragraphe laissée seule en bas d'une page, et une orpheline est la dernière ligne d'un paragraphe laissée seule en haut d'une page. Par défaut, l'option *Éviter veuves et orphelines* est sélectionnée.
- Pour qu'un paragraphe ne soit pas séparé du paragraphe qui le suit par un saut de page automatique, sélectionnez l'option *Paragraphes solidaires*.

Paragraphes solidaires

Pour rendre un paragraphe solidaire du suivant, appliquez l'attribut Paragraphes solidaires *uniquement au premier paragraphe. Si vous appliquez l'attribut aux deux paragraphes, ils seront solidaires du troisième !*

- Pour qu'un groupe de lignes d'un même paragraphe ne soit pas séparé par un saut de page automatique, sélectionnez l'option *Lignes solidaires*.
- L'option *Saut de page avant* permet d'imposer qu'un paragraphe démarre en haut de page. Cette option est particulièrement utile lorsqu'on formate des styles de titre.

Listes à puces et numérotées

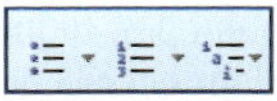

Pour obtenir facilement des listes à puces ou des listes numérotées, cliquez sur les boutons correspondants du groupe *Paragraphe*.

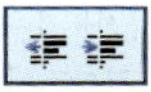

Les outils **Diminuer le retrait** et **Augmenter le retrait** permettent de créer des sous-listes.

Créez un nouveau document que vous nommerez *Enumération.doc* et créez une liste comme celle que nous vous montrons en exemple :

- LE·MOYEN·AGE¶
  - Mérovingiens¶
  - Carolingiens¶
  - Capétiens¶
- LA·RENAISSANCE¶
  - Renaissance·et·réforme¶
  - Les·guerres·de·religion¶

1. Cliquez sur le bouton **Puces** du groupe *Paragraphe*.
2. Saisissez la première ligne et faites un retour paragraphe.
3. Cliquez sur l'outil **Augmenter le retrait**, et tapez les trois lignes suivantes.
4. Cliquez sur l'outil **Diminuer le retrait**, et tapez la ligne suivante.
5. Cliquez de nouveau sur l'outil **Augmenter le retrait** pour saisir les deux dernières lignes.
6. Terminez avec trois retours paragraphe pour revenir à la marge.

Gestion des listes

Pour une énumération simple, vous pouvez employer cette fonction que nous décrivons ici. Pour un document plus long et plus élaboré, nous vous conseillons d'utiliser les styles, plus faciles à gérer.

Pour des informations supplémentaires, reportez-vous à la fiche pratique *Créer une numérotation hiérarchique.*

Si les puces ne vous conviennent pas, vous pouvez les modifier de la façon suivante :

1. Double-cliquez sur une puce de votre liste : toutes les puces du même niveau deviennent grisées.

- LE·MOYEN·AGE¶
  - Mérovingiens¶
  - Carolingiens¶
  - Capétiens¶

2. Cliquez sur la flèche déroulante du bouton **Puces** et sélectionnez une autre puce. Si le choix proposé ne vous suffit pas, cliquez sur le bouton **Définir une puce** puis, dans la boîte de dialogue **Définir une nouvelle puce**, cliquez sur le bouton **Symbole** ou sur le bouton **Image** pour accéder à d'autres choix.

- LE·MOYEN·AGE¶
  - Mérovingiens¶
  - Carolingiens¶

INSERTION DE SYMBOLES ET DE CARACTÈRES SPÉCIAUX

Les caractères spéciaux et les symboles sont des caractères que vous n'avez pas directement au clavier.

Pour insérer un symbole, positionnez d'abord le curseur dans votre document, puis, dans l'onglet **Insertion**, groupe *Symboles*, cliquez sur le bouton **Symbole** et sur le symbole de votre choix. Si celui que vous cherchez ne figure pas dans la galerie par défaut, cliquez sur la commande **Autres symboles**, puis :

1. Dans la liste déroulante *Police*, choisissez une police parmi celles qui sont installées, telles que Webdings... et cherchez le symbole qui vous convient.
2. Cliquez sur le bouton **Insérer** ou double-cliquez sur le symbole qui viendra se placer dans votre document.
3. Fermez la fenêtre des caractères spéciaux.

Les caractères spéciaux s'obtiennent de la même façon que les symboles, mais vous devrez cliquer sur l'onglet **Caractères spéciaux** après avoir affiché la boîte de dialogue du même nom.

Essayez de retenir les raccourcis clavier des caractères spéciaux que vous utilisez le plus souvent et en particulier :

Le Ctrl+Maj+Barre d'espace qui permet de créer un espace insécable entre deux mots pour éviter qu'ils soient séparés.

BORDURES ET TRAMES

Les boutons **Trame de fond** et **Bordures**, situés dans le groupe *Paragraphe* de l'onglet **Accueil**, vont vous permettre d'ajouter une bordure et une trame à des caractères, des mots ou des paragraphes entiers.

Pour attribuer une bordure ou une trame à un paragraphe, placez simplement le point d'insertion à l'intérieur du paragraphe. Pour attribuer une bordure à un caractère ou à un mot, sélectionnez d'abord le caractère ou le groupe de caractères, puis :

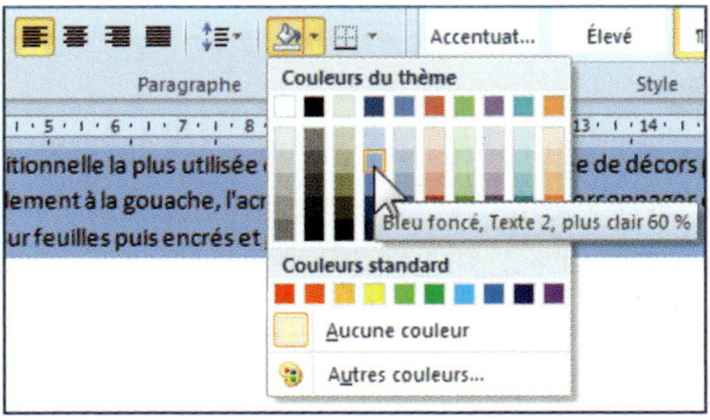

1. Cliquez sur le bouton **Trame de fond** et sélectionnez la couleur souhaitée.
2. Cliquez sur le bouton **Bordures** et sélectionnez la bordure de votre choix.

Pour accéder à d'autres personnalisations, affichez la boîte de dialogue **Bordure et trame** en choisissant la commande du même nom dans la galerie *Bordures*.

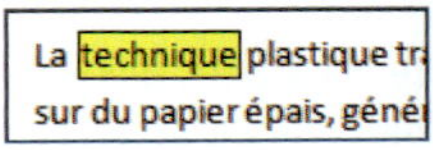

Distance de la bordure au texte

Pour imposer une distance entre la bordure et le texte, cliquez sur le bouton ***Options*** *de la boîte de dialogue* ***Bordure et trame****. Cette commande n'est pas accessible pour l'encadrement de mot.*

REPRODUIRE LA MISE EN FORME

Pour éviter de refaire une mise en forme existant déjà dans le document, vous pouvez la reproduire :

1. Cliquez sur une zone de texte déjà formatée (mot, paragraphe...).
2. Cliquez sur le bouton **Reproduire la mise en forme**, situé dans le groupe *Presse-papiers* de l'onglet **Accueil**.

- Le curseur de la souris est accompagné d'un petit pinceau.

3. Cliquez sur la zone de texte à formater.

- Notez que si cela avait été un groupe de mots, il aurait fallu le sélectionner au préalable.

Reproduire la mise en forme sur plusieurs occurrences de texte

Cliquez deux fois sur le bouton ***Reproduire la mise en forme****. Sélectionnez ensuite chaque zone de texte à formater. Lorsque c'est fait, cliquez sur l'icône* Reproduire la mise en forme *ou cliquez sur la touche* [Échap].

Reproduction de mise en forme

La méthode mentionnée ci-dessus est valable pour un petit document. Si vous traitez des documents plus élaborés avec des titres, des sous-titres, une table des matières, vous devez absolument utiliser les styles.

Pour plus d'informations, voyez le chapitre *Les styles et les modèles*.

LES STYLES et les modèles

Les styles et les modèles sont la charpente d'un document. Tout texte repose sur un style. Tout document est fondé sur un modèle. Dans ce chapitre, vous allez apprendre à concevoir des styles et à créer des modèles.

LES STYLES

Il existe cinq types de styles :

Les différents types de styles

Types de styles		S'appliquent
Styles de paragraphe	¶	Aux paragraphes et portent aussi bien sur la mise en forme du paragraphe (alignement, retraits, espacements) que sur la mise en forme de la police (fonte, couleur, taille, etc.)
Styles de caractère	a	À des caractères isolés, des mots ou des groupes de mots et portent sur la mise en forme de la police
Styles liés	¶a	Aussi bien aux paragraphes qu'aux caractères isolés
Styles de liste		Aux listes
Styles de tableau	⊞	Aux tableaux

Sans en connaître toutes les possibilités, vous avez déjà utilisé les styles dans le chapitre précédent. Voyons de plus près leurs nombreux avantages :

- Structure du document : les styles permettent une présentation totalement homogène.
- Modification de la mise en forme des paragraphes : il suffit de modifier un style pour que la mise en forme de tous les paragraphes du même style soit changée.
- Déplacement dans le document : le volet de navigation (voir la fiche pratique *Le volet de navigation*) permet de se déplacer dans le document en cliquant sur les titres.
- Organisation : grâce au mode Plan (voir la fiche pratique *Utiliser le mode Plan*), il est facile d'organiser ses idées, de déplacer des chapitres entiers ou de modifier leurs niveaux.
- Création automatique de la table des matières, des figures, des tableaux, etc. (voir la fiche pratique *Créer et mettre à jour une table des matières*).

Word est fourni avec un grand nombre de styles. Le style *Normal* est le style par défaut. Les styles de titres destinés à créer des niveaux de titre de 1 à 9 seront utiles pour générer automatiquement des tables des matières.

▸ Généralités

Nous avons vu dans le chapitre précédent que certains styles étaient directement accessibles via l'onglet **Accueil**, groupe *Styles* : il s'agit des styles rapides. Vous pouvez en visualiser un plus grand nombre à la fois en affichant la **Fenêtre Styles**. Pour cela, cliquez sur le lanceur de boîte de dialogue.

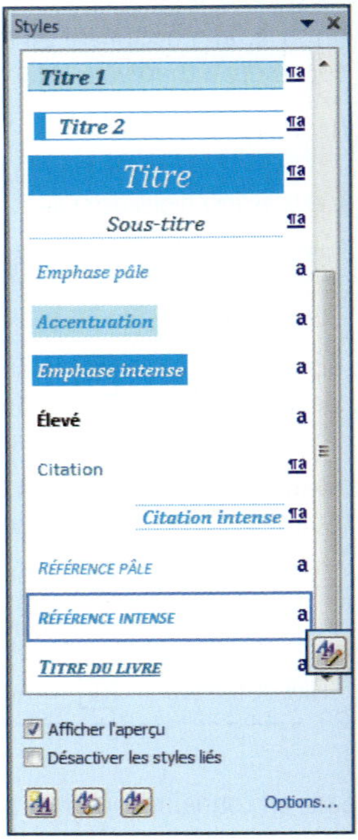

Les styles rapides sont enregistrés dans des jeux de styles. N'importe quel style peut devenir un style rapide.

Les styles rapides ne sont pas les seuls styles livrés avec Word ; il en existe beaucoup d'autres, comme vous pouvez le constater en cliquant sur le bouton **Gérer les styles**, situé en bas de la **Fenêtre Styles**.

Un style personnel, non fourni avec Word, peut :

- soit faire partie d'un jeu de styles rapides ;
- soit être enregistré dans un seul document ;
- soit être associé à un modèle.

▸ Modification d'un style

Les styles fournis sont entièrement paramétrables, il est donc souvent inutile d'en créer de nouveaux. Dans un premier temps, vous allez apprendre à modifier les styles existants.

Plusieurs méthodes peuvent être utilisées pour modifier un style.

À partir de la boîte de dialogue Modifier le style

Nous allons commencer par modifier le style *Normal* :

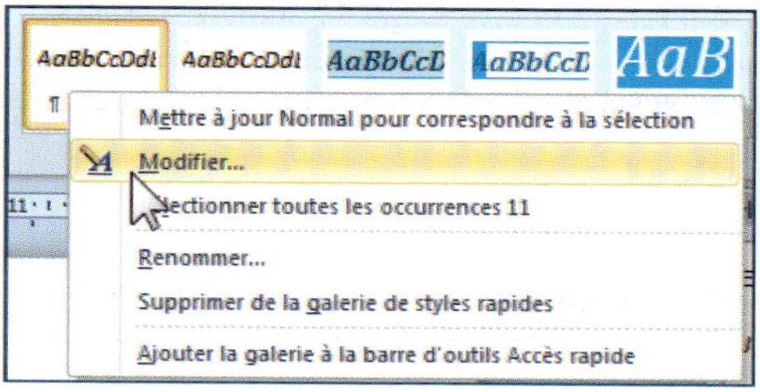

1 Sous l'onglet **Accueil**, groupe *Styles*, cliquez avec le bouton droit sur le style *Normal* puis sur la commande **Modifier**. Si vous avez affiché la **Fenêtre Styles**, vous pouvez cliquer sur la flèche déroulante située à droite du style puis sur la commande **Modifier**.

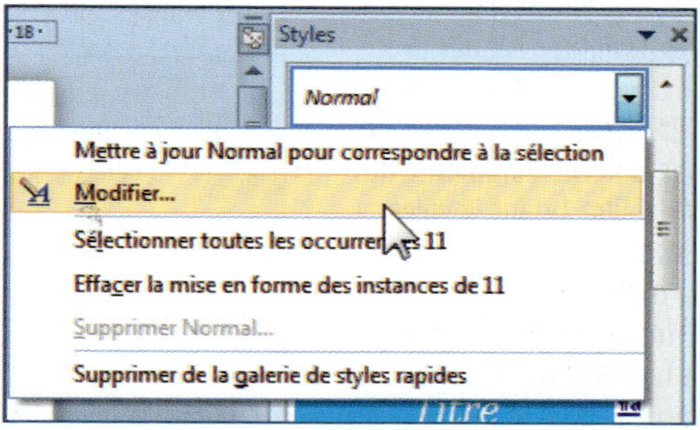

2 La boîte de dialogue **Modifier le style** s'affiche. Procédez aux modifications : corps 12, alignement justifié. Notez que les options courantes de format sont accessibles directement dans la boîte de dialogue. Pour des choix plus complets, sélectionnez les options dans la liste déroulante, accessible par le bouton **Format** situé tout en bas à gauche de la boîte de dialogue, dans laquelle vous retrouverez tous les choix de formatage que nous avons étudiés dans le chapitre *Mise en forme*.

3 Validez en cliquant sur OK : le style *Normal* est modifié.

À partir d'une mise en forme modifiée

Cette méthode permet d'appliquer une mise en forme déjà modifiée dans le texte à un style existant. Vous allez donc commencer par attribuer à un paragraphe un style existant, le style *Titre 1* :

1 Cliquez sur le style *Titre 1* situé dans les styles rapides de l'onglet **Accueil**.

2 Tapez un titre (par exemple `Mon premier titre`). Le style *Titre 1* sera affecté à ce paragraphe.

3 Modifiez-en la mise en forme : sélectionnez toute la ligne y compris le retour paragraphe, choisissez un corps de 22 points, une bordure inférieure, et un saut de page avant.

4 Dans le volet **Styles**, vous pouvez voir votre style modifié.

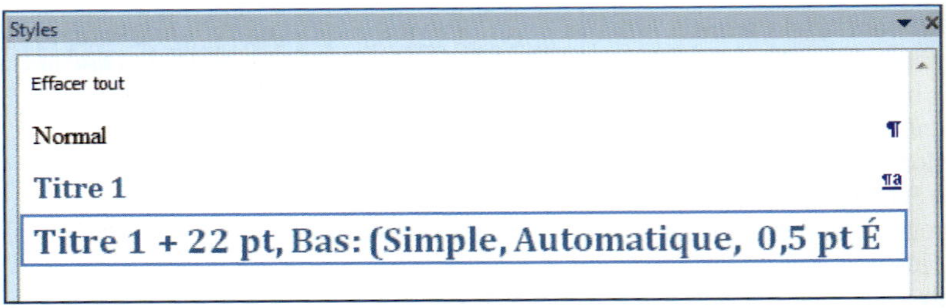

5 Le style devra reprendre ces attributs : cliquez avec le bouton droit sur le style *Titre 1* des styles rapides ou sur la flèche déroulante du style *Titre 1* dans le volet des styles, puis cliquez sur la commande **Mettre à jour Titre 1 pour correspondre à la sélection**. Le style modifié doit en même temps disparaître du volet **Styles**.

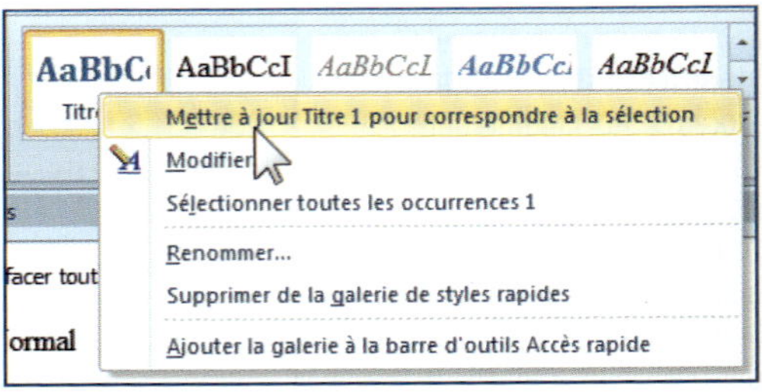

Vous allez également modifier le style *Titre 2* en lui affectant un corps 18, puis le style *Titre 3* en lui affectant une police italique et un corps 16.

Afficher les styles

Si vos styles de titre ne sont pas affichés, cliquez sur le bouton **Options** *situé en bas à droite du volet* **Styles**. *Dans la boîte de dialogue* **Options**, *cochez l'option* Afficher le titre suivant lorsque le niveau précédent est utilisé.

▸ Enregistrement d'un nouveau jeu de styles

Vous venez de personnaliser quatre styles rapides de Word pour ce document. Mais, attention, si vous choisissez un autre jeu de styles dans la liste déroulante *Modifier les styles*, vous perdrez vos personnalisations. Pour les retrouver, vous devez donc enregistrer vos styles personnalisés en tant que jeu de styles :

1 Cliquez sur le bouton **Modifier les styles** de l'onglet **Accueil**, groupe *Styles*, pointez sur la commande **Jeu de styles**, puis cliquez sur **Enregistrer en tant que jeu de styles rapides**, tout en bas de la galerie.

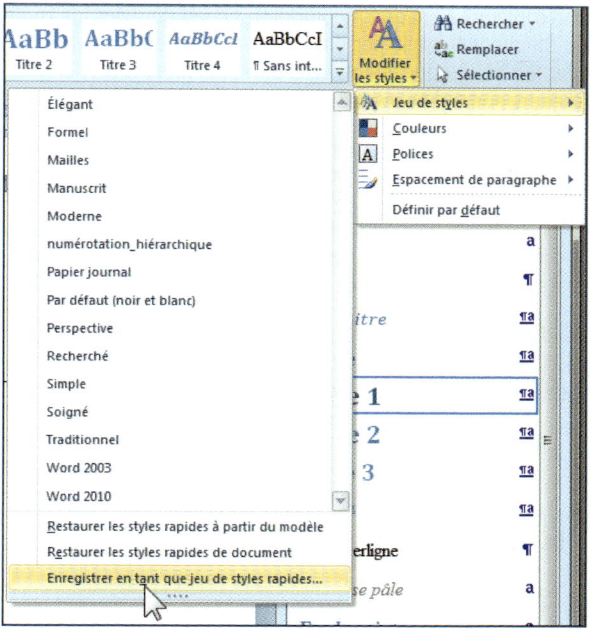

2 Donnez un nom à votre jeu de styles rapides et enregistrez-le.

Vous pourrez maintenant retrouver votre jeu de styles dans la liste, quel que soit le document sur lequel vous travaillez.

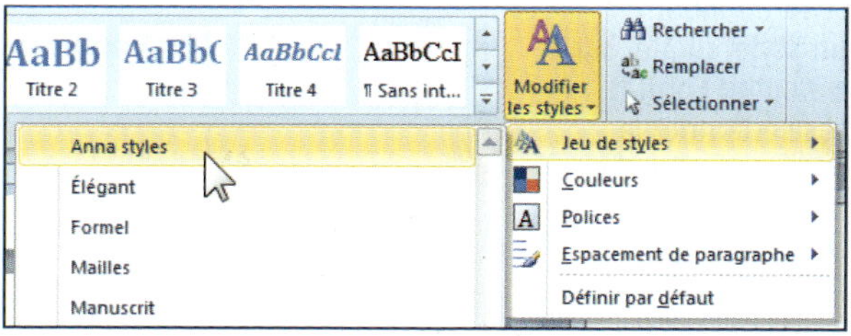

▸ Homogénéité des couleurs et des polices

Nous n'avons pas touché volontairement aux polices de caractères et aux couleurs dans nos styles. Nous avons vu que les jeux de couleurs et de polices permettaient de modifier l'aspect d'un document dans son ensemble afin que tout soit homogène. Que se passera-t-il si vous créez un style en imposant une police et une couleur ? À chaque modification du jeu de styles, de couleurs, de polices ou du thème, votre style personnel restera tel que vous l'aurez créé, sans harmonie avec le reste du document. Voici donc comment procéder pour que votre style soit toujours homogène avec le reste des styles :

1. Lors du choix de la police quand vous créez un style, cliquez sur le bouton **Format** situé en bas de la boîte de dialogue **Créer un style** puis sur la commande **Police**.

2. Dans la liste des noms, sélectionnez *+Corps* ou *+Titre* (selon qu'il s'agit d'un style de corps ou de titre) et non pas un nom de police. Cette option permettra de changer de police lors du changement de thème ou de jeu de polices.

3. Pour les couleurs, que ce soit la couleur de la police, des bordures, des motifs, etc., sélectionnez une des teintes du camaïeu de couleurs, soit dans les couleurs *Arrière-plan/Texte*, soit dans les *Accentuations*.

   - Les texte/arrière-plan clair 1 et clair 2 sont prévus pour des textes sans arrière-plan ou avec des arrière-plans clairs, alors que les texte/arrière-plan sombre 1 et sombre 3 sont prévus pour des textes avec des arrière-plans foncés.

Pour plus de renseignements sur les couleurs, voyez le chapitre *Personnalisation*.

▸ Raccourcis clavier

Attribuez un raccourci clavier aux styles fréquemment utilisés, vous gagnerez énormément de temps.

Dans les boîtes de dialogue **Créer un style** ou **Modifier un style**, cliquez sur le bouton **Format** et sélectionnez la commande **Touche de raccourci**. Tapez le raccourci choisi (il s'agit d'une combinaison avec les touches Ctrl ou Alt, ou les deux), puis cliquez sur le bouton **Attribuer**.

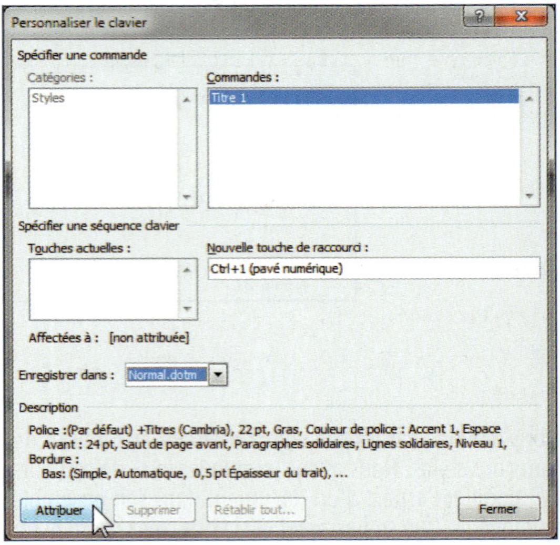

Nous vous conseillons par exemple d'affecter le raccourci Ctrl+1 au style *Titre 1*, Ctrl+2 au style *Titre 2*, Ctrl+3 au style 3, et Ctrl+0 au style *Normal*.

Emplacement des raccourcis clavier

Pour que les raccourcis clavier soient utilisables dans n'importe quel document, il faut les enregistrer dans le modèle Normal.dotm *(option accessible dans la boîte de dialogue Raccourci clavier).*

LES MODÈLES

Un modèle peut contenir toutes sortes de textes et de graphismes, mais il implique en particulier une mise en page (marges, arrière-plan, format du papier, etc.).

Il peut inclure également des styles personnalisés ainsi que des macros.

Le modèle Normal

Tout nouveau document est par défaut fondé sur le modèle *Normal.dotm*. Il est donc très important de bien configurer son *Normal.dotm* puisqu'il sera la base par défaut de tout nouveau document mais aussi de tout nouveau modèle.

Modèle Normal.dotm

Un modèle Normal.dotm *corrompu peut être la cause de bien des problèmes. Si cela arrive, renommez-le : un nouveau* Normal.dotm *vierge sera automatiquement recréé par Word. Ne le supprimez pas car vous pourrez toujours récupérer ce qui peut l'être, vos styles et vos raccourcis clavier par exemple.*

Enregistrement d'un modèle

Vous allez créer maintenant votre premier modèle.

1. Créez un nouveau modèle vierge, qui sera donc fondé sur le modèle *Normal.dotm*.

2. Ajoutez vos initiales en en-tête, ainsi qu'une pagination en pied de page, choisie dans la galerie.

3. Passez en mode Backstage et cliquez sur **Enregistrer et envoyer**.

4. Sous la rubrique *Types de fichiers*, cliquez sur **Modifier le type de fichier**, puis dans la colonne de droite, sélectionnez *Modèle (*dotx)*.

5 Cliquez sur le bouton **Enregistrer**.

6 Dans la boîte de dialogue **Enregistrer**, la rubrique *Type de fichier* est prédéfinie en tant que *Modèle Word *.dotx*.

Enregistrer sous

Vous auriez pu également ouvrir directement la boîte de dialogue **Enregistrer sous**. *Cette méthode présente l'avantage de ne pas avoir à chercher le type de fichier dans la liste déroulante.*

7 Ouvrez votre dossier *Templates* (Windows Vista ou 7) ou *Modèles* (Windows XP).

Emplacement du modèle

Pour pouvoir utiliser correctement un modèle, il est important de le placer au bon endroit. Par défaut, le dossier Templates *se trouve ici :* C:\Users\[Utilisateur]\AppData\Roaming\Microsoft\Templates.

8 Tapez `mon_modèle` comme nom de votre modèle, et cliquez sur le bouton **Enregistrer**.

Vous venez de créer votre premier modèle.

Extensions

Il existe deux extensions pour les noms de modèles : .dotx *et* .dotm. *Contrairement aux modèles* .dotm, *les modèles* .dotx *ne peuvent pas contenir de macros.*

Modification d'un modèle

Un modèle, y compris le modèle *Normal.dotm*, peut être modifié comme un document ordinaire. Vous pouvez l'ouvrir depuis Word comme vous le faites avec n'importe quel document.

Ouverture d'un modèle depuis l'Explorateur Windows

Si vous double-cliquez sur l'icône d'un modèle depuis l'Explorateur Windows, par défaut c'est un nouveau document qui est créé. Pour ouvrir le modèle, cliquez dessus avec le bouton droit de la souris et sélectionnez la commande **Ouvrir**.

▸ Création d'un style dans un modèle

Bien que les styles fournis avec Word soient nombreux, vous aurez peut-être besoin d'en créer de nouveaux.

Vous pouvez par exemple décider qu'un style personnel doit être associé uniquement à un modèle particulier. Nous allons donc, dans le modèle en cours, créer un style qui mettra en évidence certains paragraphes :

1 Tapez un mot suivi d'un retour paragraphe et sélectionnez la ligne entière.

2 Mettez ce texte en forme avec les attributs suivants : corps 14, italique gras, couleur Texte 2, retraits de paragraphe droit et gauche de 2 cm, alignement centré, bordure de Couleur Accentuation 2 et d'une épaisseur 1 pt ½, située à une distance de 6 points du texte.

3 Cliquez sur votre texte, puis, sous l'onglet **Accueil**, groupe *Styles*, cliquez sur la flèche déroulante des styles et choisissez la commande **Enregistrer la sélection en tant que nouveau style rapide**.

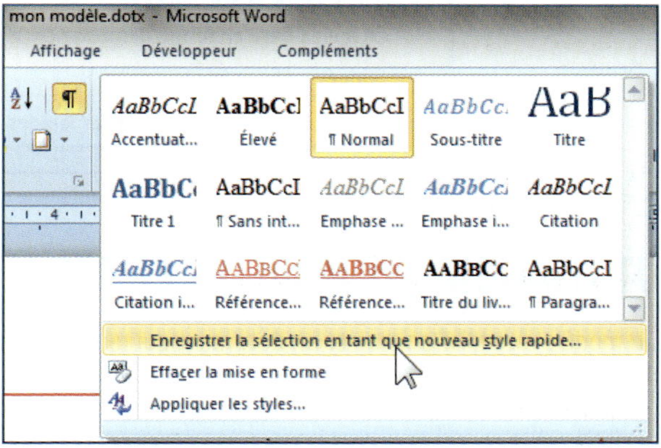

4 Tapez le nom `Encadré`.

5 Pour avoir plus de choix dans la personnalisation du style, cliquez sur le bouton **Modifier** pour afficher la boîte de dialogue **Créer un style à partir de la mise en forme**, dans laquelle vous retrouvez les options de formatage habituelles. Choisissez le style *Normal* dans la liste déroulante *Style du paragraphe suivant*, afin de pouvoir revenir directement à ce style une fois le texte encadré saisi.

- Si vous ne souhaitez pas que ce style figure dans la liste des styles rapides, décochez l'option.

6 Validez en appuyant sur la touche [Entrée] : votre style est créé et ne sera accessible que pour les documents basés sur ce modèle.

▸ Suppression d'un style

1. Ouvrez le modèle qui contient le style à supprimer.

2. Affichez le volet **Styles**.

3. Pointez la souris sur le style, cliquez sur la flèche déroulante qui apparaît à droite du style et cliquez sur la commande **Supprimer**.

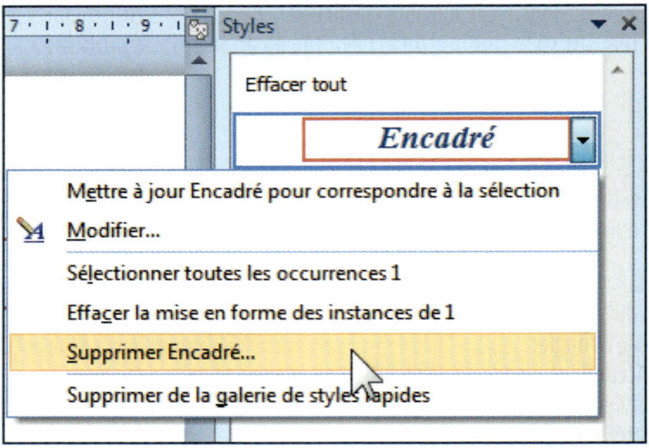

UTILISATION DES MODÈLES ET DES STYLES

Un modèle est utilisé pour créer un document qui reprendra ses particularités de mise en page et de mise en forme.

▸ Création d'un nouveau document à partir d'un modèle

Vous allez créer un nouveau document fondé sur votre modèle *mon_modèle*. Avant toute chose, supprimez le texte de votre modèle, hormis celui que vous avez mis en en-tête et en pied de page, puis sauvegardez-le et fermez-le.

1. Passez en mode Backstage et cliquez sur **Nouveau**.

2. Sous la rubrique *Modèles disponibles*, cliquez sur le bouton **Mes modèles**.

3. Dans la boîte de dialogue **Nouveau**, sélectionnez votre modèle *mon_modèle.dotx* et cliquez sur OK : un nouveau document apparaît, fondé sur votre modèle. Vous retrouvez vos initiales en en-tête et la pagination en pied de page.

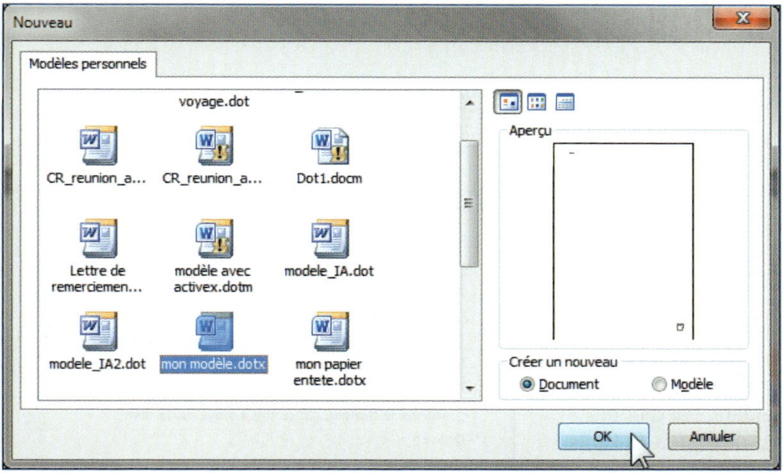

Modèles récemment utilisés

Si vous vous servez régulièrement des mêmes modèles, vous y accéderez rapidement par le bouton ***Modèles récents*** *situé sous la rubrique* Modèles disponibles.

Application des styles

Comme dans n'importe quel document, vous pourrez utiliser les styles rapides, associés aux changements de polices et/ou de couleurs.

Par contre, vous ne retrouverez vos propres styles que dans le document fondé sur ce modèle. Vous pouvez vérifier que le style *Encadré* est bien présent dans la liste des styles rapides.

Effacer les mises en forme manuelles

En règle générale, il est déconseillé de modifier manuellement le formatage des paragraphes basé sur des styles. Par conséquent, il peut être nécessaire d'effacer des mises en forme manuelles afin de récupérer un document correctement mis en forme.

- La mise en forme des caractères s'annule par le raccourci clavier Ctrl+Barre d'espace.
- La mise en forme des paragraphes s'annule par le raccourci clavier Ctrl+Q.

GESTION DES MODÈLES

Les modèles sont conservés dans le dossier *Templates* par défaut (ou *Modèles* pour Windows XP). L'emplacement peut différer selon votre version de Windows et/ou l'organisation de votre disque dur.

Pour connaître et éventuellement modifier l'emplacement de ce dossier, passez en mode Backstage, puis cliquez sur le bouton **Options**. Dans la partie gauche de la fenêtre, sélectionnez la commande **Options avancées**, puis dans la colonne de droite, tout en bas, sous la rubrique *Général*, cliquez sur le bouton **Emplacement des fichiers**.

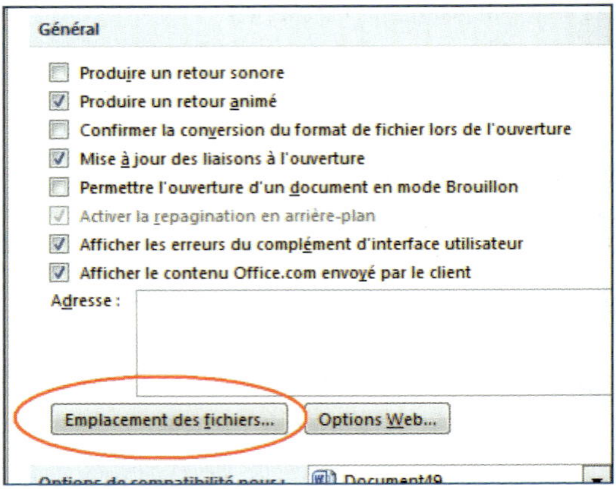

Si vous devez produire un certain nombre de modèles, il sera peut-être nécessaire de les stocker dans des sous-dossiers que vous créerez vous-même et qui s'afficheront sous forme d'onglets dans la fenêtre **Nouveau**.

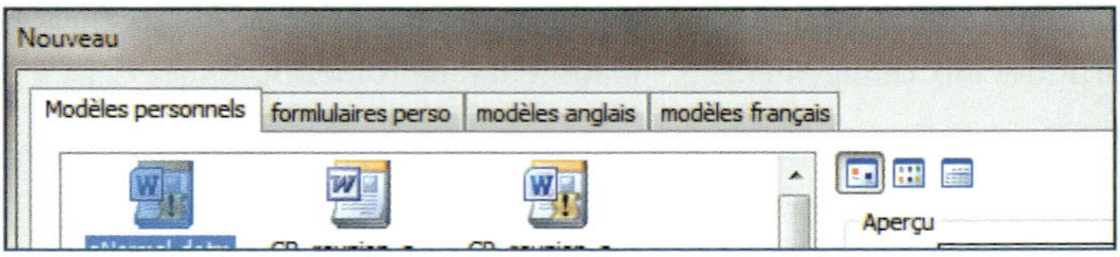

LES TABLEAUX

Les tableaux sont, bien entendu, prévus pour aligner des données en colonnes, mais ils sont aussi utiles pour faciliter la création de formulaires ou pour positionner des éléments par rapport à d'autres.

CRÉATION D'UN TABLEAU

Il y a plusieurs manières d'insérer un tableau Word. Sous l'onglet **Insertion**, cliquez sur le bouton **Tableau** du groupe *Tableau*. Vous pouvez ensuite choisir la façon d'insérer votre tableau.

Onglet Outils de tableau

Quand le tableau sera en cours de création, vous noterez l'affichage de l'onglet contextuel ***Outils de tableau****. Cet onglet est composé de deux sous-onglets :* ***Création*** *et* ***Disposition****.*

▸ Sélection du nombre de colonnes et de lignes

Cliquez sur le bouton de la souris et, tout en le gardant enfoncé, faites glisser la souris pour obtenir le nombre de lignes et de colonnes souhaité.

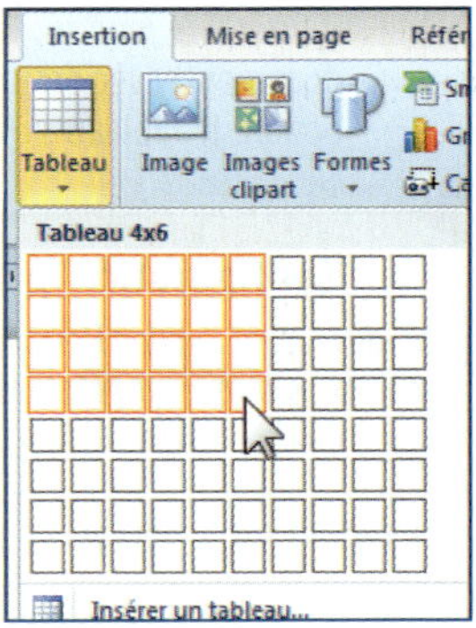

Nombre de lignes dans un tableau

Si vous ne connaissez pas le nombre de lignes de votre tableau, cela n'a pas d'importance, les lignes s'ajoutent automatiquement en fin de tableau.

Par défaut, le tableau ainsi créé s'ajuste à la longueur de la page, avec des colonnes de largeur identique.

▸ Indiquer le nombre de colonnes et de lignes

1 Cliquez sur la commande **Insérer un tableau**.

2 Dans la rubrique *Taille du tableau*, précisez le nombre de colonnes et le nombre de lignes si vous les connaissez.

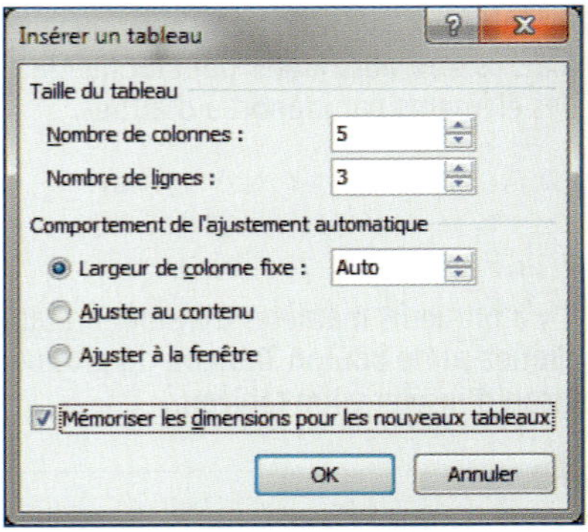

3 Dans la rubrique *Comportement de l'ajustement automatique*, vous avez le choix entre trois options :

- *Largeur de colonne fixe* : chaque colonne aura la largeur que vous aurez spécifiée.
- *Ajuster au contenu* : chaque colonne aura une largeur minimale et s'ajustera en fonction du contenu.
- *Ajuster à la fenêtre* : le tableau s'étalera sur toute la largeur entre les marges du document, avec des colonnes de taille identique. Contrairement à la première option, le tableau s'élargira en cas de réduction des marges du document.

Configuration par défaut des nouveaux tableaux

Si vous cochez l'option Mémoriser les dimensions pour les nouveaux tableaux, *chaque nouveau tableau sera créé par défaut avec les mêmes choix que pour le tableau actuel.*

4 Cliquez sur le bouton OK : le tableau est inséré.

▸ Dessiner un tableau

Cette méthode est plus intuitive puisque vous allez dessiner votre tableau comme vous le feriez sur une feuille de papier. Elle est également idéale pour tracer des tableaux sophistiqués. Elle peut être complémentaire aux autres méthodes.

1 Cliquez sur la commande **Dessiner un tableau** : le pointeur de la souris prend la forme d'un crayon.

2 Il vous suffit alors de déplacer le pointeur-crayon, avec le bouton gauche de la souris enfoncé, pour tracer des cellules, des lignes verticales et horizontales, et même des lignes diagonales de séparation de cellule.

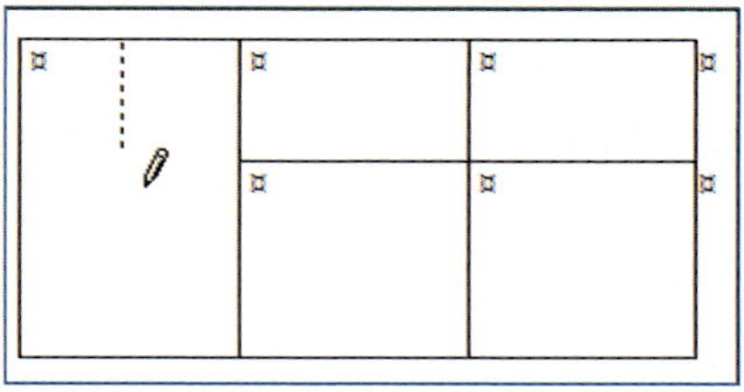

3 Pour effacer, utilisez l'outil **Gomme** qui se trouve dans le nouvel onglet **Outils de tableau/Création**, groupe *Traçage des bordures* : sélectionnez-le et cliquez sur les traits à supprimer. Vous pouvez également appuyer sur la touche [Maj] et la garder enfoncée le temps d'effacer.

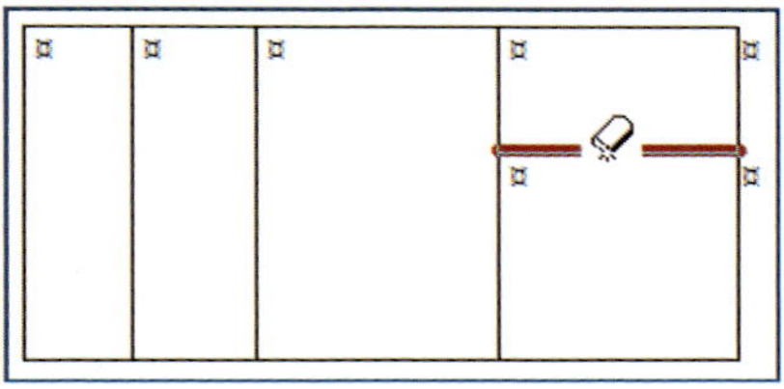

4 Pour reposer les outils **Crayon** ou **Gomme**, appuyez sur la touche [Échap] ou cliquez à nouveau sur le bouton correspondant.

▸ Insertion d'un tableau rapide

Vous avez la possibilité d'insérer quelques modèles de tableaux tout faits et auxquels vous pourrez apporter vos propres modifications. Parmi ces tableaux figurent plusieurs types de calendriers :

1 Dans l'onglet **Insertion**, cliquez sur le bouton **Tableau** du groupe *Tableau*.

2 Pointez sur la commande **Tableaux rapides** afin d'en afficher la galerie, et cliquez sur le tableau souhaité pour l'insérer dans votre document.

▸ Ajout de données

Cliquez dans une cellule de votre tableau et saisissez votre texte. Pour passer d'une cellule à l'autre, appuyez sur la touche [Tab]. Lorsque vous arrivez sur la dernière cellule du tableau, une pression sur la touche [Tab] crée une nouvelle ligne.

Marche arrière

La combinaison de touches [Maj]+[Tab] *permet de revenir dans la cellule précédente.*

Une tabulation dans une cellule de tableau

Pour faire des tabulations à l'intérieur d'une cellule de tableau, utilisez la combinaison de touches [Ctrl]+[Tab].

▸ Suppression de données

Pour effacer le contenu des cellules, sélectionnez la ou les cellules, les lignes ou les colonnes entières, voire tout le tableau, et cliquez sur la touche Suppr.

Attention ! La touche ← supprime non seulement le contenu de la cellule, mais aussi toute la cellule.

MODES DE SÉLECTION DE TABLEAUX

Pour modifier le tableau et le mettre en forme, vous devez en connaître les modes de sélection. Pour sélectionner les différents éléments d'un tableau, vous avez deux possibilités :

- Via la liste déroulante du bouton **Sélectionner** situé dans le groupe *Tableau* de l'onglet **Outils de tableau/Disposition**.

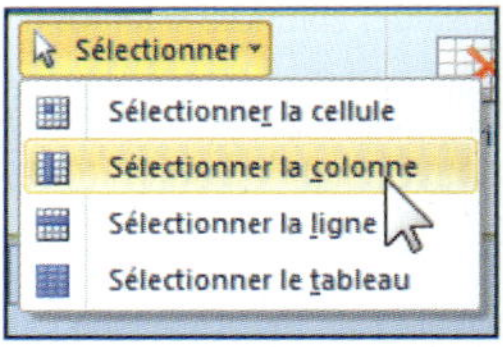

- Avec la souris :

Sélectionner des cellules à la souris		
Que sélectionner ?	**Comment ?**	
Une cellule	Clic sur le bord gauche de la cellule ou trois clics dans la cellule	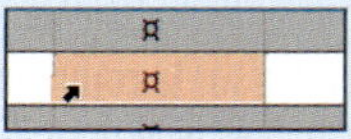
Une ligne	Clic dans la marge à gauche de la ligne	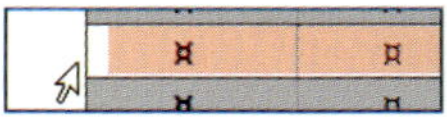
Une colonne	Cliquez sur la bordure supérieure de la colonne ou Maj+clic du bouton droit	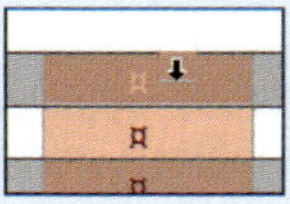
Plusieurs cellules, lignes ou colonnes	Faites glisser le pointeur de la souris sur les cellules, lignes ou colonnes pour des sélections adjacentes, ou utilisez la multisélection avec la touche Ctrl pour des sélections non adjacentes	
Tout le tableau	Approchez le curseur de l'angle supérieur gauche du tableau pour visualiser la poignée de déplacement du tableau et cliquez dessus	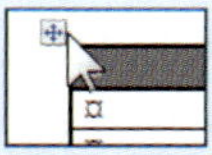

INSERTION ET SUPPRESSION DE COLONNES ET DE LIGNES

▶ Insertion

Pour insérer des colonnes, sélectionnez une ou plusieurs colonnes, puis cliquez sur le bouton **Insérer à gauche** ou **Insérer à droite** de l'onglet **Outils de tableau/ Disposition**, groupe *Lignes et colonnes*.

Pour insérer des lignes, sélectionnez une ou plusieurs lignes, puis cliquez sur le bouton **Insérer au-dessus** ou **Insérer en dessous** de l'onglet **Outils de tableau/ Disposition**, groupe *Lignes et colonnes*.

Le nombre de colonnes/lignes ajoutées est fonction du nombre de colonnes/lignes sélectionnées.

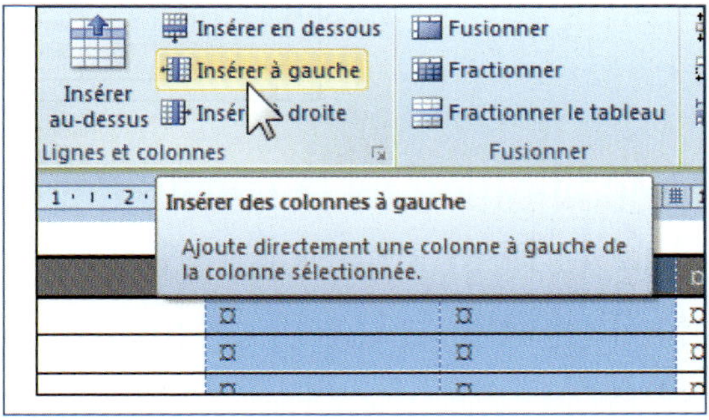

▶ Suppression

Pour supprimer des colonnes ou des lignes, sélectionnez les lignes ou les colonnes et appuyez sur la touche [←].

Pour supprimer un tableau entier, sélectionnez-le et appuyez sur la touche [←].

Vous pouvez également utiliser le bouton **Suppression** de l'onglet **Outils de tableau/ Disposition**, groupe *Lignes et colonnes*.

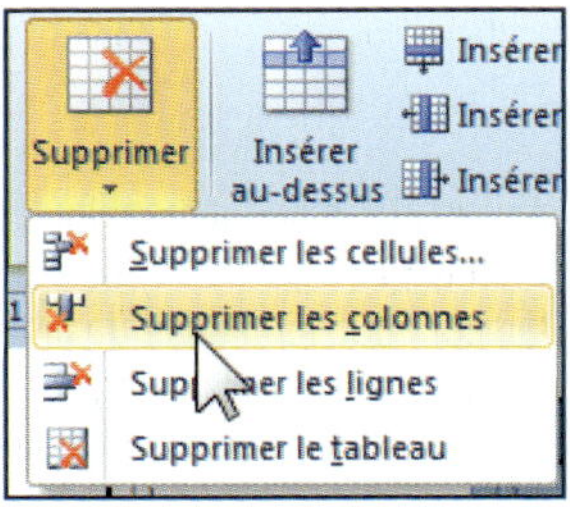

MODIFICATION DES DIMENSIONS

▸ Redimensionnement du tableau entier

Pour réduire ou agrandir un tableau entier, il est inutile de le sélectionner :

1. Cliquez sur l'angle inférieur droit du tableau.

2. Faites glisser le pointeur en diagonale pour agrandir ou pour rétrécir le tableau.

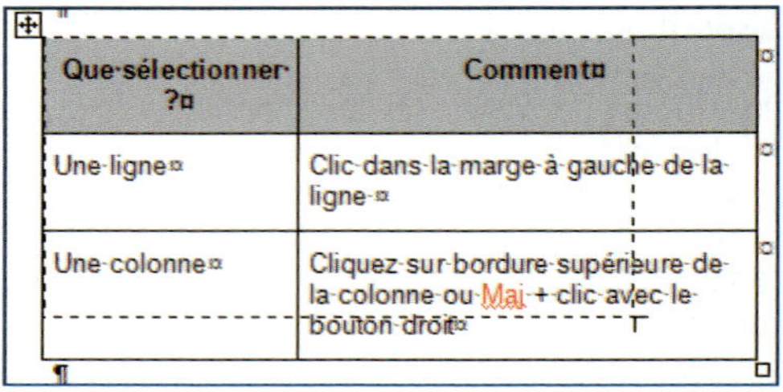

▸ Modification de la largeur des colonnes et de la hauteur des lignes

Modification de la largeur des colonnes

La largeur des colonnes peut se modifier à la souris ou à l'aide des boutons situés dans le groupe *Taille de la cellule*, onglet **Outils de tableau/Disposition**. En voici le détail :

Différentes méthodes de modification de la largeur des colonnes	
Action	Méthode
Ajuster automatiquement toutes les colonnes du tableau à leur largeur minimale.	Double-cliquez sur la bordure gauche du tableau, ou cliquez sur le bouton **Ajustement automatique/Ajustement automatique du contenu** (la première méthode ne réduira pas à 0 les largeurs de colonnes vides).
Ajuster automatiquement toutes les colonnes d'un tableau qui ne s'étale pas sur toute la largeur entre les marges (le tableau s'étalera sur toute la largeur ; la largeur de toutes les colonnes sera proportionnellement modifiée).	Utilisez le bouton **Ajustement automatique/Ajustement automatique de la fenêtre.**

Différentes méthodes de modification de la largeur des colonnes	
Action	**Méthode**
Donner la même largeur à toutes les colonnes (la largeur du tableau restera inchangée).	Utilisez le bouton **Distribuer les colonnes.**
Donner la largeur minimale à la colonne du tableau située juste à gauche du curseur.	Double-cliquez sur la bordure droite d'une cellule.
Agrandir ou réduire la largeur de la colonne située juste à gauche du curseur (la largeur totale du tableau restera inchangée ; en revanche, la colonne située à droite en subira les conséquences).	Placez le curseur sur la bordure droite d'une cellule et glissez.
Agrandir ou réduire la largeur de la colonne située juste à gauche du curseur (la largeur totale du tableau restera inchangée ; en revanche, toutes les colonnes situées à droite en subiront les conséquences).	Placez le curseur sur la bordure droite d'une cellule et glissez avec la touche Ctrl enfoncée.
Agrandir ou réduire la largeur de la colonne située juste à gauche du curseur (les autres colonnes ne subiront aucune conséquence, la largeur du tableau sera donc également modifiée).	Placez le curseur sur la bordure droite d'une cellule et glissez avec la touche Maj enfoncée, ou faites glisser le repère de la colonne droite sur la règle.

Modification de la hauteur des lignes

La hauteur des lignes d'un tableau s'ajuste automatiquement en fonction du contenu, mais vous pouvez la modifier si nécessaire :

- Manuellement : placez le curseur sur la bordure inférieure d'une cellule (le curseur prend l'aspect d'une flèche double) et faites-le glisser vers le haut ou vers le bas.
- Automatiquement : le bouton **Distribuer les lignes** du groupe *Taille de la cellule* permet de donner à toutes les lignes d'un tableau une hauteur identique.

Mesures précises

Si vous souhaitez imposer des mesures, tapez-les directement dans les deux zones de saisie du groupe *Taille de la cellule* :

1. Placez le point d'insertion dans la colonne ou la ligne à modifier.

2 Cliquez éventuellement sur l'onglet **Outils de tableau/Disposition** s'il n'est pas affiché.

3 Tapez la largeur et/ou la hauteur souhaitées en cm, ou utilisez les flèches pour augmenter ou diminuer la valeur par pas de 1 mm.

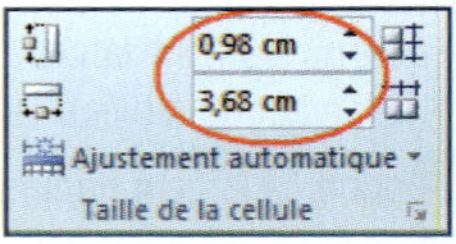

Donner la même largeur à plusieurs colonnes ou plusieurs lignes

Si vous souhaitez imposer la même largeur à plusieurs colonnes ou plusieurs lignes, sélectionnez toutes les colonnes ou toutes les lignes à modifier avant d'appliquer cette méthode.

MISE EN FORME DU TABLEAU

▸ Alignement dans les cellules

Alignement du texte

Vous pouvez choisir un alignement pour chaque cellule en cliquant sur l'un des neuf boutons correspondants du groupe *Alignement*, dans l'onglet **Outils de tableau/Disposition**. Chacun des boutons regroupe un alignement horizontal et un alignement vertical.

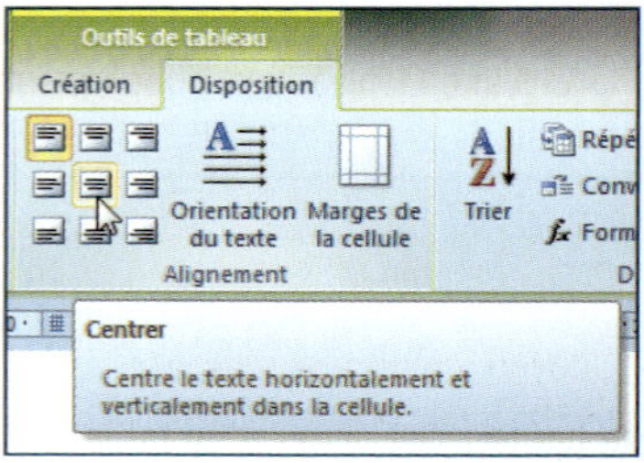

Orientation du texte

Vous pouvez modifier l'orientation du texte dans une cellule simplement en cliquant sur l'icône correspondante du groupe *Alignement*, onglet **Outils de tableau/Disposition**.

Orientation

Lorsque le point d'insertion se trouve positionné sur une cellule avec une orientation à 90°, toutes les icônes d'alignement, de retraits, de listes des groupes Paragraphe *(onglet* ***Accueil****) et* Disposition *(onglet* ***Outils de tableau/Disposition****) se trouvent également orientées à 90°.*

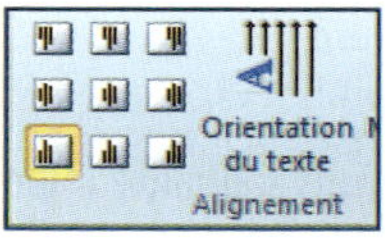

Alignement de nombres décimaux

Pour aligner des nombres décimaux dans une colonne, posez un taquet de tabulation décimale dans la cellule, à l'endroit où devront être positionnées les virgules :

1. Sélectionnez la colonne.

2. À droite de la règle, sélectionnez le taquet de tabulation décimale.

Reportez-vous si besoin au chapitre *Mise en forme*.

3. Cliquez sur la règle à l'emplacement souhaité pour la virgule, afin de poser le taquet de tabulation.

4. Le nombre saisi dans la colonne s'alignera automatiquement sur la virgule.

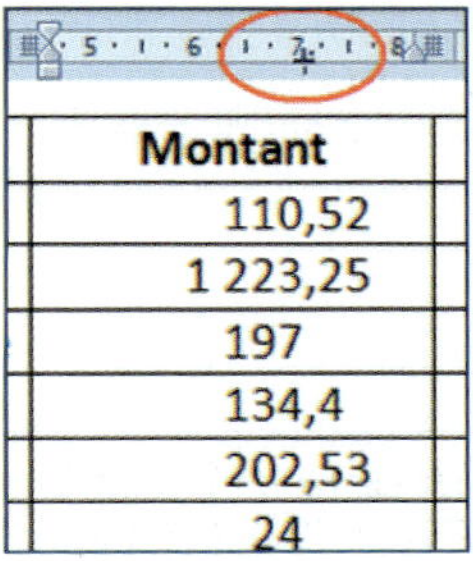

▸ Styles de tableau

Le moyen le plus rapide pour mettre un tableau en forme est d'utiliser les styles prédéfinis par Word. Il existe une grande quantité de styles, que vous pourrez modifier si nécessaire. Pour appliquer un style à un tableau :

1. Placez le point d'insertion dans le tableau.

2. Cliquez éventuellement sur l'onglet **Création** s'il n'est pas affiché.

3. Dans le groupe *Styles de tableau*, passez la souris sur les différents styles pour obtenir un aperçu, puis cliquez sur le style de votre choix.

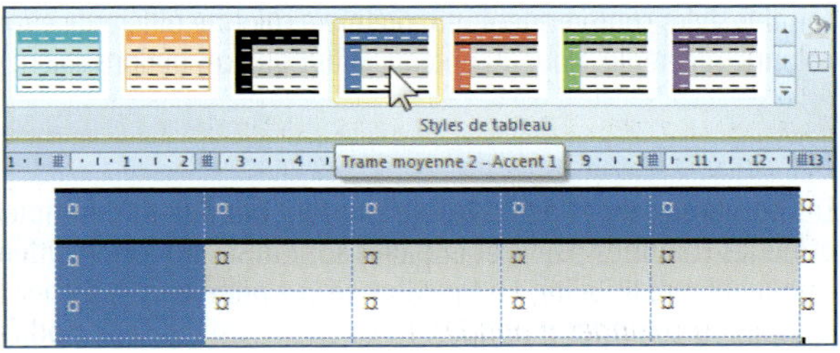

Faire défiler les styles de tableau

Vous pouvez faire défiler les lignes de la galerie en cliquant sur les flèches haut et bas situées à droite de la galerie ou sur la flèche déroulante située en bas à droite et qui permet d'en visualiser un plus grand nombre.

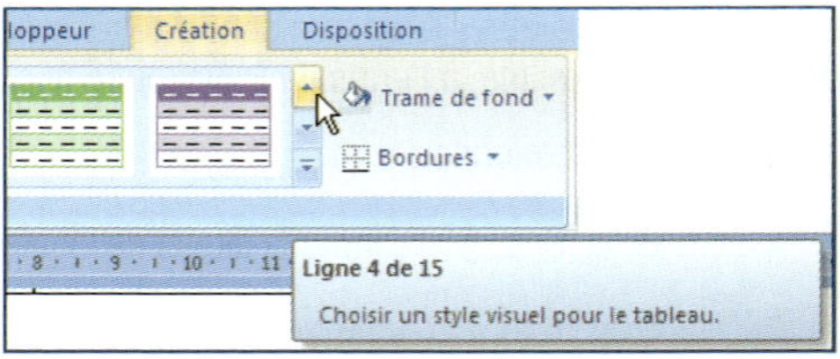

Options de style de tableau

Les options de style de tableau se règlent dans le groupe *Options de style de tableau* de l'onglet **Outils de tableau/Création**.

Ligne d'en-tête et Ligne Total

Les premières lignes sont mises en forme différemment du reste du tableau. Si vous ne souhaitez pas intégrer cette spécificité, décochez l'option *Ligne d'en-tête*. La galerie ne vous proposera plus de première ligne différente.

Par contre, si vous cochez l'option *Ligne Total*, la galerie proposera des styles dont la dernière ligne sera différente. Par exemple, une double bordure séparera la dernière ligne du reste du tableau.

Ligne Total

La Ligne Total, *comme son nom ne le dit pas, n'insérera pas automatiquement un total de vos colonnes. Il s'agit ici uniquement d'une question de formatage.*

Première et dernière colonnes

Certains styles comprennent une première colonne différente et/ou une dernière colonne différente. Pour les obtenir, il faut que ces options soient également cochées.

Lignes et colonnes paires et impaires

Les nombreux styles de tableau proposent par défaut des tableaux dont les lignes et/ou les colonnes paires et impaires sont mises en forme différemment, pour une meilleure lisibilité. En fonction de vos préférences, cochez les options *Ligne à bandes* ou *Colonnes à bandes*. La galerie des styles sera modifiée en conséquence.

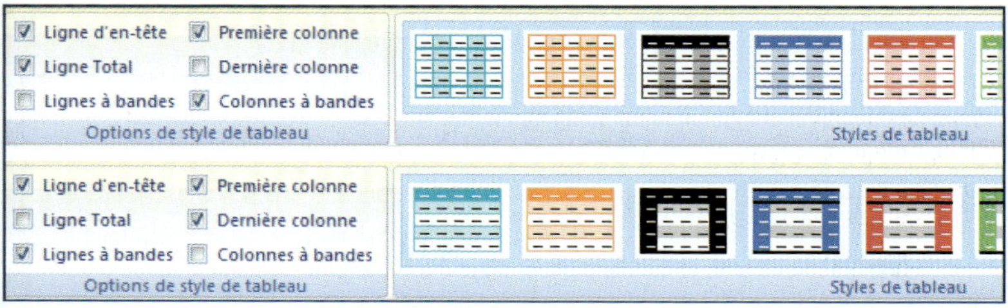

▸ Bordures et trames

Vous pouvez appliquer manuellement différents formats de bordure et de trame.

Sélectionnez le tableau ou les cellules à modifier et vérifiez que l'onglet **Outils de tableau/Création** est affiché.

- Pour appliquer des formats de bordure : dans le groupe *Styles de tableau*, cliquez sur la flèche déroulante du bouton **Bordures** puis sur la bordure de votre choix.
- Pour appliquer des formats de trame : dans le groupe *Styles de tableau*, cliquez sur la flèche déroulante du bouton **Trame de fond** puis sur la couleur de votre choix.

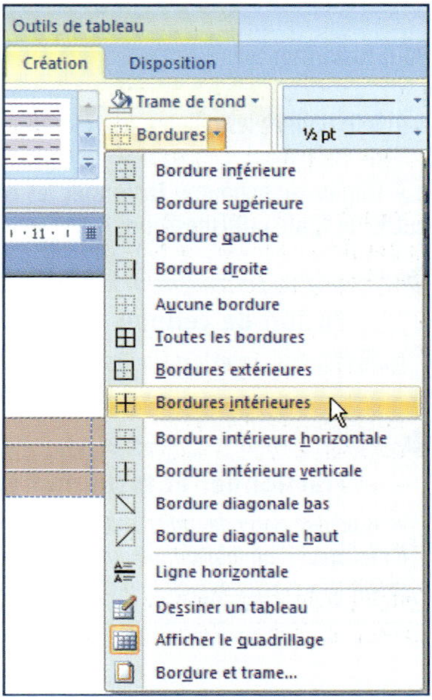

Bordures et trames

Si aucun type de bordure ou de trame par défaut ne vous convient, cliquez sur le bouton ***Bordures*** *puis sur la commande* ***Bordures et trames*** *afin d'afficher la boîte de dialogue correspondante.*

Fractionnement et fusion de cellule

Il est facile de transformer plusieurs cellules en une seule ou au contraire de fractionner une cellule en plusieurs.

Pour fractionner :

1. Sélectionnez la cellule, la colonne ou la ligne à fractionner.

2. Cliquez sur le bouton **Fractionner les cellules** du groupe *Fusionner*, dans l'onglet **Outils de tableau/Disposition**.

3. Une boîte de dialogue s'affiche dans laquelle vous saisirez le nombre de colonnes et/ou de lignes que vous désirez obtenir.

> **Fractionner une cellule contenant du texte**
>
> *Si la cellule à fractionner contient déjà du texte, celui-ci restera dans la première cellule.*

Pour fusionner :

1. Sélectionnez les cellules, les colonnes ou les lignes à fusionner.

2. Cliquez sur le bouton **Fusionner les cellules** du groupe *Fusionner*, dans l'onglet **Outils de tableau/Disposition**.

> **Fusion de cellules contenant du texte**
>
> *Après la fusion, le texte de toutes les cellules sera séparé par un retour paragraphe.*

> **Fractionner et fusionner grâce aux outils Crayon et Gomme**
>
> *Vous pouvez tracer des traits avec l'outil* ***Crayon*** *afin d'ajouter des lignes et des colonnes à l'intérieur d'un tableau, ou au contraire gommer des traits avec l'outil* ***Gomme*** *afin de fusionner des cellules (voir la section* Dessiner un tableau, *dans ce chapitre).*

Répétition des en-têtes de colonnes sur plusieurs pages

Si votre tableau se prolonge sur plusieurs pages, vous souhaiterez peut-être retrouver sur chaque page l'en-tête des colonnes.

1 Placez le point d'insertion dans votre ligne d'en-tête de colonnes ou sélectionnez les lignes s'il y en a plusieurs.

2 Sous l'onglet **Outils de tableau/ Disposition**, dans le groupe *Données*, cliquez sur le bouton **Répéter les lignes d'en-tête**.

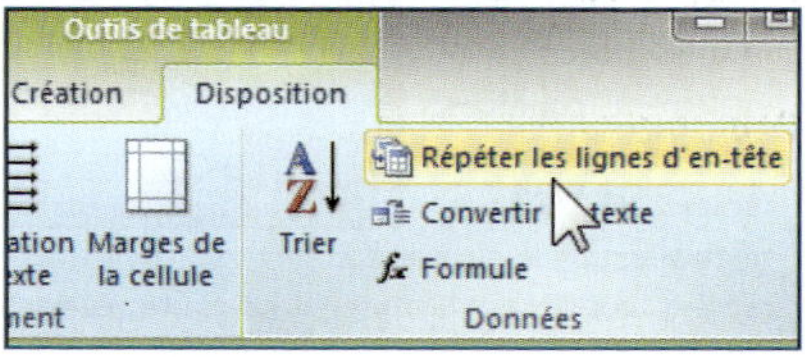

POSITION DU TABLEAU DANS LA PAGE

Si la largeur de votre tableau est plus petite que la largeur de votre feuille, le tableau sera par défaut aligné sur la gauche.

Pour modifier l'alignement du tableau :

1 Sous l'onglet **Outils de tableau/Disposition**, dans le groupe *Tableau*, cliquez sur le bouton **Propriétés**.

2 Dans la boîte de dialogue **Propriétés du tableau**, sélectionnez l'alignement approprié.

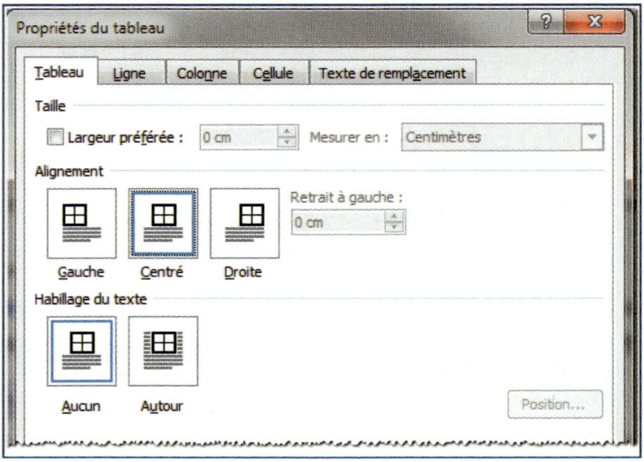

Vous pouvez également appliquer un habillage à votre tableau. Pour cela, cochez l'option *Autour* dans la rubrique *Habillage du texte* de la boîte de dialogue **Propriétés du tableau**.

Une méthode rapide consiste à sélectionner votre tableau à l'aide de la poignée de sélection et à le faire glisser avec la souris où bon vous semble.

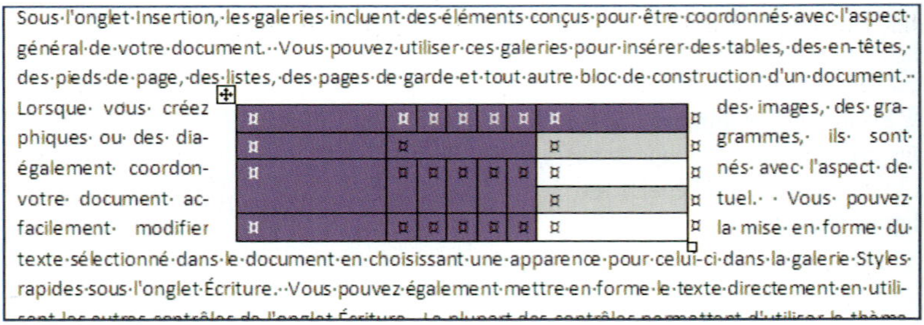

Pour des mesures précises, cliquez sur le bouton **Position** de la boîte de dialogue **Propriétés du tableau**.

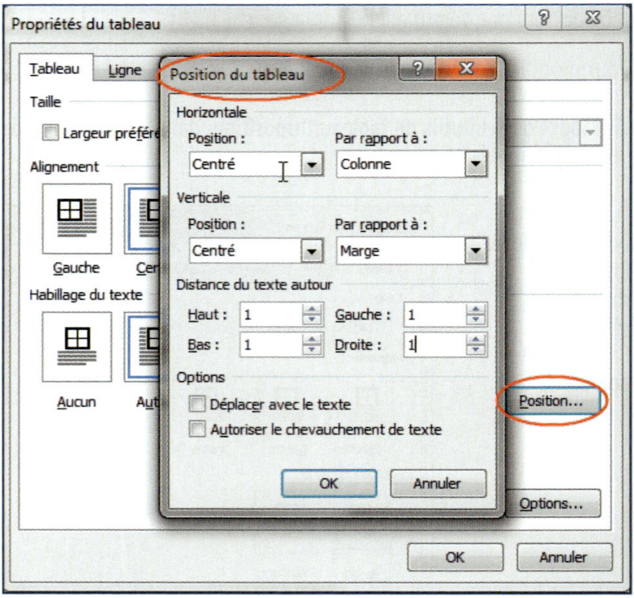

CALCULS DANS UN TABLEAU

Word n'est pas un tableur, mais il permet de faire des calculs simples. Pour des calculs plus sophistiqués, nous vous conseillons d'utiliser Excel.

Pour plus de renseignements, reportez-vous à la fiche pratique *Insérer un tableau Excel dans un document Word*.

Nous allons créer un tableau dans lequel nous insérerons un calcul :

1 Dans un nouveau document, saisissez le tableau de l'exemple ci-dessous en laissant la colonne *Total* vide.

Référence	Trimestre 1	Trimestre 2	Trimestre 3	Trimestre 4	TOTAL
A	2°850,60	1°952,21	2°725,21	4°892,62	
B	5°210,50	2°810,25	4°650,12	3°555,86	
TOTAL					

Saisie des nombres

Le séparateur des milliers, une espace en France, doit impérativement être un espace insécable (Ctrl+Maj+Barre d'espace) pour que les nombres ne soient pas coupés en fin de ligne. Dans un tableau contenant des calculs, ces derniers seront erronés si vous mettez un espace normal.

2 Placez le point d'insertion dans la cellule TOTAL (Référence A) et sous l'onglet **Outils de tableau/ Disposition**, dans le groupe *Données*, cliquez sur le bouton **Formule**.

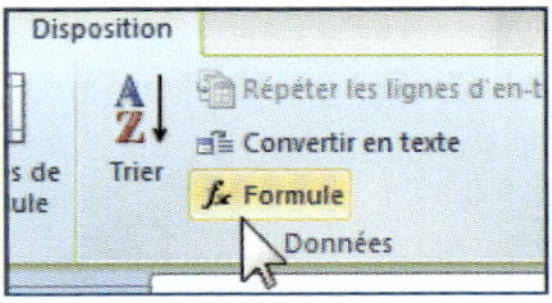

3 Par défaut, la formule s'affiche dans la zone formule =SUM(LEFT) pour le total des cellules situées sur la ligne à gauche.

4 Dans la liste déroulante *Format*, sélectionnez le format qui inclut le symbole **€**.

5 Cliquez sur le bouton OK : le total est inséré.

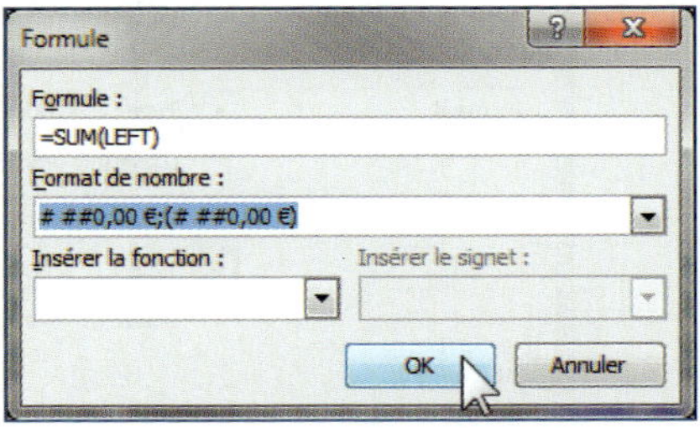

6 Recommencez les opérations des étapes 2 à 3 pour le total de la Référence B.

7 Pour le total général, insérez la formule =SUM(ABOVE) afin que Word ajoute le total non pas des cellules de gauche mais des cellules situées au-dessus.

stre 4	TOTAL
2,62	12°420,64 €
5,86	16°226,73 €
	28°647,37 €

> **Le résultat de ces formules de calcul ne se met pas à jour automatiquement**
>
> *Ces formules de calcul sont des champs. Un champ ne se met pas à jour automatiquement. Si vous modifiez les entrées de votre tableau, vous devrez sélectionner les cellules résultats et appuyer sur la touche de fonction* F9 *pour mettre à jour les résultats.*

TRIS

1. Placez le point d'insertion dans le tableau et, sous l'onglet **Outils du tableau/ Disposition**, groupe *Données*, cliquez sur le bouton **Trier**.

2. Dans la boîte de dialogue **Trier**, choisissez au maximum trois clés de tri, que vous pouvez sélectionner dans les listes déroulantes et qui sont les en-têtes de colonnes.

3. Vérifiez que l'option *Ligne d'en-tête* est bien cochée, de façon que la ligne des titres ne soit pas triée.

4. Cliquez sur le bouton OK.

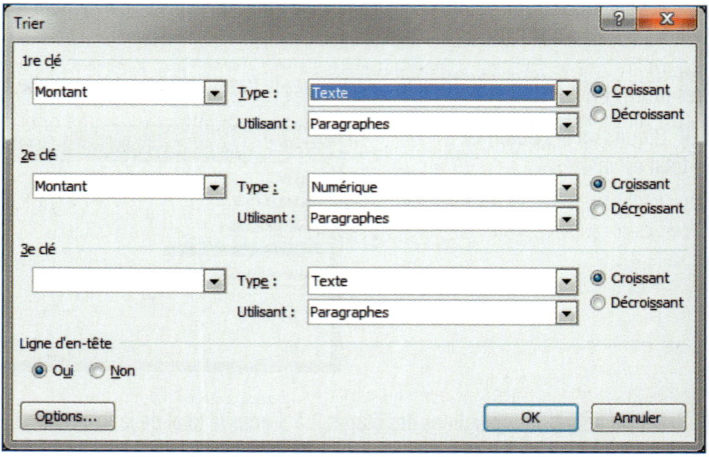

UTILISER LES DICTIONNAIRES *et la bibliothèque de recherche*

Word est équipé de dictionnaires de vérification orthographique et grammaticale, de synonymes et de traduction, ainsi que d'une bibliothèque de recherche.

La bibliothèque de recherche est un outil intégré permettant d'effectuer des recherches dans différentes sources d'informations depuis Word. Certaines de ces sources sont intégrées à Office, tandis que d'autres sont des services externes, dont certains sont payants, nécessitant une connexion à Internet.

VÉRIFICATION DE L'ORTHOGRAPHE ET DE LA GRAMMAIRE

La vérification de l'orthographe et de la grammaire peut se faire soit en cours de saisie, soit à la demande.

Vérification en cours de saisie

Par défaut, le vérificateur d'orthographe et de grammaire est configuré pour vérifier les fautes en cours de saisie. Lorsqu'un mot est mal orthographié, Word le souligne d'un trait ondulé rouge. S'il s'agit d'une faute de grammaire, le trait ondulé sera vert. S'il s'agit d'une faute contextuelle, le trait ondulé sera bleu.

Pour corriger la faute, pointez le curseur sur le mot erroné et cliquez sur le bouton droit de la souris. Word propose une correction.

Correcteur orthographique

Vous pouvez :

- Soit accepter le mot ou l'un des mots proposés par Word.

Suggestion orthographique

Il est possible que Word ne fasse aucune suggestion, le mot erroné étant trop éloigné d'un mot correct.

- Soit l'ignorer.
- Soit ajouter le mot dans votre dictionnaire personnel (par exemple, un nom propre que Word pourrait ne pas connaître).
- Soit ajouter le mot dans les corrections automatiques : cette solution est intéressante s'il s'agit d'une faute que vous faites régulièrement. Pointez sur la commande **Correction automatique** puis sur le mot correctement orthographié. Maintenant, lorsque vous commettrez cette faute, celle-ci sera automatiquement corrigée.

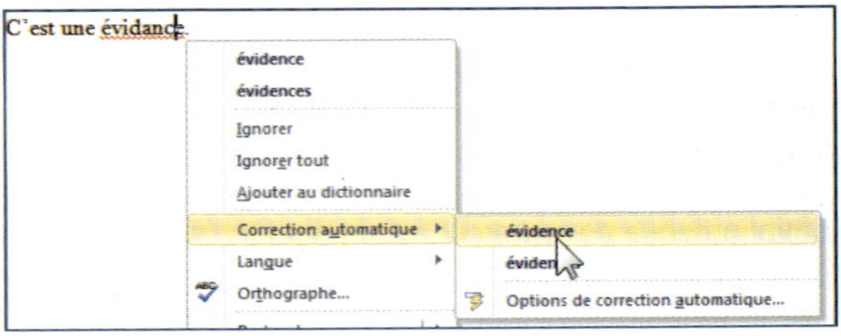

Correcteur contextuel

Contrairement au correcteur grammatical qui utilise un analyseur syntaxique, le correcteur contextuel, nouveauté de cette version 2010, est basé sur des analyses statistiques. Il permet de repérer des mots qui existent et sont correctement orthographiés, mais dont l'utilisation est incorrecte dans le contexte. Vous pouvez simplement accepter la correction ou la refuser.

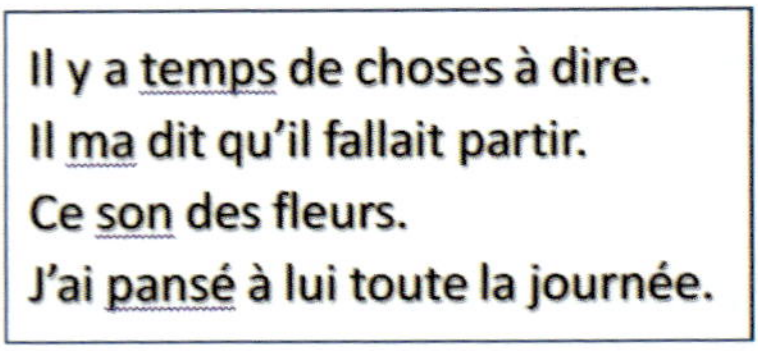

Correcteur grammatical

Vous pouvez :

- soit accepter la correction proposée par Word ;
- soit l'ignorer.

Si vous souhaitez en savoir plus sur la faute de grammaire, cliquez sur l'option *À propos de cette phrase*. Vous aurez droit à l'explication de la règle grammaticale.

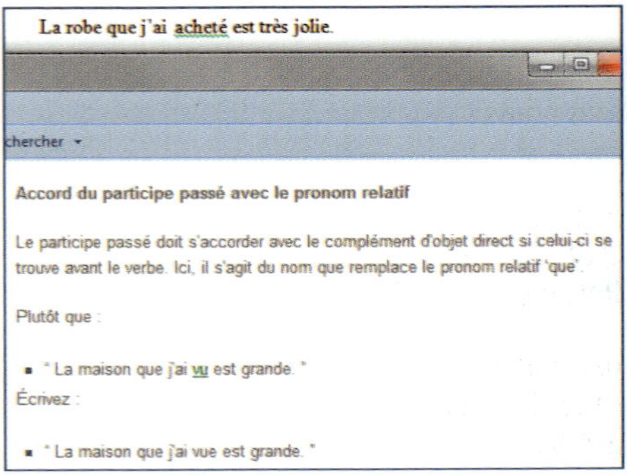

▸ Vérification à la demande

Si vous ne souhaitez pas être dérangé en cours de saisie par les correcteurs, vous pouvez décocher les options de vérification en cours de frappe (voir ci-après la section *Options*).

Lorsque vous voudrez vérifier votre document, vous appuierez sur la touche de fonction F7 ou bien, sous l'onglet **Révision**, dans le groupe *Vérification*, vous cliquerez sur le bouton **Grammaire et orthographe**. Word vérifiera alors votre document, s'arrêtera sur chaque faute et vous proposera de la corriger. Vous retrouvez les mêmes options que lorsque la vérification est faite en cours de saisie.

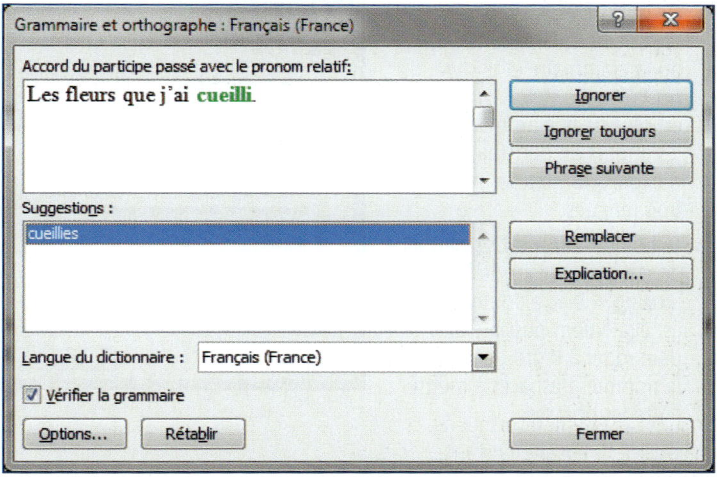

S'il s'agit d'une faute de grammaire, le bouton **Explication** vous donnera un résumé de la règle grammaticale.

▸ Options

Configuration du vérificateur

Pour configurer le vérificateur d'orthographe et de grammaire et modifier éventuellement les réglages par défaut, passez en mode Backstage, cliquez sur **Options** puis sur la commande **Vérification**.

Les options de vérification regroupent deux grandes rubriques : les options de correction qui s'appliquent pour tout Office et les options de correction spécifiques à Word.

Options spécifiques à Word

- Si vous préférez passer le correcteur une fois votre document saisi, décochez les options *Vérifier l'orthographe au cours de la frappe* et/ou *Vérifier la grammaire au cours de la frappe*.
- Que ce soit en cours de frappe ou après la saisie en utilisant le raccourci F7, le correcteur vérifiera les erreurs d'orthographe et de grammaire à condition que l'option *Vérifier la grammaire et l'orthographe* soit cochée. De même, les erreurs de contextualité seront vérifiées à condition que l'option *Utiliser la vérification orthographique contextuelle* soit cochée.
- La liste déroulante *Règle de style* propose de vérifier uniquement la grammaire, ou la grammaire et le style. Les fautes de style regroupent, en plus de la grammaire, les erreurs de ponctuation, d'expression, ou des phrases trop longues.
- Le bouton **Paramètres** permet de choisir les types de fautes à corriger. Via ce bouton, il est également possible de demander à Word de vérifier le nombre d'espaces à mettre entre les phrases.

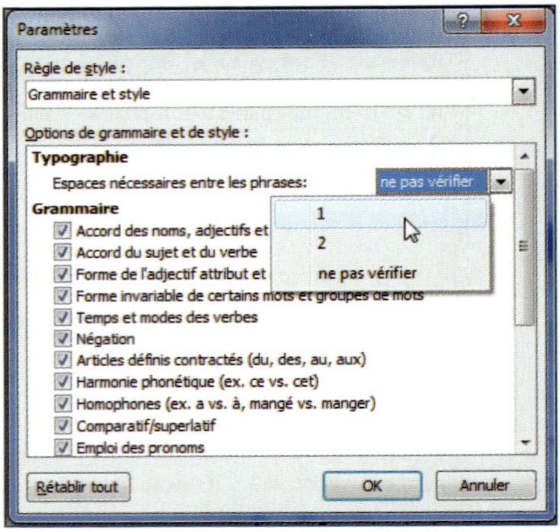

Options s'appliquant à tout Office

Examinons les principales options :

- *Majuscules accentuées en français*. Cette option devrait toujours être cochée. Word ne va pas pour autant accentuer vos majuscules tout seul, il suggérera uniquement d'ajouter l'accent.

Le français et les majuscules accentuées

Contrairement à une idée reçue, les lettres accentuées le sont aussi lorsqu'elles sont en majuscules car « en français l'accent a pleine valeur orthographique ». Consultez l'adresse www.academie-francaise.fr/langue/questions.html#accentuation pour avoir plus d'informations. Vous pouvez accentuer les majuscules de multiples façons, le plus simple étant probablement d'utiliser les accents flottants puis de saisir la lettre comme avec un accent circonflexe. L'accent aigu s'obtient à l'aide des touches Ctrl+4 et l'accent grave, à l'aide des touches Ctrl+Alt+7 (clavier alphanumérique).

- Si l'option *Suggérer à partir du dictionnaire principal uniquement* est cochée, Word ne proposera pas de mots provenant de votre dictionnaire personnel (voir plus loin).

- Concernant la langue française, Word a intégré les modifications relatives à la nouvelle orthographe et reconnaît par défaut les deux variantes orthographiques : l'orthographe traditionnelle et l'orthographe rectifiée. Vous pouvez modifier cette option en choisissant uniquement l'une ou l'autre variante.

▸ Dictionnaires personnels

Dictionnaire personnel par défaut

Lorsque Word vérifie l'orthographe de votre document, il propose d'ajouter des mots à votre dictionnaire personnel. Vous êtes en effet équipé d'un dictionnaire personnel que vous pouvez compléter avec les mots que Word ne connaît pas.

Ce dictionnaire par défaut se nomme *CUSTOM.DIC* et contiendra tous les mots que vous ajouterez, quelle que soit la langue utilisée, par le biais de l'option *Ajouter au dictionnaire* proposée lorsque Word rencontre un mot inconnu.

Une fois que le mot sera dans votre dictionnaire personnel, Word le reconnaîtra et pourra même s'en servir pour faire des suggestions, à condition que l'option *Suggérer à partir du dictionnaire principal uniquement* ne soit pas cochée.

Dictionnaires spécifiques personnels

En plus du dictionnaire par défaut, vous pouvez créer autant de dictionnaires que vous souhaitez. Ces dictionnaires peuvent être spécifiques à un métier par exemple.

1. Dans les options de vérification, cliquez sur le bouton **Dictionnaires personnels**.
2. Cliquez sur le bouton **Nouveau**.
3. Donnez un nom à votre nouveau dictionnaire, puis cliquez sur OK.
4. Le dictionnaire supplémentaire est coché par défaut. Si vous souhaitez le désactiver pour un document, vous pouvez le décocher.

Dictionnaire par défaut

Vous pouvez choisir un autre dictionnaire par défaut. Sélectionnez le dictionnaire de votre choix, puis cliquez sur le bouton ***Modifier la valeur par défaut****. Ce dictionnaire prendra alors la première place dans la liste.*

Modification des dictionnaires personnels

Vous pouvez ajouter ou supprimer manuellement des mots dans vos dictionnaires personnels :

1. Dans les options de vérification, cliquez sur le bouton **Dictionnaires personnels.**

2. Sélectionnez le dictionnaire à modifier, puis cliquez sur le bouton **Modifier la liste des mots.**

3. Une fenêtre s'ouvre, vous permettant d'ajouter ou de supprimer des mots.

   - Pour ajouter un mot, tapez-le dans la zone de saisie et cliquez sur le bouton **Ajouter.**
   - Pour supprimer un mot, sélectionnez le mot concerné (ils sont automatiquement classés par ordre alphabétique) et cliquez sur le bouton **Supprimer.**

Ajouter des mots au dictionnaire personnel

En partant du principe que le dictionnaire ne connaît pas le mot qui est ajouté, vous devrez l'insérer sous toutes les formes sous lesquelles vous risquez de le trouver : singulier, pluriel, majuscules, minuscules, etc.

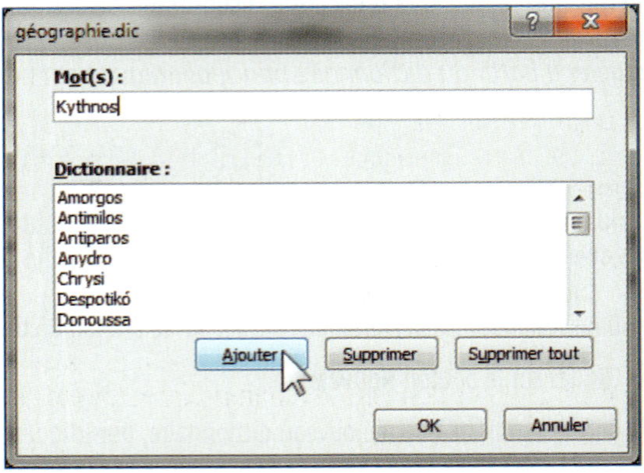

Cependant, si vous voulez ajouter des listes entières de mots dans vos dictionnaires personnels, cette méthode est peu pratique. Le mieux, dans ce cas, est de travailler directement dans les dictionnaires personnels (extension *.dic*). L'emplacement avec le chemin est indiqué dans la boîte de dialogue **Dictionnaires personnels.** Vous ouvrirez un dictionnaire personnel avec un éditeur de texte comme le Bloc-notes.

COUPURE DES MOTS

Par défaut, Word ne coupe pas les mots en fin de ligne. Cependant, si vous travaillez en alignement justifié, avec une longueur de ligne plus ou moins courte, la césure des mots peut se révéler nécessaire.

1 Si l'intégralité de votre texte est concernée par la césure des mots, ne sélectionnez rien. Par contre, sélectionnez un ou des paragraphes si vous voulez appliquer la coupure de mots uniquement à ce ou ces paragraphes.

2 Dans l'onglet **Mise en page**, groupe *Mise en page*, choisissez **Coupure de mots** puis **Automatique** ou **Manuel**. Word coupe en général correctement les mots puisqu'il s'appuie sur le dictionnaire. Néanmoins, si vous souhaitez maîtriser les césures, choisissez les coupures manuelles.

Coupure automatique

Si vous optez pour la coupure automatique et laissez ce choix, Word coupera les mots au fur et à mesure de votre saisie.

Coupure manuelle :

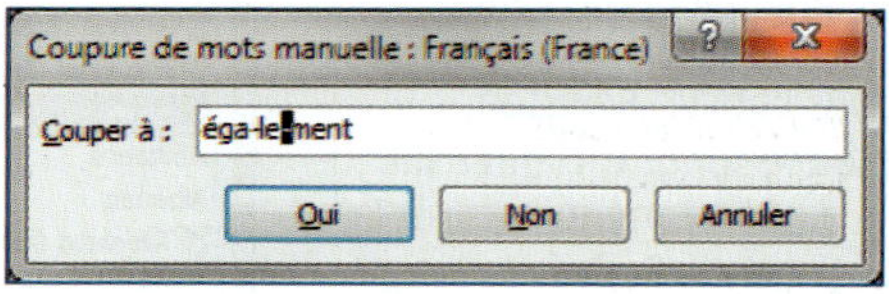

- Chaque fois que cela est possible, Word vous fera une proposition, en indiquant les endroits possibles où couper. Vous pouvez accepter le choix de Word, ou sélectionner une autre coupure : cliquez ensuite sur **Oui** pour valider. Si vous préférez ne pas couper le mot, cliquez sur **Non** ; Word continuera sans toucher à ce mot.
- Lorsque tout le document ou toute la sélection aura été passé en revue, Word s'arrêtera et vous avertira par un message « Coupure de mot terminée ».

Supprimer les coupures de mots

Pour annuler les coupures de mots sur un ou plusieurs paragraphes, cliquez dans le paragraphe concerné, puis affichez la boîte de dialogue ***Paragraphe*** *(voir éventuellement le chapitre* Mise en forme*), et sous l'onglet* ***Enchaînements****, cochez l'option* Ne pas couper les mots.

SAISIE EN LANGUES ÉTRANGÈRES

La version française d'Office est équipée de dictionnaires français, allemand, anglais, arabe, espagnol et néerlandais. Le dictionnaire français est sélectionné par défaut.

Lorsque vous travaillez avec Word, les dictionnaires sont très présents : ils sont indispensables à la vérification orthographique et grammaticale, à la recherche de synonymes et à la traduction bien sûr, mais ils sont aussi nécessaires à toutes les options automatiques de texte comme les coupures de mots, les insertions et les corrections automatiques.

Il est donc toujours très important de bien choisir le dictionnaire avec lequel vous travaillez.

Par défaut, la version française d'Office utilise le français de France. Si vous êtes Québécois par exemple, certains détails changent et vous pourrez utiliser le français du Canada. Ainsi, selon la langue qui est choisie, les guillemets automatiques peuvent être différents, et les doubles ponctuations (; : ! ?) seront ou non précédées par un espace.

Si vous travaillez sur des documents en langues étrangères, vous devrez choisir la langue qui convient.

Sous l'onglet **Révision**, groupe *Langue*, cliquez sur le bouton **Langue** puis sur la commande **Définir la langue de vérification**, qui ouvre la boîte de dialogue **Langue** vous permettant de sélectionner la langue et les options afférentes. Les langues disponibles sont précédées d'une coche.

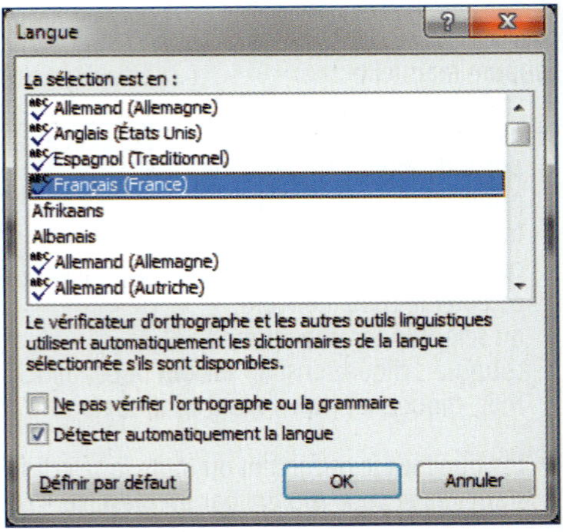

Choix de la langue

Si vous voulez attribuer une langue à un document déjà saisi, vous devez auparavant sélectionner tout le texte.

L'option *Détecter automatiquement la langue* convient parfaitement dans le cas de documents multilingues. Ainsi, vous n'aurez pas besoin de modifier les options de langue chaque fois que vous taperez dans une autre langue. Toutefois, il est préférable de décocher cette option si toutes vos saisies sont en français.

Notez que si vous avez créé un dictionnaire avec un choix de langue particulier, celui-ci sera le dictionnaire personnel par défaut quand vous saisirez dans cette langue.

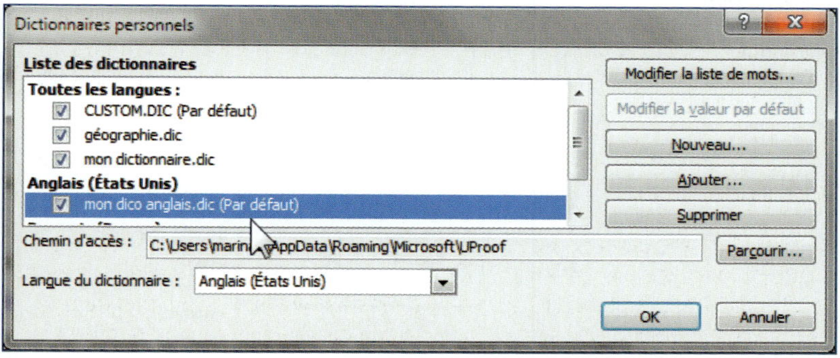

Ne pas vérifier l'orthographe

Pour éviter que Word s'arrête dans certains paragraphes sur tous les mots absents du dictionnaire (noms propres, mots en langue étrangère, sigles, abréviations), sélectionnez le paragraphe concerné et choisissez l'option Ne pas vérifier l'orthographe ou la grammaire *dans la boîte de dialogue* ***Langue****.*

BIBLIOTHÈQUE DE RECHERCHE

Les services de recherche vous proposent de choisir les ressources auxquelles vous souhaitez accéder. Nous allons voir dans cette section comment utiliser les dictionnaires de synonymes, de traduction et de définition. Mais nous verrons que ces services peuvent rechercher bien d'autres informations.

Pour utiliser la bibliothèque de recherche, il faut en général appuyer sur la touche Alt et cliquer avec le bouton gauche de la souris. Cependant, d'autres techniques spécifiques au type de recherche vous seront indiquées au fur et à mesure.

Synonymes

Word est équipé d'un dictionnaire de synonymes intégré. Pour trouver un synonyme :

1. Saisissez un mot, par exemple `Résolution`.

2 Cliquez avec le bouton droit de la souris sur le mot et placez le pointeur sur **Synonymes**.

3 Word propose des synonymes. Vous pouvez en choisir un en cliquant dessus : il remplacera immédiatement le mot sélectionné.

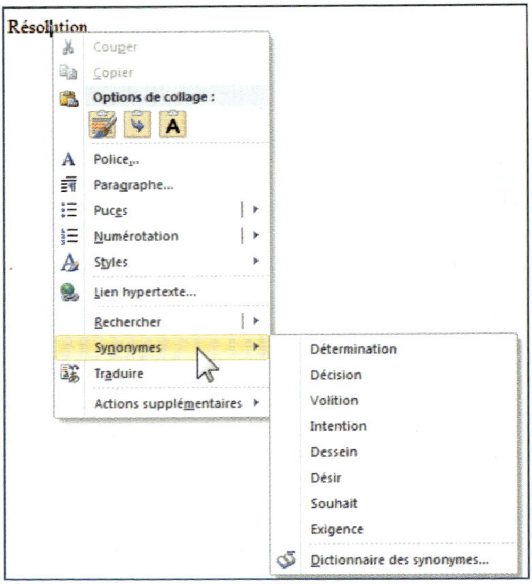

Si les mots proposés avec cette méthode ne suffisent pas, cliquez sur la commande **Dictionnaire des synonymes** du menu contextuel : un choix plus complet s'affiche dans le volet Office. Sélectionnez le mot qui convient et, à l'aide de sa flèche déroulante, choisissez parmi les options :

- *Copier* : copie le mot dans le Presse-papiers.
- *Insérer* : insère le mot à la place de celui qui est sélectionné dans votre texte.
- *Rechercher* : cherche un synonyme pour ce nouveau mot.

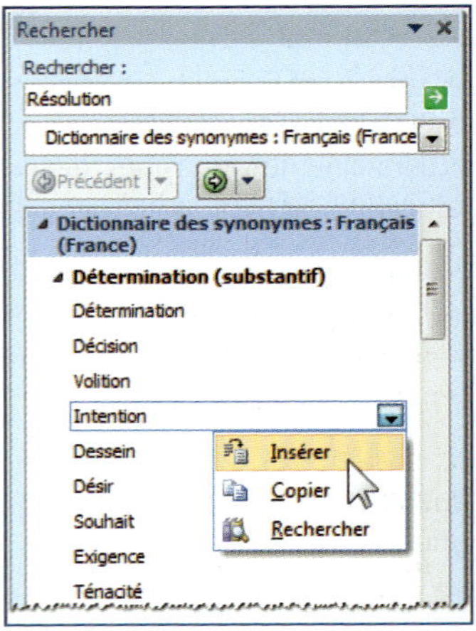

Lorsque vous utilisez le raccourci clavier Maj+F7, ou cliquez sur le bouton **Dictionnaire des synonymes** situé sous l'onglet **Révision**, dans le groupe *Vérification*, le volet Office des synonymes s'affiche directement.

Traduction

Word est équipé de dictionnaires multilingues pour vous aider dans les traductions. Les dictionnaires intégrés sont capables de traduire un mot à la fois. Pour traduire des phrases ou des documents entiers, Word fera appel à des services de traduction sur Internet.

Pour tester les outils de traduction, ouvrez votre document *Blancheneige.docx*, que nous allons traduire en anglais.

Pour commencer, vous allez devoir choisir la langue de traduction. Pour cela, sous l'onglet **Révision**, dans le groupe *Langue*, cliquez sur le bouton **Traduire** puis sur la commande **Choisir la langue de traduction**.

Dans la boîte de dialogue **Options de langue de traduction**, vous avez accès à deux rubriques de traduction qui sont *Choisir la langue du mini-traducteur* et *Choisir les langues de traduction de documents*. Pour chacune de ces rubriques, vous allez choisir l'anglais comme langue de traduction (*Traduire en*), sachant que la première rubrique concerne l'envoi de votre document vers un service de traduction Internet et que la seconde est un service local.

Le mini-traducteur

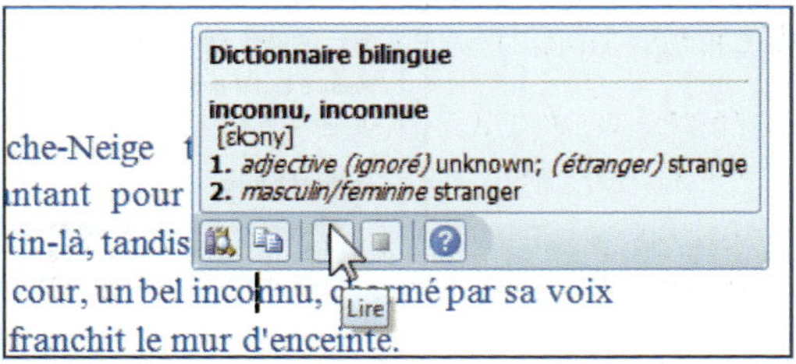

Toujours dans le groupe *Langue*, sous l'onglet **Révision**, cliquez sur le bouton **Traduire**, puis sur la commande **Mini-traducteur**. Vous remarquerez que la commande est suivie de la langue choisie auparavant. Une fois cette option sélectionnée, il vous suffira de pointer sur un mot pour faire apparaître une mini-boîte de dialogue en semi-transparence. Déplacez le pointeur de la souris pour la faire apparaître clairement.

Dans cette petite boîte de dialogue se trouvent plusieurs boutons qui vous permettent :

- De développer. Cette option ouvre le volet **Rechercher** qui propose d'autres possibilités.

- De copier. Tout le texte de la boîte de dialogue sera copié dans le Presse-papiers, vous pourrez ensuite le coller.
- D'écouter la traduction grâce au bouton **Lire**.

Les services de traduction en ligne

Que votre traduction porte sur une phrase ou sur un document entier, vous devrez être connecté à Internet pour obtenir un résultat.

Pour traduire un texte court, le volet Office fera l'affaire :

1. Sélectionnez le texte à traduire.

2. Cliquez sur le bouton **Traduire** puis sur la commande **Traduire le texte sélectionné**. Vous pouvez aussi utiliser l'une des techniques générales de recherche, ou cliquer du bouton droit et choisir **Traduire**, ou encore appuyer sur les touches Alt+Maj+F7.

3. Le volet de traduction s'affiche : le texte est traduit avec les options de langue en cours.

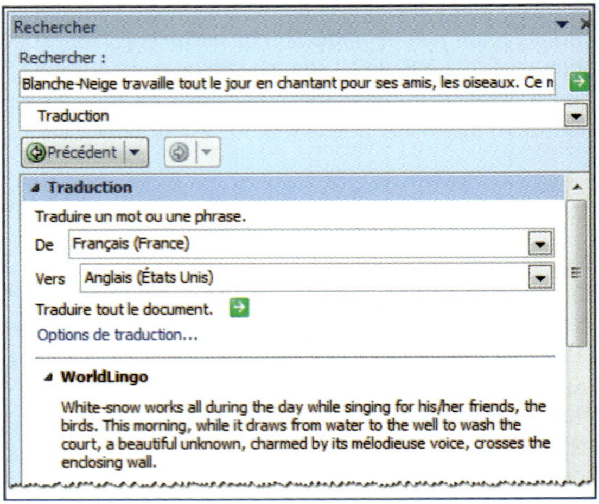

Pour traduire un document dans sa totalité, l'affichage dans le volet Office ne sera pas optimal.

Sous l'onglet **Révision**, groupe *Langue*, cliquez sur le bouton **Traduire**, puis sur la commande **Traduire le document**. La langue mentionnée est celle que vous avez choisie auparavant.

La traduction se fait en ligne et le résultat s'affiche dans une fenêtre de votre navigateur. Le traducteur utilisé dépend des options choisies par défaut. Dans la fenêtre de recherche, cliquez sur l'option *Options de traduction* et choisissez dans la boîte de dialogue du même nom l'option pour la ou les langues de votre choix. Vous pouvez par exemple utiliser les services de WorldLingo et de Microsoft Translator, en fonction des langues employées.

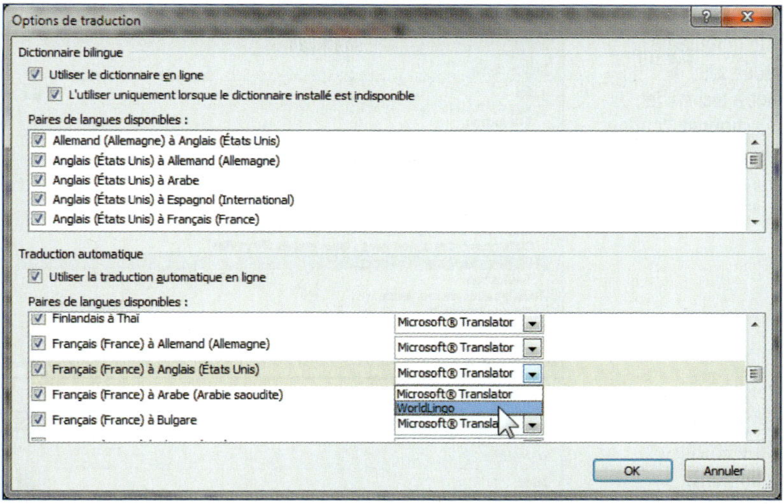

N'hésitez pas à tester les différents services... les résultats peuvent être très différents !

Traduction assistée par ordinateur

Comme cela est indiqué dans la fenêtre du traducteur WorldLingo, la traduction assistée par ordinateur ne constitue en aucun cas une traduction complète et fidèle. Si vous ne connaissez pas du tout la langue, évitez cet outil !

Définitions

Le dictionnaire de noms communs Encarta est disponible si vous êtes connecté à Internet.

Toujours dans le document *Blancheneige.docx*, nous allons demander la définition d'un mot :

1. Placez le point d'insertion sur le mot dont vous recherchez la définition, par exemple le mot « puits ».

2 Appuyez sur la touche [Alt] que vous maintiendrez enfoncée et cliquez sur le bouton de la souris.

3 Le volet Office s'affiche sur le dernier type de recherche que nous avons faite (une traduction).

4 Dans la liste déroulante située sous le mot à rechercher, sélectionnez l'option *Dictionnaire Encarta Français*.

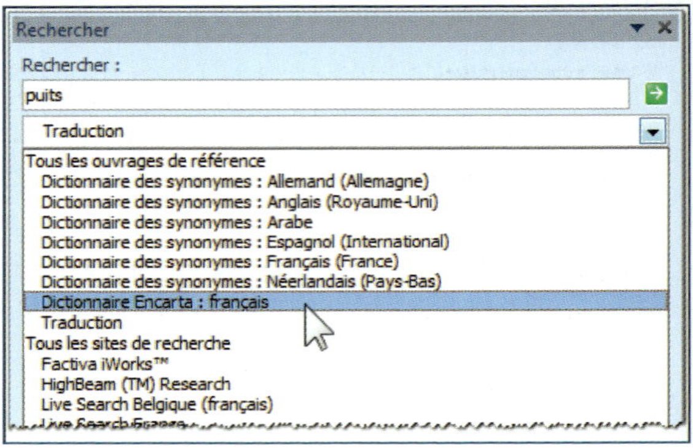

5 Le volet Office affiche les définitions.

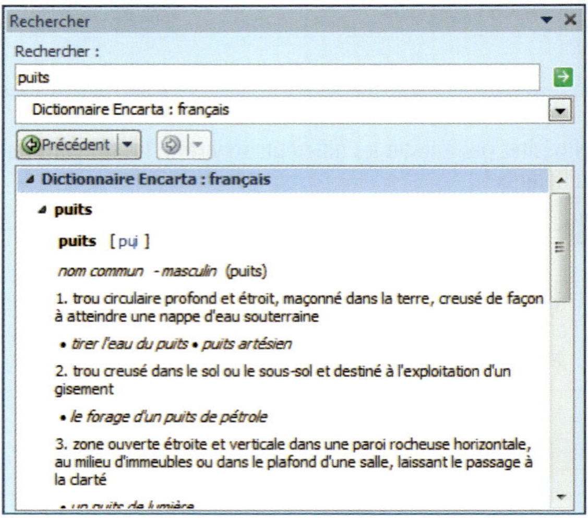

OPTIONS DE RECHERCHE

Les options de recherche permettent de modifier l'étendue de votre recherche en vous proposant de choisir les ressources auxquelles vous voulez accéder. D'autres ressources, dont certaines sont payantes, sont à votre disposition.

Dans le volet Office **Rechercher**, cliquez sur le bouton **Options de recherche** situé tout en bas pour affiner votre recherche et cochez les cases d'option des services que vous voulez utiliser.

À titre d'information et d'exemple :

- Le service Live Search permet de faire une recherche sur le Web.
- Le service Cours sur MSN Money France permet d'afficher le marché boursier. Il suffit de connaître le code MNEMO de la société, US:MSFT pour Microsoft dans l'exemple suivant. Le montant peut être inséré dans le document d'un clic sur le bouton **Insérer le prix**. Vous pouvez obtenir d'autres renseignements en cliquant sur les liens *Cours détaillé* ou *Graphiques*.

Le volet Office **Rechercher** est entièrement extensible et pourra être complété selon les développements futurs proposés par différents fournisseurs de services.

LES OBJETS GRAPHIQUES

Les objets graphiques regroupent les dessins, les images, les diagrammes, les zones de texte, les équations, les captures d'écran. Ils ne sont pas l'apanage exclusif de Word, puisqu'ils sont disponibles pour toute la suite Office. La majeure partie de ces objets graphiques s'insère via l'onglet **Insertion** et peut se gérer via des onglets contextuels.

LES OUTILS DE DESSIN

▸ Généralités

Un clic sur le bouton **Formes** situé dans le groupe *Illustrations* de l'onglet **Insertion** ouvre une galerie de toute une série de formes : des formes de base - trait, rectangle, ellipse -, mais aussi des formes plus élaborées comme des étoiles, des éclairs, des cœurs, etc.

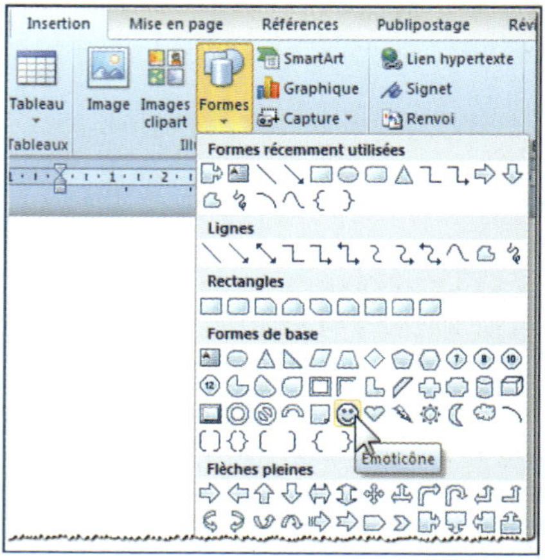

1 Cliquez sur la forme choisie.

2 Cliquez dans votre document : la forme y est insérée. Vous pourrez la redimensionner si nécessaire.

Vous pouvez également tracer la forme directement à la taille de votre choix en appuyant sur le bouton gauche de la souris et en faisant glisser la souris.

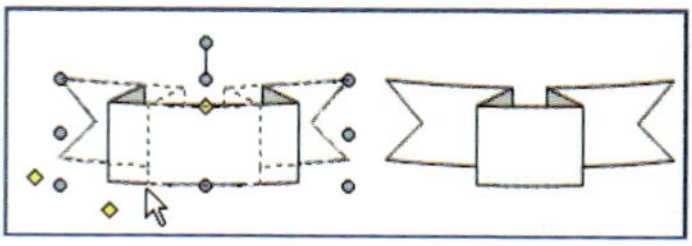

Une fois le dessin tracé, vous pouvez modifier son apparence s'il possède une poignée d'ajustement. La poignée d'ajustement est représentée par un losange jaune. Toutes les formes n'en disposent pas, mais certaines en ont plusieurs. Sélectionnez le dessin en cliquant dedans, placez le pointeur sur une poignée d'ajustement et faites-la glisser dans la direction souhaitée.

Les outils lignes

Parmi les outils lignes, trois sont spécifiques et permettent de tracer des formes particulières :

- Outil **Courbe** : tracez la forme en faisant glisser la souris mais sans appuyer sur le bouton. Chaque clic de souris créera un angle arrondi.
- Outil **Forme libre** : tracez la forme sans appuyer sur le bouton de la souris. Un clic créera un angle. Si vous maintenez le bouton de la souris enfoncé pour tracer la forme, le pointeur prendra l'aspect d'un crayon et pourra être utilisé comme l'outil **Dessin à main levée**.
- Outil **Dessin à main levée** : maintenez le bouton de la souris enfoncé, le pointeur prend l'aspect d'un crayon, et tracez votre dessin comme sur une feuille de papier.

Lorsque vous avez fini de tracer la forme, faites un double-clic. Si vous souhaitez dessiner une forme fermée, cliquez une fois tout près du début du dessin.

Les connecteurs

Les connecteurs

Un connecteur est un type de trait particulier et dynamique qui relie les formes entre elles. Si vous déplacez la ou les formes, les connecteurs s'adapteront au déplacement et garderont le lien entre les formes.

Attention : les connecteurs ne s'utilisent que dans les zones de dessin (voir la section *Les zones de dessin*).

Voici la méthode pour utiliser un connecteur :

1. Tracez deux formes.
2. Dans la galerie des formes automatiques, cliquez sur le connecteur qui vous convient. Les connecteurs se trouvent dans la rubrique *Lignes*.

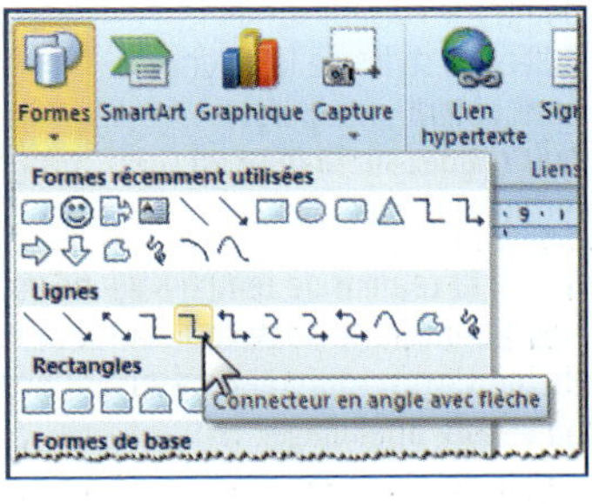

3. Approchez le pointeur de la première forme : des points bleus magnétiques apparaissent à des endroits spécifiques de la forme.
4. Approchez le pointeur de la première forme : des points rouges magnétiques apparaissent à des endroits spécifiques de la forme. Ce sont les points de connexion.

5. Cliquez sur l'un des points de connexion et faites glisser la souris jusqu'à la deuxième forme, où des points rouges apparaissent également.

6. Cliquez sur l'un des points bleus de la deuxième forme : les deux formes sont reliées par un filet de liaison.

7. Déplacez l'une des formes : les deux formes restent reliées.

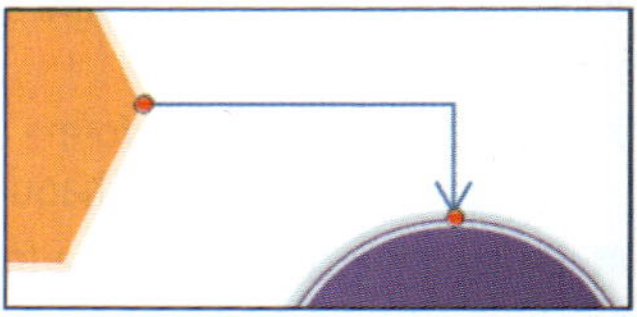

Après que vous aurez déplacé des formes reliées par des connecteurs, il est possible que les points de connexion se retrouvent éloignés et qu'en conséquence les connexions ne soient pas les plus directes. Vous pouvez les modifier à la souris, mais le plus simple est de sélectionner la commande **Rediriger les connecteurs**, accessible en cliquant sur le bouton **Modifier la forme**, sous l'onglet **Outils de dessin/Format**, dans le groupe *Insérer des formes*.

Astuces diverses

- Pour tracer un trait parfaitement droit, un cercle ou un carré parfait, cliquez immédiatement dans le document une fois la forme sélectionnée, ou bien faites glisser la souris, la touche Maj enfoncée.
- Pour tracer une forme en prenant son centre comme point de départ, faites glisser la souris, la touche Ctrl enfoncée.

Mise en forme du dessin

Les boutons de l'onglet **Outils de dessin/Format**, dans le groupe *Styles de formes*, permettent de mettre en forme le dessin rapidement. Vous pouvez commencer par affecter un style au dessin et vous peaufinerez ensuite :

1. Sélectionnez le dessin, pointez le curseur sur les différents styles de la galerie pour obtenir un aperçu, puis cliquez sur la mise en forme souhaitée.

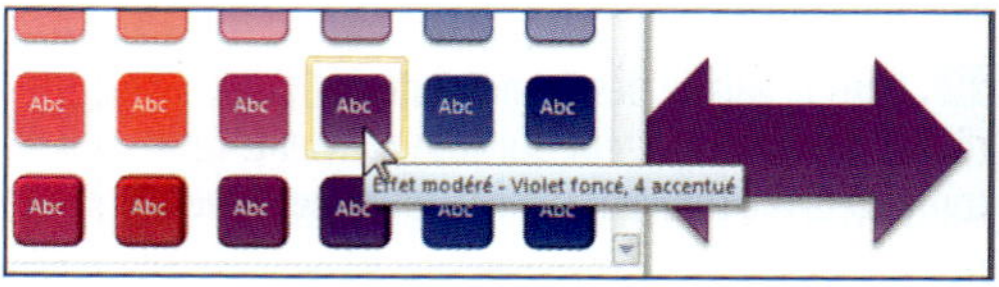

2. Si la couleur de remplissage ne vous convient pas, cliquez sur le bouton **Remplissage**, sélectionnez une autre couleur tout en prenant soin de choisir parmi les couleurs du thème si vous souhaitez préserver l'homogénéité. Choisissez éventuellement un dégradé, ou encore une image.

3. Cliquez sur le bouton **Contour** pour choisir d'autres attributs (couleur, épaisseur...).

4 Cliquez sur le bouton **Effets sur la forme** pour appliquer toutes sortes d'effets d'ombrage, de lumière, d'aspect 3D, de réflexion, etc.

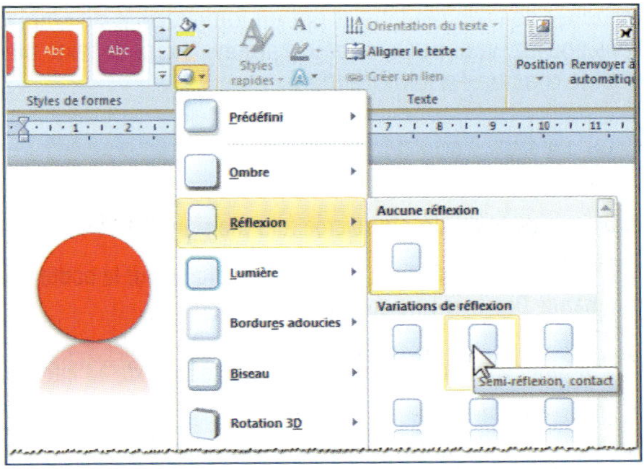

Pour des formatages très avancés, une autre méthode consiste à cliquer du bouton droit sur la forme et à choisir la commande **Format de la forme**. Vous accédez ainsi à la boîte de dialogue du même nom qui regroupe toutes les possibilités de formatage. Pour annuler au fur et à mesure un formatage sans quitter la boîte de dialogue, cliquez simplement sur le bouton **Annuler** de la barre d'outils *Accès rapide*.

LES ZONES DE TEXTE

Une zone de texte est un objet flottant dans lequel on peut saisir du texte indépendamment du reste du document. Vous pouvez créer des zones de texte dans n'importe quelle application Office, mais Word vous propose des zones de texte prédéfinies et préformatées.

▸ Zones de texte prédéfinies

Créez un nouveau document d'une ou deux pages de texte.

1 Positionnez le point d'insertion sur la première page.

2 Sous l'onglet **Insertion**, groupe *Texte*, cliquez sur le bouton **Zone de texte** afin d'en afficher la galerie.

3 Cliquez sur la zone de texte *Citation avec des étoiles* : la zone de texte est insérée dans votre page.

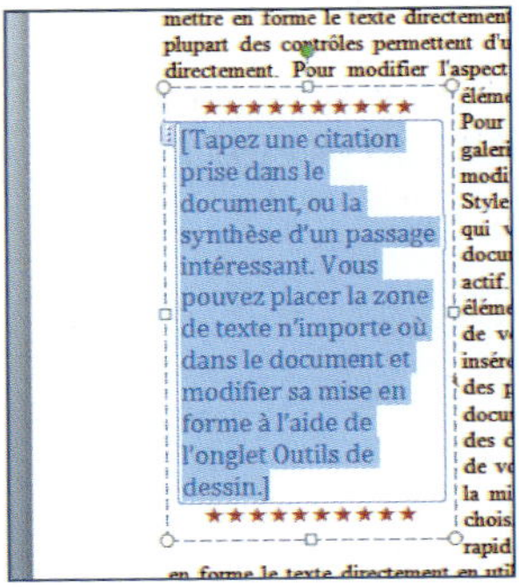

4 Vous remarquez que cette zone de texte contient des zones de saisie prêtes à être remplies. Vous pouvez y entrer le texte de votre choix.

Ces zones de texte prédéfinies ont un formatage et un emplacement particuliers. Vous pouvez, vous aussi, créer vos propres zones de texte préformatées (voir à ce sujet le chapitre *Personnalisation*).

Zones de texte simples

Une zone de texte simple se crée à la manière d'une forme automatique :

1. Sous l'onglet **Insertion**, groupe *Texte*, cliquez sur le bouton **Zone de texte** puis sur la commande **Dessiner une zone de texte**.

2. Dessinez votre zone de texte, puis saisissez le texte à l'intérieur.

Ajout de texte dans une forme automatique

Texte et forme automatique

Lorsque vous ajoutez du texte à une forme automatique, celle-ci se transforme en zone de texte et pourra être utilisée de la même façon qu'une zone de texte standard.

Pour ajouter du texte dans une forme automatique :

1. Sélectionnez la forme.

2. Cliquez avec le bouton droit de la souris et sélectionnez la commande **Ajouter du texte**.

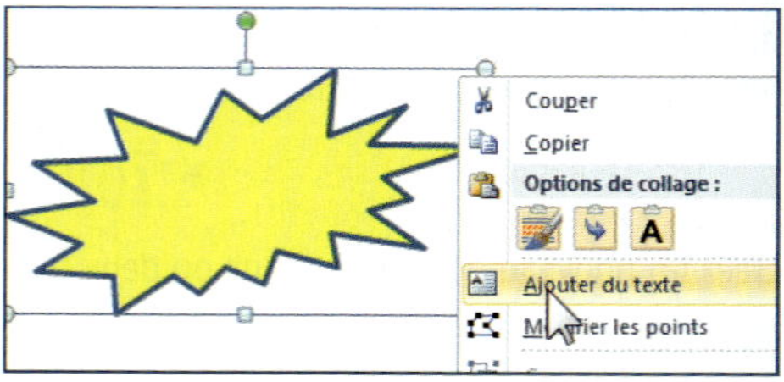

3. Tapez votre texte.

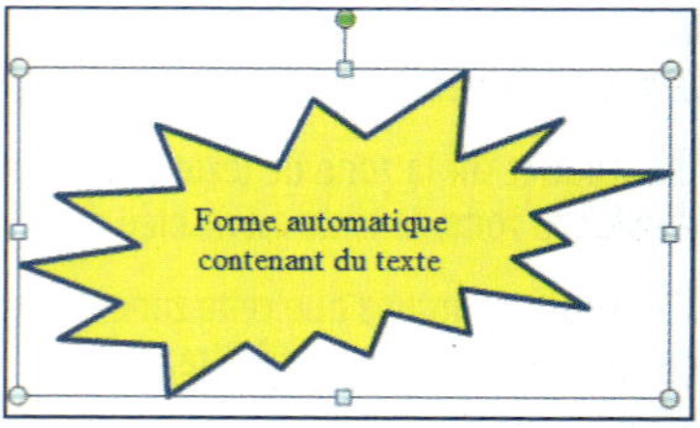

▸ Mise en forme d'une zone de texte

Le texte à l'intérieur de la zone peut se mettre en forme comme n'importe quel texte. Il est par défaut en style *Normal*.

Sous l'onglet **Outils de dessin/Format**, groupe *Texte*, vous trouverez deux boutons, le bouton **Orientation du texte**, qui vous permet de modifier l'orientation de ce texte, et le bouton **Aligner le texte**, qui propose trois types d'alignement vertical.

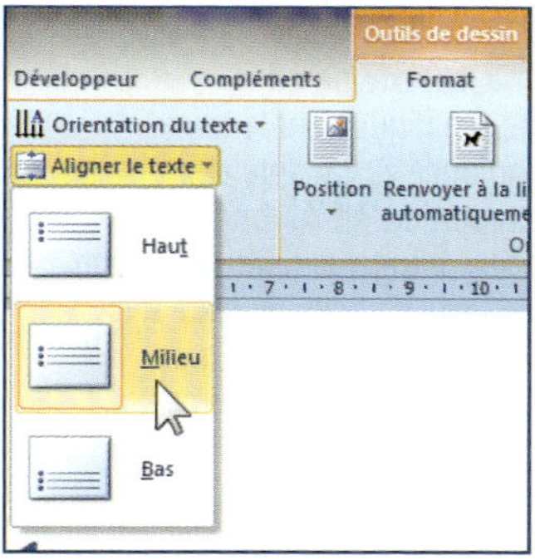

Pour des réglages plus précis, ouvrez la boîte de dialogue **Format de la forme** en cliquant du bouton droit sur le contour de la forme, et cliquez sur la commande **Zone de texte**.

Vous pouvez notamment :

- Modifier les marges intérieures.
- *Renvoyer le texte à la ligne dans la forme.* Cette option est cochée par défaut ; elle permet de renvoyer le texte à la ligne de façon qu'il ne dépasse pas de la forme. Néanmoins, si le texte est trop long, il ne sera pas entièrement visible. À vous d'agrandir la forme ou de réduire la taille du texte.
- *Ajuster la forme au texte.* Cette option permet à la forme de s'adapter au texte ; la forme s'agrandira automatiquement si le texte est long et se réduira si le texte est court. Si vous cochez uniquement cette seconde option, la forme pourra s'étendre sur toute la largeur de la page en fonction de la longueur de votre texte.
- Choisir ou non de faire pivoter le texte avec la forme.

▸ Effets WordArt

Nous avons vu au chapitre *Mise en forme* qu'il était possible d'appliquer à du texte des effets spécifiques : ombre, réflexion, lumière... Ces effets s'appliquent en particulier aux zones de texte.

Nous allons voir d'ailleurs que seul le texte d'une zone de texte peut subir des transformations :

1. Créez une zone de texte avec un texte quelconque.
2. Sous l'onglet **Outils de dessin**, groupe *Styles WordArt*, cliquez sur le bouton **Effets du texte** afin d'en afficher la galerie. Vous voyez alors une commande supplémentaire, la commande **Transformer**.

3 Sous la rubrique *Déformation*, choisissez par exemple *Chevron vers le haut.*

4 Le texte prend automatiquement la forme indiquée et s'adapte aux proportions de la zone de texte. Si vous changez la taille de la zone de texte, la taille du texte sera modifiée en conséquence.

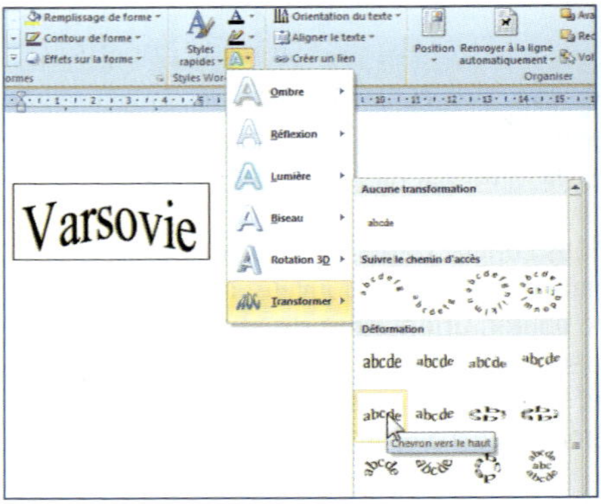

- Selon la déformation choisie, une ou deux poignées en forme de losange rose permettent de moduler la déformation.

INSERTION D'IMAGES

Word accepte toutes sortes de formats d'image.

▸ À partir de la bibliothèque

1 Sous l'onglet **Insertion**, dans le groupe *Illustrations*, cliquez sur le bouton **Images clipart**.

2 Le volet Office **Images de la bibliothèque** s'affiche.

3 Dans la zone *Rechercher*, tapez un mot se rapportant à l'image voulue et cliquez sur le bouton OK.

4 Les images correspondant à votre recherche s'affichent dans une liste déroulante du volet Office.

5 Pour ajouter une des images à votre document, cliquez simplement dessus.

Bibliothèque hors connexion

Pour obtenir les cliparts proposés sur le site de Microsoft, cochez l'option Inclure le contenu Office.com. *Ce sont les plus nombreux. Vous pouvez conserver ces images en local en cliquant sur la flèche déroulante située à droite de l'image et sur l'option* Rendre disponible hors connexion.

▸ À partir de vos fichiers

1. Sous l'onglet **Insertion**, dans le groupe *Illustrations*, cliquez sur le bouton **Image**.
2. Sélectionnez l'emplacement où se trouvent les images (dossier *Mes images*, par défaut).
3. Choisissez éventuellement un mode d'affichage vous permettant de visualiser l'image (Miniatures, Mosaïques, Aperçu).
4. Sélectionnez votre image et cliquez sur OK.

▸ Mise en forme des images

Lorsque vous sélectionnez une image, l'onglet **Outils Image/Format** devient accessible.

Les boutons de l'onglet **Outils Image/Format** permettent de mettre en forme l'image :

Le groupe *Styles d'image* propose des styles rapides ainsi que des mises en forme manuelles. Pointez le curseur sur les différents formatages pour en voir un aperçu, puis cliquez sur la mise en forme souhaitée.

Comme pour les dessins, vous pouvez combiner plusieurs types de mises en forme : commencez par exemple par cliquer sur un style d'image dans la galerie, puis, dans la liste déroulante *Effets des images*, choisissez d'ajouter différents effets.

Le groupe *Ajuster* quant à lui permet de corriger la luminosité et le contraste, d'appliquer un filtre de couleur et des effets artistiques, et également de supprimer l'arrière-plan (voir à ce sujet la fiche technique *Détourer une image*).

LES DIAGRAMMES SMARTART

Un diagramme SmartArt est un type de dessin particulier qui permet d'illustrer des informations. Il existe diverses sortes de diagrammes, comme des engrenages, des pyramides, des organigrammes hiérarchiques. Attention, il ne s'agit pas d'un graphique basé sur des chiffres.

Pour ajouter un diagramme à un document :

1 Cliquez sur le bouton **SmartArt** de l'onglet **Insertion**, groupe *Illustrations*.

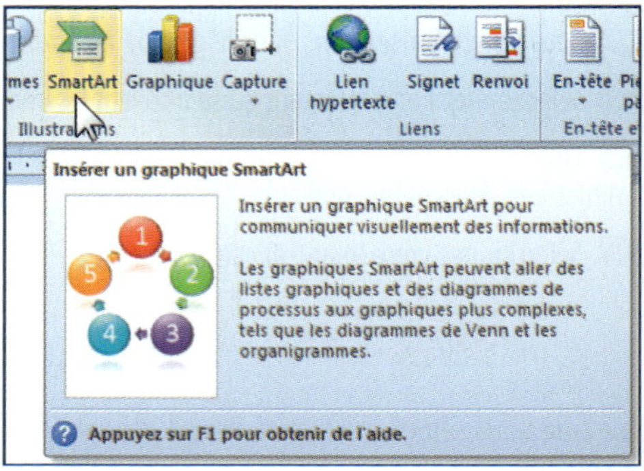

2 Dans la boîte de dialogue **Choisissez un graphique SmartArt**, sélectionnez à gauche le type de graphique souhaité. Vous pouvez ensuite choisir un modèle parmi ceux qui sont proposés. Lisez les indications concernant les modèles afin de trouver exactement ce dont vous avez besoin. Quand votre choix est fait, cliquez sur OK.

Vous pouvez maintenant entrer le texte :

- Soit directement dans une forme du graphique.
- Soit dans le volet **Texte** que vous faites apparaître en cliquant sur les flèches situées à gauche du graphique SmartArt : lorsque ce dernier est sélectionné, cliquez sur *[Texte]*, puis saisissez votre texte.

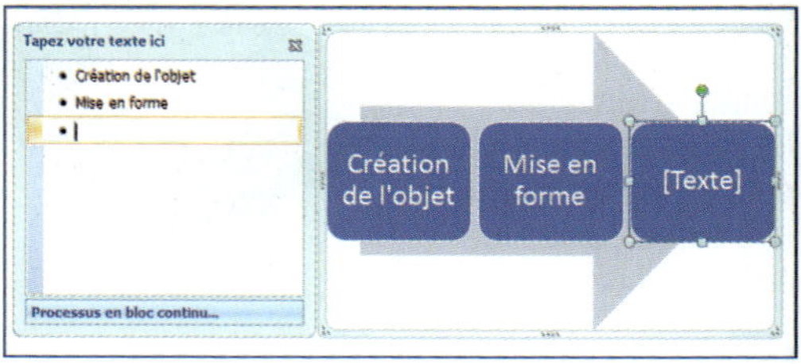

Pour faire disparaître le volet **Texte**, cliquez sur sa croix de fermeture.

▸ Mise en forme d'un SmartArt

Selon que vous modifiez le SmartArt dans son ensemble ou bien une forme individuellement, la sélection sera différente :

- Pour sélectionner le graphique dans son ensemble, cliquez à l'intérieur de la zone de graphique.
- Pour sélectionner une forme uniquement, cliquez sur la forme de façon à l'entourer du rectangle de sélection. Vous pouvez utiliser la touche Ctrl pour sélectionner plusieurs formes.

L'onglet **Création** permet de modifier le graphique dans son ensemble, alors que l'onglet **Format** permet de mettre en forme les éléments individuellement.

Pour appliquer rapidement une mise en forme à votre SmartArt, cliquez simplement sur un style de la galerie des styles SmartArt, dans le groupe *Styles SmartArt*. Notez que si vous modifiez le choix du jeu de couleurs via le bouton **Modifier les couleurs**, la galerie des styles rapides applique également le changement.

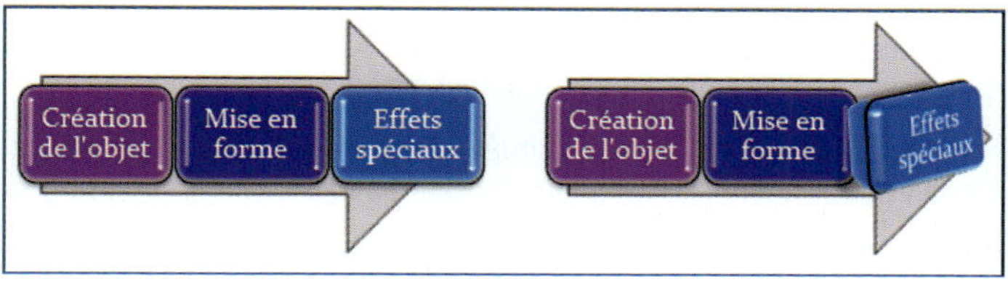

Ajout/suppression d'éléments

Pour ajouter une forme à un SmartArt, sélectionnez la forme située à côté de celle que vous souhaitez insérer, puis sous l'onglet **Outils SmartArt/Création**, dans le groupe *Créer un graphique*, cliquez sur le bouton **Ajouter une forme** du groupe et enfin cliquez sur une option disponible dans la liste déroulante. Vous pouvez également utiliser le menu contextuel en cliquant avec le bouton droit dans la forme.

Une autre méthode, si vous utilisez le volet **Texte**, consiste à placer le point d'insertion à la fin du texte où vous souhaitez ajouter une forme et à cliquer sur Entrée.

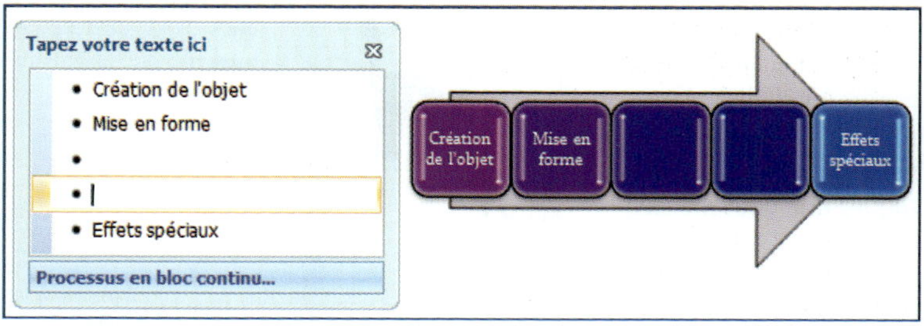

Pour supprimer une forme, sélectionnez-la et pressez la touche Suppr.

GESTION DES OBJETS GRAPHIQUES

▸ Sélection

Pour modifier le format de plusieurs objets flottants à la fois, pour en aligner plusieurs, etc., il est nécessaire de sélectionner tous ces éléments en même temps.

Pour sélectionner plusieurs objets, utilisez la souris avec la touche Ctrl enfoncée ou le volet **Sélection**.

Voyons à présent comment utiliser le volet **Sélection** : sous l'onglet **Accueil**, dans le groupe *Rechercher*, cliquez sur le bouton **Sélectionner** puis sur la commande **Volet Sélection**.

Ce volet liste tous les objets de la page active et permet en particulier de masquer les objets, ce qui est bien pratique lorsqu'une page contient beaucoup d'objets et qu'il devient difficile de faire des manipulations.

Notez que l'icône en forme d'œil située en regard de l'objet n'est active que pour les objets avec habillage. Les quatre fonctionnalités suivantes ne sont possibles qu'avec les objets habillés (voir ci-dessous la section *Habillage*) :

- Pour sélectionner plusieurs objets dans le volet **Sélection**, cliquez sur leurs noms en gardant la touche Ctrl enfoncée.
- Pour masquer un objet, cliquez sur l'œil situé en regard de l'objet, et inversement pour afficher l'objet.
- Pour masquer tous les objets, cliquez sur le bouton **Masquer tout**. Pour afficher tous les objets, cliquez sur le bouton **Afficher tout**.
- Vous pouvez également réorganiser l'ordre des objets dans le volet à l'aide des flèches situées en bas à droite du volet.

Vous pouvez, de plus, modifier le nom de chaque objet, ce qui peut être très utile lorsqu'il y a beaucoup d'objets dans un même document : sélectionnez l'objet, cliquez une nouvelle fois, puis saisissez un nouveau nom. Le nom d'un objet peut aussi être utilisé dans une macro.

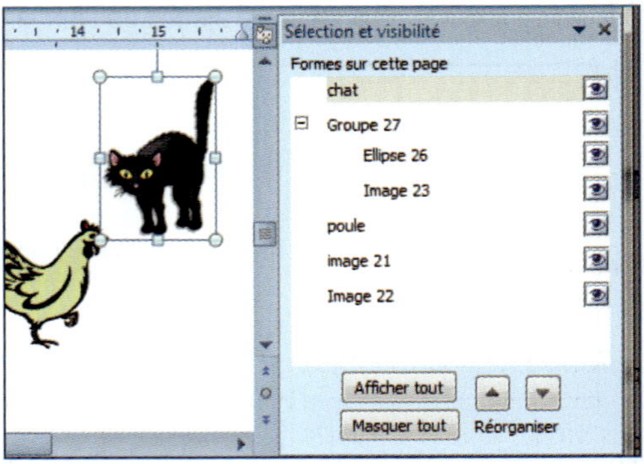

Zone de dessin et volet Sélection

Dans le volet ***Sélection****, les objets contenus dans une zone de dessin se présentent comme des sous-éléments de l'élément* Zone de dessin.

Redimensionnement

Lorsque vous sélectionnez un objet graphique, vous voyez apparaître huit points blancs tout autour : ce sont les poignées de dimensionnement. Pour redimensionner, faites glisser l'une des poignées avec le bouton de la souris enfoncé.

Pour conserver l'échelle et ne pas déformer l'image, utilisez toujours une poignée d'angle.

Rognage

Le rognage permet de supprimer une partie d'une image. C'est l'outil idéal pour extraire un petit morceau d'une image. Vous pouvez appliquer le rognage à une photo ou à un clipart, mais pas à une forme automatique. Si vous souhaitez rogner une forme automatique, vous la transformerez donc auparavant en image.

Rognage simple

Pour rogner une image :

1. Sélectionnez l'image puis, sous l'onglet **Outils Image/Format**, groupe *Taille*, cliquez sur le bouton **Rogner**. Le curseur prend l'aspect de l'outil de rognage, et des poignées de rognage apparaissent autour de l'image.

2. Cliquez sur l'une d'elles et glissez pour rogner la partie de l'image que vous ne voulez pas conserver.

Rogner plusieurs côtés en même temps

Pour rogner en même temps de chaque côté, maintenez la touche Ctrl *enfoncée en faisant glisser l'une des poignées de rognage. Pour rogner les côtés de façon égale, maintenez les touches* Ctrl *et* Maj *enfoncées.*

3 Pour terminer, cliquez à nouveau sur le bouton **Rogner** ou appuyez sur la touche Échap.

Rognage avec forme

Si vous remplissez une forme avec une image, l'image risque d'être déformée car elle se met automatiquement à l'échelle de la forme. La solution la plus simple pour appliquer une forme à une image et que celle-ci conserve ses proportions est d'insérer d'abord l'image, puis de lui appliquer un rognage avec forme.

Sélectionnez l'image, puis, sous l'onglet **Outils Image/Format**, groupe *Taille*, cliquez sur la flèche déroulante du bouton **Rogner**, pointez sur la commande **Rogner à la forme** et cliquez sur la forme de votre choix.

▶ Emplacement des objets graphiques sur une page

Habillage

Habillage

On parle d'habillage de texte quand le texte encadre le contour d'un objet graphique inséré dans la page.

Les objets graphiques insérés dans Word peuvent être soit habillés, soit alignés sur le texte comme un caractère.

Pour donner un habillage à une image ou à un dessin, sélectionnez l'objet de façon à afficher l'onglet du format de l'objet, puis cliquez sur le bouton **Renvoyer à la ligne automatiquement** du groupe *Organiser*.

Toutes les options d'habillage s'affichent dans la galerie. Cliquez sur celle de votre choix. Lorsqu'un objet graphique possède une propriété d'habillage, il devient « flottant » et vous pouvez le déplacer n'importe où avec la souris.

Types d'habillage

Habillage de type Encadré *: le texte se met autour de l'image avec un format carré.*

Habillage de type Rapproché *: le texte se place autour de l'image même, d'après sa forme.*

Habillage de type Au travers *: le texte s'ajuste le mieux possible à la bordure de l'image.*

Vous pouvez également affecter un habillage à une image via le menu contextuel : cliquez du bouton droit sur l'objet, pointez sur la commande **Renvoyer à la ligne automatiquement**, et choisissez l'habillage de votre choix.

Positionnement

Le bouton **Position** du groupe *Organiser* offre neuf positions d'image sur une page de document. L'image étant sélectionnée, cliquez sur le bouton **Position** puis, dans la galerie, cliquez sur la position qui vous convient le mieux, quitte à affiner via la souris. Par défaut, toutes ces positions sont en habillage *Carré*. Si vous en préférez un autre, choisissez d'abord la position, puis modifiez l'habillage.

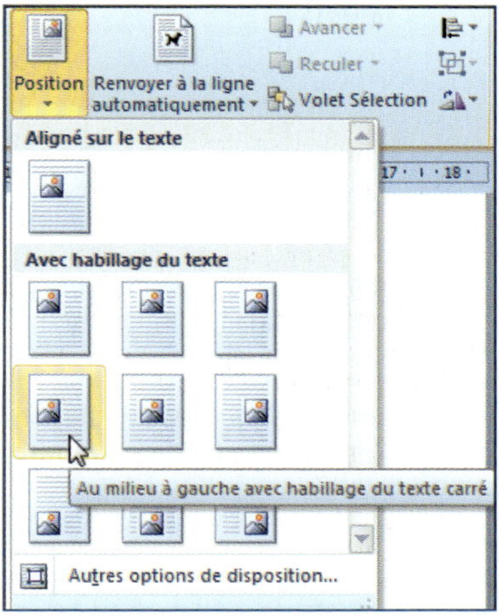

Aligner et répartir

Il est très simple d'aligner et/ou de répartir plusieurs objets sur une page :

1. Dessinez ou insérez plusieurs objets.
2. Sélectionnez tous les objets à l'aide de la touche Ctrl.

Aligner et répartir

Pour utiliser les outils d'alignement et de répartition, les objets doivent être flottants (voir la section Habillage*).*

3. Dans le groupe *Organiser* de l'onglet **Format** (**Outils Image** ou **Dessin**), cliquez sur le bouton **Aligner** puis sur la commande de votre choix.

Si vous souhaitez par exemple aligner et répartir un groupe de dessins sur une ligne, sélectionnez d'abord la commande **Aligner en bas** puis la commande **Distribuer horizontalement**.

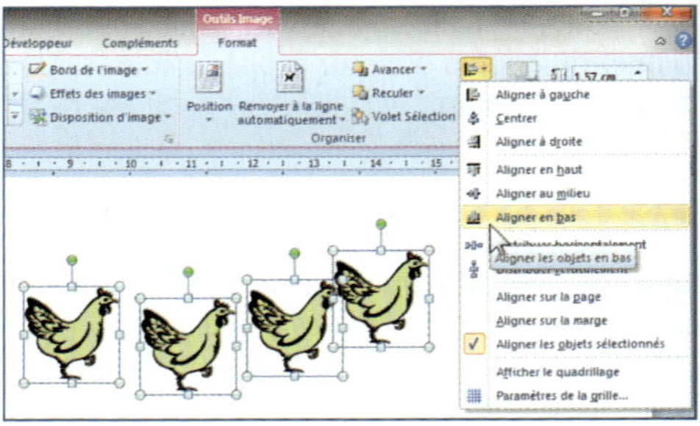

▸ Rotations et retournements

Lorsqu'un objet est sélectionné, une poignée de rotation verte apparaît, permettant de faire pivoter la forme en la faisant glisser.

Pour des mesures précises de rotation, utilisez le bouton **Rotation** du groupe *Organiser*.

Pour effectuer des retournements, sélectionnez également le bouton **Rotation** et cliquez sur l'une des commandes de retournement.

▸ Grouper et dissocier

Il est parfois utile de grouper plusieurs objets pour faciliter des manipulations comme le déplacement de l'ensemble des objets, la modification proportionnelle de leur taille, l'attribution d'un même formatage, etc.

Une fois que les objets sont groupés, ils peuvent néanmoins être modifiés individuellement.

Pour grouper les objets :

1. Sélectionnez tous les objets à grouper à l'aide de la touche Ctrl ou Maj enfoncée.
2. Dans le groupe *Organiser* de l'onglet **Format (Outils Image** ou **Dessin)**, cliquez sur le bouton **Grouper** puis sur la commande **Grouper**.

Pour dissocier les objets :

1. Sélectionnez le groupe d'objets.
2. Dans le groupe *Organiser*, cliquez sur le bouton **Grouper** puis sur la commande **Dissocier**.

Notez que ces deux commandes sont facilement accessibles via le menu contextuel.

Pour modifier ou déplacer un groupe d'objets dans son ensemble :

1. Cliquez sur la bordure du groupe d'objets pour le sélectionner.
2. Vous pouvez agir sur ce groupe comme s'il s'agissait d'un seul objet.

Pour modifier un seul objet du groupe :

1. Cliquez sur l'objet à modifier.
2. Vous visualisez la double sélection : le groupe et l'objet.
3. Vous pouvez apporter toutes les modifications souhaitées, y compris des déplacements, rotations, etc.

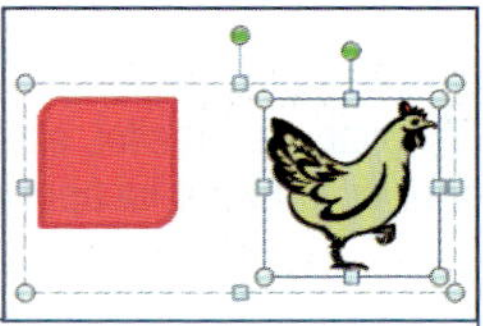

Grouper

Si vous travaillez avec beaucoup d'objets graphiques, il est beaucoup plus simple d'utiliser les zones de dessin (voir la section Les zones de dessin *ci-après).*

Ordre d'empilement

Si plusieurs objets sont empilés, il peut être nécessaire de modifier l'ordre d'empilement, sachant que le dernier objet inséré est au premier plan.

1. Sélectionnez l'objet.
2. Dans le groupe *Organiser*, ou via le menu contextuel, cliquez sur la commande **Ordre**, et faites votre choix.

Ordre d'empilement

*Les commandes **Avancer** et **Reculer** permettent de rapprocher ou d'éloigner l'objet d'un cran.*

Par ailleurs, dans le volet **Sélection**, sachez que l'ordre des objets est fonction de leur ordre d'empilement. Vous pouvez donc sélectionner un objet et utiliser les flèches **Réorganiser** situées en bas du volet afin d'avancer ou de reculer ledit objet. Cette méthode est souvent la plus efficace s'il y a de nombreux objets.

LES ZONES DE DESSIN

La zone de dessin

Une zone de dessin se présente sous la forme d'un cadre qui établit une limite entre votre dessin et le reste du document. Elle permet de faire un regroupement d'images et/ou de dessins pour pouvoir les gérer plus facilement.

La zone de dessin est très utile quand vous composez un dessin regroupant plusieurs formes ou images. Elle permet de tout redimensionner à la fois, de tout déplacer à la fois, et elle est indispensable à l'utilisation des connecteurs. Et bien souvent, grouper plusieurs objets devient inutile.

Pour insérer une zone de dessin, cliquez sur la commande **Nouvelle zone de dessin** dans la galerie des formes, sous l'onglet **Insertion** : la zone présente uniquement ses délimitations. En effet, elle ne comporte par défaut ni bordure ni arrière-plan, bien que vous puissiez lui appliquer une mise en forme, y compris un habillage.

Vous pouvez maintenant dessiner dans cette zone et/ou insérer presque tous les types d'objets graphiques.

- Pour redimensionner la zone de dessin, déplacez le pointeur sur une des limites de la zone et faites glisser la souris dans la direction souhaitée.
- Pour ajuster la zone de dessin à son contenu, cliquez sur sa bordure avec le bouton droit de la souris, puis cliquez sur la commande **Ajuster**.

- Pour réduire ou agrandir l'ensemble des objets contenus dans la zone de dessin, cliquez avec le bouton droit de la souris dans la zone de dessin, puis cliquez sur la commande **Mettre le dessin à l'échelle**. Vous pouvez ensuite utiliser les poignées de redimensionnement.
- Attention cependant : si vous souhaitez agrandir ou rétrécir la zone de dessin, vous devrez désactiver cette commande en cliquant à nouveau dessus.

Chapitre 9

ENREGISTREMENT *et partage*

Dans ce chapitre, nous verrons les différentes possibilités pour sauvegarder nos documents Word, de façon à pouvoir les partager avec d'autres utilisateurs. Nous verrons également comment récupérer des documents, suite à un problème avec Word par exemple.

ENREGISTREMENT

Tant que le document n'est pas enregistré, il est stocké uniquement dans la mémoire de votre ordinateur. Cette mémoire est volatile, et lorsque l'ordinateur est éteint, elle est vidée. Un document a donc besoin d'être enregistré sur un support magnétique. Le support par défaut est votre disque dur.

Un document doit être enregistré régulièrement et pas seulement lorsqu'il est terminé. Le mieux est d'enregistrer votre document dès que vous commencez à le saisir et de le faire ensuite à intervalles réguliers.

Pour cela, cliquez sur le bouton **Enregistrer** de la barre d'outils *Accès rapide*, ou encore utilisez le raccourci clavier Ctrl+S.

Au premier enregistrement, la boîte de dialogue **Enregistrer sous** s'affiche : donnez un nom à votre document, et choisissez éventuellement un dossier où le ranger.

Boîte de dialogue Enregistrer sous

*La boîte de dialogue **Enregistrer sous** peut se présenter sous des formes différentes en fonction de votre environnement.*

Dans cette boîte de dialogue, vous pouvez ajouter un ou plusieurs auteurs dans la zone *Auteurs*, et aussi ajouter un mot-clé dans la zone *Ajouter un mot-clé*.

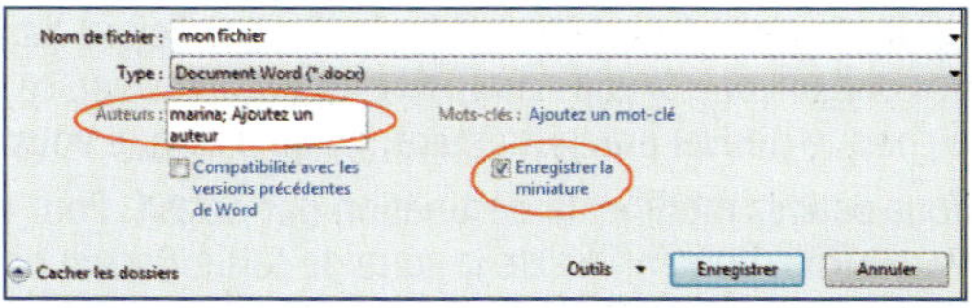

Une option supplémentaire permet d'enregistrer la miniature. Si cette option est cochée, vous pourrez, depuis les boîtes de dialogue **Ouvrir** et **Enregistrer sous**, afficher un aperçu du document.

Cliquez sur OK. Votre document est, par défaut, sauvegardé dans votre dossier *Mes documents*. Si vous en choisissez un autre, c'est ce dernier qui s'affichera à chaque nouvel enregistrement, à moins que vous ne modifiiez la destination, jusqu'à la fermeture de Word.

Si vous souhaitez modifier le document tout en gardant une première version, vous devez le sauvegarder en le renommant. Pour ce faire, cliquez sur l'onglet **Fichier**, puis sur la commande **Enregistrer sous**. Donnez un nouveau nom à votre document.

> **Incompatibilités avec les versions précédentes**
>
> *Le format d'enregistrement de Word 2010 est différent des formats des versions antérieures à la version 2007.*

Si vous devez échanger des documents avec des personnes utilisant des versions précédentes de Word, reportez-vous à la section *Partager*. Vous verrez également comment sauvegarder vos documents sous d'autres formats.

▸ Options d'enregistrement

Il existe des options d'enregistrement par défaut que vous pouvez modifier et personnaliser selon vos besoins.

1. Passez en mode Backstage et cliquez sur **Options**.
2. Cliquez sur la commande **Enregistrement** dans la colonne située à gauche.

Vous avez également accès aux options depuis la boîte de dialogue **Enregistrer sous** : pour cela, cliquez sur la liste déroulante *Outils*, puis sur la commande **Options**.

Format par défaut

Le format par défaut est le format Word 2007/2010, avec l'extension *.docx*. Il en existe bien d'autres que vous pouvez choisir dans la liste déroulante *Enregistrer les fichiers au format suivant*.

Vous trouverez plus d'explications sur les différents formats à la section *Partager*.

Dossier par défaut

Le dossier *Mes documents* est le dossier par défaut dans lequel vous enregistrerez vos documents. Si vous choisissez un autre dossier, ce dernier s'affichera par défaut à chaque nouvel enregistrement, jusqu'à ce que vous fermiez Word.

Vous pouvez modifier la destination par défaut. Pour cela, cliquez sur le bouton **Parcourir**, situé en face de la zone de saisie *Dossier par défaut*, sélectionnez le dossier de votre choix et cliquez sur OK.

Sauvegarde automatique

Vérifiez donc que les options *Enregistrer les informations de récupération automatique* et *Conserver le dernier fichier récupéré automatiquement si je ferme sans enregistrer* ont bien été cochées. Elles le sont par défaut, et il est prudent de ne pas les désactiver. Grâce à ces options, vous pourrez récupérer votre travail en cas de problème informatique ou de panne de courant.

- La première option permet d'enregistrer automatiquement votre travail, à intervalles réguliers. Cet intervalle, qui est de 10 minutes par défaut, peut être modifié. Cela signifie qu'en cas de problème vous pourrez récupérer la dernière version sauvegardée automatiquement. Mais si l'intervalle choisi est par exemple de 15 minutes et qu'un crash survient au bout de 14 minutes, vous ne récupérerez rien si vous n'aviez pas sauvegardé vous-même !
- Le document sera temporairement enregistré dans le dossier par défaut indiqué dans la zone de saisie *Emplacement du fichier de récupération automatique*.
- La seconde option autorise Word à enregistrer un document même si vous avez décidé de le fermer sans le sauvegarder. Ce sont des choses qui arrivent : vous êtes pressé, vous quittez Word qui vous demande si vous voulez sauvegarder, et vous cliquez vite, trop vite, sur **Ne pas enregistrer**... Dorénavant, même si vous refusez d'enregistrer, le document sera quand même « temporairement disponible ».

Comment récupérer un document après un crash système ou une défaillance de Word ?

Lorsque vous ouvrirez Word à nouveau, un volet s'affichera à gauche de l'écran, avec la liste des documents que Word a pu récupérer.

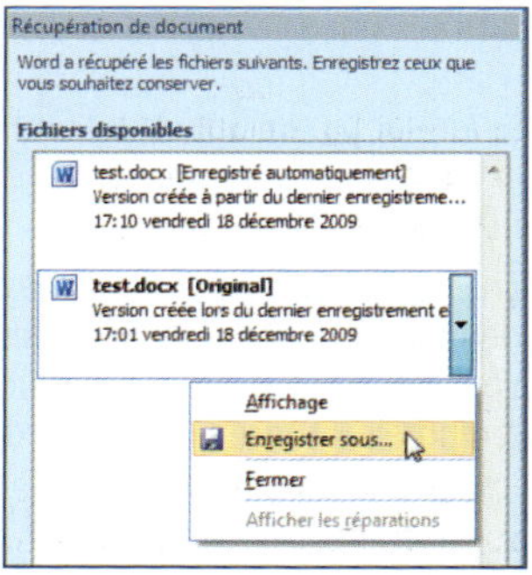

Si Word a récupéré le document, deux versions seront affichées dans le volet : l'original enregistré par vous et la version enregistrée automatiquement par Word. Pour chacun des documents, le volet donne l'heure d'enregistrement.

Cliquez sur les liens du volet de récupération pour ouvrir les fichiers. Vous pouvez également utiliser les listes déroulantes qui proposent d'afficher, d'enregistrer sous ou de supprimer. Le fichier a pu être corrompu lors du crash, et il est possible que Word l'ait réparé. Dans ce cas, la mention « Réparé » est affichée en rouge, et la liste déroulante vous permet de visualiser les réparations.

Comment récupérer un fichier non enregistré mais « temporairement disponible » ?

Word propose une fonctionnalité pour vous éviter de vous perdre dans les méandres de votre disque dur : affichez le mode Backstage, puis cliquez sur le bouton **Récent**. Tout en bas de la fenêtre, cliquez sur la commande **Récupérer des documents non enregistrés**.

Cela permet d'ouvrir le dossier qui contient le ou les fichiers récupérés. Vous remarquerez au passage que ces fichiers ont une extension *.asd* (*Auto Saved Document*).

Documents non enregistrés

L'enregistrement d'un document non sauvegardé volontairement est soumis à la même fréquence que la sauvegarde automatique. Ne soyez donc pas étonné si vous ne récupérez pas un document dont la durée de vie aura été plus courte que la fréquence choisie !

Versions

Après un crash système ou un oubli de sauvegarde, mais aussi à n'importe quel moment, vous pouvez vérifier si Word a conservé d'autres versions de votre document, et si c'est le cas, vous pouvez les afficher. Tout d'abord, en mode Backstage, vous pouvez cliquer sur **Récent** : un document qui a été enregistré au moins une fois et qui a été plus tard fermé sans sauvegarde a des chances de se trouver dans la liste des documents récents.

Une fois le document ouvert, toujours en mode Backstage, cliquez sur **Informations**. À droite de la fenêtre, sous la rubrique *Versions*, sont listées les versions éventuelles.

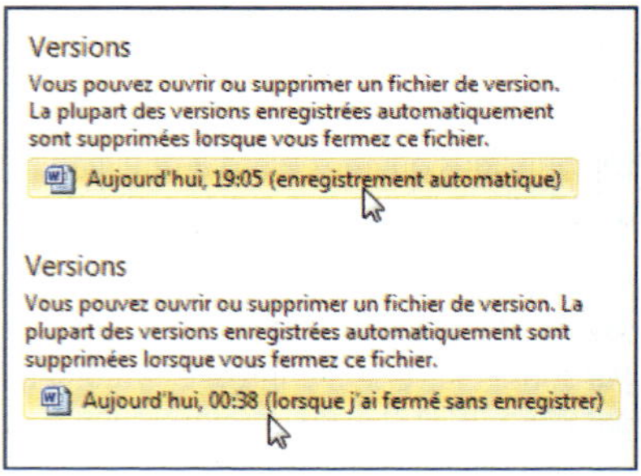

En cliquant sur le bouton de la liste déroulante du bouton **Gérer les versions**, vous pourrez afficher tous les fichiers temporaires conservés par Word ou bien les supprimer.

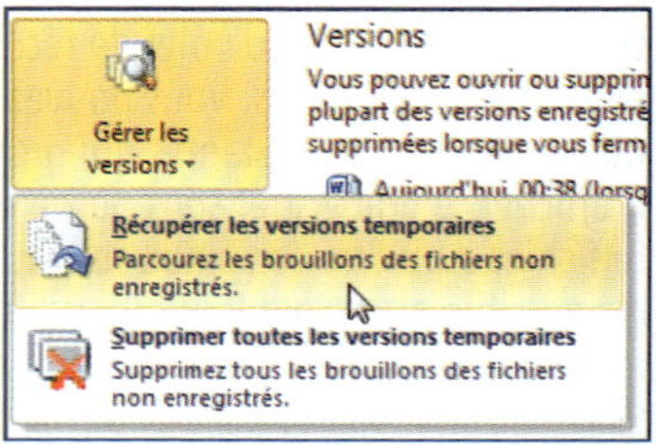

Si vous ouvrez une version d'un fichier qui n'est pas la dernière, une information claire est affichée en mode Backstage.

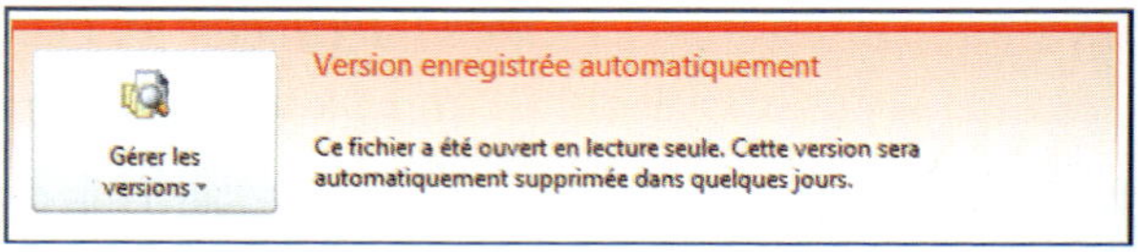

Par ailleurs, une bande jaune en haut de la fenêtre vous le signale.

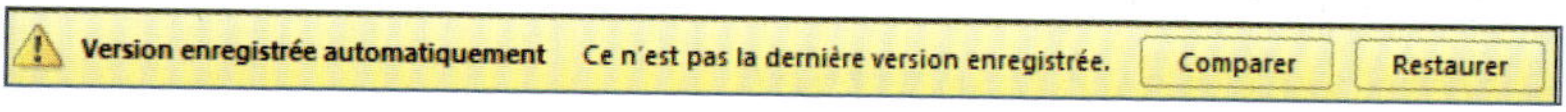

Si vous cliquez sur **Comparer**, Word comparera les deux fichiers dans une nouvelle fenêtre.

Si vous cliquez sur **Restaurer**, cette version enregistrée automatiquement remplacera la dernière version enregistrée. Un message vous avertira.

Mode Protégé et paramètres de blocage des fichiers

Le mode Protégé permet d'ouvrir un fichier sans en autoriser les modifications.

Word 2010 peut ouvrir un certain nombre de types de fichiers, des fichiers Word de toutes versions, des fichiers Open Office, *.rtf*, etc. Par mesure de sécurité, un blocage peut être appliqué à l'ouverture de certains types de fichiers. Ce blocage activera le mode Protégé.

Passez en mode Backstage et cliquez sur **Options**. Cliquez ensuite sur la commande **Centre de gestion de la confidentialité**, sur le bouton **Paramètres du Centre de gestion de la confidentialité** et enfin sur la commande **Paramètres de blocage des fichiers**.

Si la case d'option *Ouvrir* placée en regard du type de fichier est cochée, un message d'information s'affichera dans la zone barre de confidentialité située entre le Ruban et le document lui-même, à l'ouverture du fichier. Ce message sera différent en fonction de l'option cochée en bas de la fenêtre.

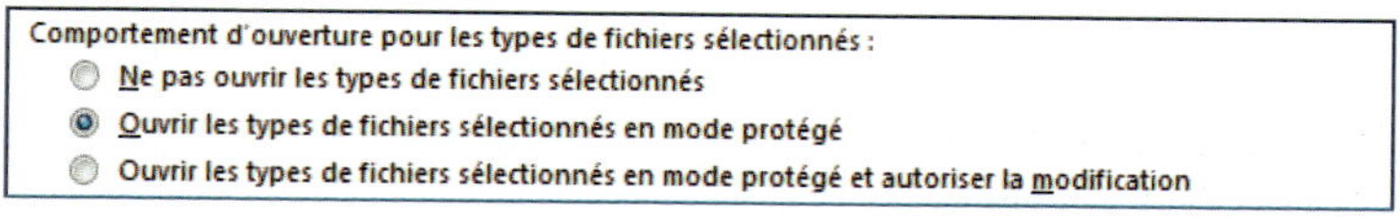

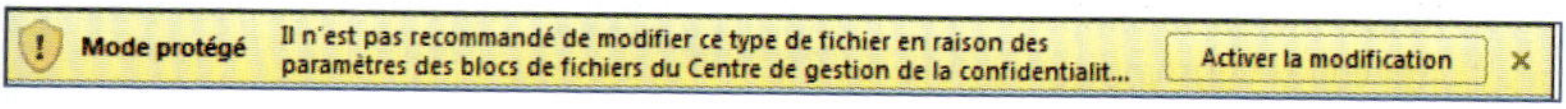

La case d'option *Enregistrer* bloque quant à elle l'enregistrement sous.

Document approuvé

Si vous activez les modifications, le document est automatiquement approuvé. La barre de confidentialité ne s'affichera plus.

PARTAGER

▸ Préparer pour le partage

Avant de partager votre document, quelques précautions sont nécessaires.

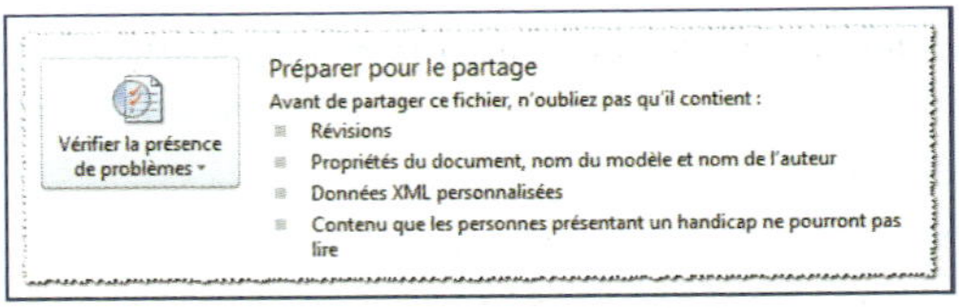

Passez en mode Backstage et cliquez sur **Informations**. La rubrique *Préparer pour le partage* liste les éléments que peut contenir le document actif et qui peuvent poser problème : révisions, nom de l'auteur, problème d'accessibilité, problèmes de compatibilité.

Utiliser l'Inspecteur de document

Parce qu'on n'est jamais assez prudent, l'Inspecteur de document va permettre de vérifier qu'un document ne contient plus aucune marque (de révision, commentaires, texte masqué...) et que vous pouvez le transmettre à votre client, à votre employeur, etc., la conscience tranquille !

1 Cliquez sur le bouton **Vérifier la présence de problèmes**, puis sur la commande **Inspecter le document**.

2 Dans la boîte de dialogue **Inspecteur de document**, cochez de préférence toutes les options, puis cliquez sur le bouton **Inspecter**.

3 Examinez les résultats de l'inspection. Pour chaque option, si l'Inspecteur de document a trouvé des marques, vous pouvez les supprimer en cliquant sur les boutons **Supprimer tout**.

– Avant de cliquer sur les boutons **Supprimer tout**, prenez le temps de voir si vous voulez vraiment supprimer ou si vous ne préféreriez pas d'abord enregistrer une version originale.

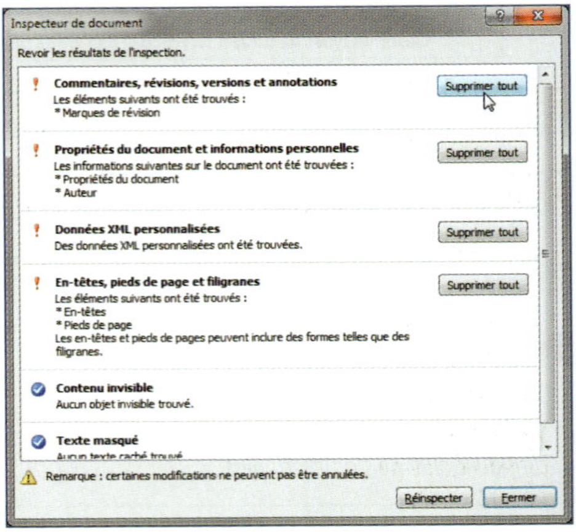

4 Une fois votre inspection terminée, cliquez sur le bouton **Réinspecter** pour une dernière vérification, ou bien sur le bouton **Fermer**.

Assurer la compatibilité avec les versions antérieures

Généralités sur les formats

Le format de fichier est basé sur le langage XML et la technologie ZIP. Il existe quatre extensions pour les noms de fichiers Word :

- *.docx* pour un document ;
- *.docm* pour un document contenant des macros ;
- *.dotx* pour un modèle ;
- *.dotm* pour un modèle contenant des macros.

Les avantages de ces formats sont nombreux. Un fichier de ce format aura une taille très inférieure comparativement à un même document enregistré avec une version antérieure, du fait qu'il sera automatiquement compressé à l'enregistrement grâce à la technologie de compression ZIP. Il sera automatiquement décompressé à l'ouverture. Par ailleurs, la récupération des fichiers endommagés est améliorée en raison de la structure modulaire qui permet de séparer les différents composants de données des fichiers. Un autre avantage est de pouvoir repérer tout de suite (grâce à l'extension) si le document contient des macros, afin de pister tout code malveillant.

Lire un document créé avec une version antérieure

Vous pouvez ouvrir sans problème un document créé avec des versions antérieures de Word. Le mode compatibilité est automatiquement activé, y compris pour des documents créés avec la version 2007, et la mention « Mode de compatibilité » est affichée dans la barre de titre de la fenêtre du document.

Deux solutions s'offrent à vous :

- Soit vous continuez à travailler avec le mode de compatibilité actif. Dans ce cas, les fonctionnalités spécifiques à Word 2010 ne seront pas disponibles. Par exemple, vous ne pourrez pas insérer un graphique SmartArt dans un document créé avec Word 2003 ou utiliser les blocs de construction.
- Soit vous convertissez votre document à la version 2010, de façon à accéder à toutes les

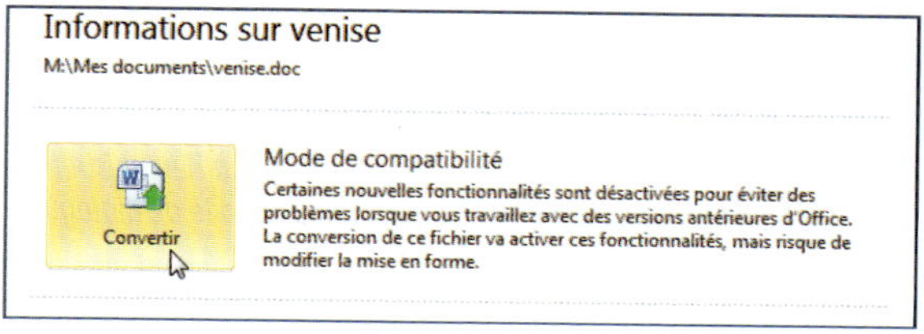

fonctionnalités spécifiques de cette version. Pour convertir votre document, passez en mode Backstage, cliquez sur **Informations**, puis sur le bouton **Convertir**. Une boîte de dialogue d'avertissement vous prévient que la mise en forme du document peut changer. Après un clic sur OK, votre document est converti et la mention « Mode de compatibilité » disparaît. Mais, attention, il faudra enregistrer le document pour qu'il prenne l'extension *.docx* ! Le document d'origine portant l'extension *.doc* sera écrasé, à moins que vous ne passiez par un enregistrement sous.

Enregistrer un document sous un format antérieur

Si vous travaillez avec des personnes utilisant des versions antérieures à la version 2010, vous devez enregistrer vos fichiers en mode compatible.

- Passez en mode Backstage et cliquez sur **Enregistrer et envoyer**, puis sur **Modifier le type de fichier**. Choisissez le format *Document 97-2003 (*.doc)* puis cliquez sur le bouton **Enregistrer**.
- Vous pouvez également vous rendre directement dans la boîte de dialogue **Enregistrer sous** et choisir *Document 97-2003 (*.doc)* dans la liste déroulante *Type*.

Si vous avez utilisé des fonctionnalités spécifiques à la version 2010, certains éléments seront définitivement modifiés après l'enregistrement et, pour la majorité, convertis en texte statique. Attention, même si vous convertissez à nouveau votre document en format 2010, ces éléments resteront figés !

Utiliser le vérificateur de compatibilité

Le vérificateur de compatibilité permet de contrôler les éléments qui seront modifiés à l'enregistrement d'un fichier sous un format antérieur :

1. Passez en mode Backstage, puis cliquez sur **Informations**.
2. Cliquez sur le bouton **Vérifier la présence de problèmes**, puis sur la commande **Vérifier la compatibilité**.
3. La boîte de dialogue **Vérificateur de compatibilité** s'ouvre et vous renseigne sur tous les éléments incompatibles. Notez que vous pouvez choisir les versions à afficher. Il y aura bien entendu beaucoup moins d'incompatibilités avec un document créé avec la version 2007 qu'avec une version antérieure.

Vérificateur de compatibilité

Le vérificateur de compatibilité s'affiche par défaut à l'enregistrement sous un format antérieur. Cette option peut se désactiver dans la boîte de dialogue, mais ce n'est bien entendu pas conseillé.

Enregistrer un document sous d'autres formats lisibles sans Word

Avec Word 2010, vous pourrez aussi enregistrer vos documents sous d'autres formats lisibles sans Word.

Dans la boîte de dialogue **Enregistrer sous**, choisissez le format qui vous convient dans la liste *Type*. Ou plus simplement, accédez à la liste des différents formats, en mode Backstage.

Formats de type texte

Cliquez sur **Enregistrer et envoyer**, puis sur **Modifier le type de fichier**. Choisissez le type de fichier, puis cliquez sur le bouton **Enregistrer sous** afin d'ouvrir la boîte de dialogue du même nom avec le format présélectionné.

Notez en particulier la possibilité d'enregistrer votre fichier au format Open Office (Texte OpenDocument).

Formats de type électronique

Cliquez sur **Enregistrer et envoyer**, puis sur **Créer un document PDF/XPS**. Cliquez ensuite sur le bouton **Créer PDF/XPS** qui ouvrira la boîte de dialogue **Publier comme PDF ou XPS** proposant uniquement ces deux formats dans la liste déroulante *Type* :

- *PDF* (*Portable Document Format*) est un format d'impression qui préserve la mise en forme et qui se lit en particulier avec Acrobat Reader (à télécharger sur le site d'Adobe).
- *XPS* (*XML Paper Specification*) est un format électronique qui préserve la mise en forme du document et qui se lit en particulier avec une visionneuse (à télécharger sur le site de Microsoft).

Après avoir sélectionné le format, cliquez sur le bouton **Publier**.

Le format *.pdf* est universel et c'est la solution la plus sécurisante pour transmettre des fichiers qui ne doivent pas être modifiés.

▸ Envoyer un document par messagerie

Toujours en mode Backstage, cliquez sur **Enregistrer et envoyer**, puis sur **Envoyer à l'aide de la messagerie**. Choisissez soit l'option *Envoyer en tant que pièce jointe* pour transmettre le fichier tel qu'il est, soit *Envoyer en tant que PDF* pour transmettre d'une manière transparente et automatique le fichier au format *.pdf*.

PERSONNALISATION

Comment personnaliser votre environnement, comment créer de nouveaux thèmes et des blocs de construction personnels ? C'est ce que nous allons étudier dans ce chapitre.

PERSONNALISER SON ENVIRONNEMENT

La personnalisation de l'environnement s'effectue dans les options de Word. Dans cette section, vous allez passer en mode Backstage puis, en bas de la colonne située à gauche, cliquer sur **Options** pour ouvrir la fenêtre **Options**.

Notez que pour accéder rapidement aux options de personnalisation vous pourrez également, en cours de travail, cliquer avec le bouton droit sur le Ruban ou la barre d'outils *Accès rapide*, et choisir les commandes correspondantes de personnalisation.

▸ Modifier les principales options

1. Dans la partie gauche de la fenêtre, cliquez sur la commande **Général**.
2. Dans la colonne située à droite, vous avez accès à trois rubriques :
   - *Options d'interface utilisateur*. Vous pouvez désactiver l'affichage de la mini-barre d'outils contextuels et des info-bulles. Si vous n'aimez pas le bleu, sélectionnez l'option *Noir* ou *Gris clair* dans la liste déroulante *Jeu de couleurs* de cette rubrique.
   - *Personnaliser votre copie de Microsoft Office*. Si ce n'est pas déjà fait, entrez votre nom d'utilisateur. Ce sera le nom d'auteur de tous les documents que vous allez créer. Le nom de l'utilisateur se retrouve dans les propriétés des documents, et ses initiales seront affichées dans les révisions et les commentaires (voir la fiche pratique *Travailler avec autrui : suivre les modifications*).

> **Auteur**
>
> *L'auteur d'un document particulier peut être changé ponctuellement via les propriétés : en mode Backstage, cliquez sur* ***Informations****. Dans la colonne* Propriétés*, cliquez du bouton droit sur le champ* Auteur*, choisissez* ***Modifier une propriété*** *et tapez le nom de l'auteur. Vous pouvez également ajouter d'autres auteurs.*

   - *Options de démarrage*. Si vous cochez l'option *Ouvrir les pièces jointes en mode Plein écran*, les fichiers Word que vous recevez en pièce jointe et que vous ouvrez depuis votre messagerie s'afficheront en mode Lecture Plein écran.

Personnaliser le Ruban

Le Ruban est conçu pour que vous ayez à portée de clic les commandes les plus courantes. Néanmoins, il se peut que vous ayez besoin d'accéder plus rapidement à des commandes moins communes ou que vous souhaitiez rassembler dans un nouvel onglet certaines commandes que vous utilisez fréquemment. Cliquez pour cela sur la commande **Personnaliser le ruban** dans la colonne située à gauche.

Examinons à présent la boîte de dialogue de personnalisation.

En haut à gauche, une liste déroulante permet d'afficher plusieurs types de commandes (commandes courantes, commandes non présentes sur le Ruban, macros, onglet **Fichier**, etc.). Le choix dans cette liste déroulante va déterminer le contenu de la colonne située en dessous. Pour visualiser toutes les commandes sans exception, choisissez l'option *Toutes les commandes.*

En haut à droite, une liste déroulante permet d'afficher soit les onglets principaux, soit les onglets d'outils. Le choix dans cette liste déroulante va déterminer le contenu de la colonne située en dessous.

Dans cette colonne de droite, tous les onglets sont précédés par le signe +, qui permet de les développer et de lister ainsi les groupes leur appartenant. Ces derniers sont également précédés par le signe + et peuvent pareillement être développés pour en afficher les commandes.

Pour choisir les onglets et les groupes à afficher :

1. Dans la colonne de droite, chaque nom d'onglet est précédé par une case d'option. Décochez cette case pour que l'onglet correspondant soit masqué.

   – Notez que par défaut l'onglet **Développeur** est masqué. Cet onglet est destiné aux créateurs de macros, mais il permet également d'utiliser les outils de création de formulaire.

Pour créer un nouvel onglet :

1. Sélectionnez l'onglet qui précédera le nouvel onglet.
2. Cliquez sur le bouton **Nouvel onglet** : un nouvel onglet est créé qui contient par défaut un groupe.

Pour créer un nouveau groupe :

1. Sélectionnez l'onglet dans lequel vous souhaitez ajouter un groupe.
2. Cliquez sur le bouton **Nouveau groupe** : un nouveau groupe personnalisé est ajouté à l'onglet.

Pour ajouter ou supprimer des commandes :

1. Dans la colonne de droite, sélectionnez le groupe devant être modifié.

2. Pour ajouter une commande, sélectionnez la commande de votre choix dans la colonne de gauche et cliquez sur le bouton **Ajouter**.

3. Pour supprimer une commande, sélectionnez la commande de votre choix dans le groupe de la colonne de droite et cliquez sur le bouton **Supprimer**.

> **Ajout de groupes et de commandes**
>
> *Vous pouvez ajouter de nouveaux groupes aux onglets existants. En revanche, vous ne pourrez pas ajouter de commandes aux groupes existant par défaut. Seuls les groupes personnalisés pourront recevoir ces commandes.*

Pour supprimer des groupes et des onglets avec tous leurs groupes :

1. Sélectionnez l'élément.
2. Cliquez sur le bouton **Supprimer** situé entre les deux colonnes.

> **Suppression de groupes et d'onglets**
>
> *Tous les groupes peuvent être supprimés. En revanche, seuls les onglets personnalisés peuvent l'être.*

Pour renommer les groupes et les onglets :

1. Pour renommer un onglet, sélectionnez-le, puis cliquez sur le bouton **Renommer** et saisissez le nom qui vous convient.

2. Pour renommer un groupe, sélectionnez-le, puis cliquez sur le bouton **Renommer**. Vous devrez non seulement saisir un nom mais également choisir une icône. Cette icône vous permettra de reconnaître le groupe en cas d'écran étroit et/ou comprenant de nombreux groupes.

> **Renommer un onglet ou un groupe**
>
> *Tous les onglets et tous les groupes peuvent être renommés à votre guise. Il n'est cependant pas conseillé de renommer les onglets et groupes par défaut, car il deviendrait ensuite bien difficile de vous faire aider. À réserver donc aux utilisateurs chevronnés !*

Pour déplacer des onglets et des groupes :

1. Sélectionnez l'élément.

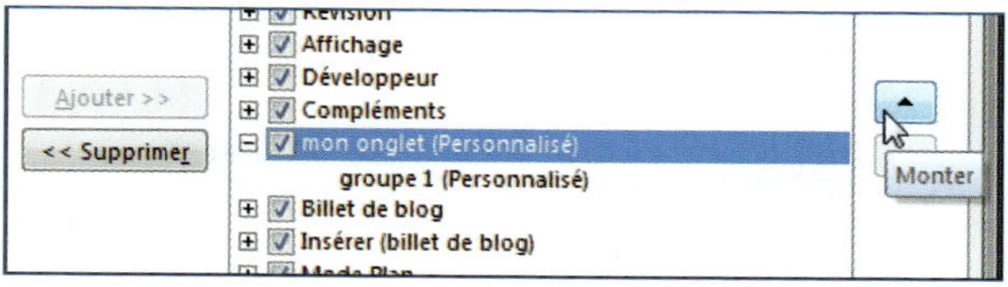

2. Cliquez sur l'une des flèches **Monter** ou **Descendre** situées à droite de la colonne. Vous pouvez également utiliser le menu contextuel.

Créer des raccourcis clavier

Les raccourcis clavier font gagner beaucoup de temps. Sachez que vous pouvez affecter un raccourci clavier à n'importe quelle commande.

Restez dans les options de personnalisation du Ruban puis :

1. En bas de la fenêtre, cliquez sur le bouton **Personnaliser** de la rubrique *Raccourcis clavier.*
2. Dans la fenêtre **Personnaliser le clavier**, choisissez une catégorie dans la première colonne, puis une commande dans la seconde.
3. Dans la zone *Nouvelle touche de raccourci*, tapez le raccourci que vous souhaitez (vous pouvez combiner les touches Ctrl et/ou Alt avec une touche du clavier).
4. Si la combinaison de touches est déjà affectée, Word vous prévient.
5. Cliquez sur **Attribuer** puis sur **Fermer**.

Personnaliser la barre d'outils Accès rapide

Voyons à présent plus en détail comment personnaliser cette barre d'outils.

1. Dans la colonne située à gauche de la fenêtre **Options**, cliquez sur la commande **Barre d'outils Accès rapide**.
2. Vous retrouvez ici la même interface que pour la personnalisation du Ruban. Aussi vous utiliserez les mêmes méthodes pour choisir les commandes à afficher dans la colonne de gauche.
   - La colonne de droite, quant à elle, contient les commandes existantes sur la barre d'outils *Accès rapide*.

Pour ajouter une commande sur la barre d'outils *Accès rapide* :

1. Sélectionnez la commande dans la liste de gauche, puis cliquez sur le bouton **Ajouter**, situé entre les deux listes.

2 Pour supprimer une commande de la barre d'outils *Accès rapide*, sélectionnez la commande dans la liste de droite, puis cliquez sur le bouton **Supprimer**.

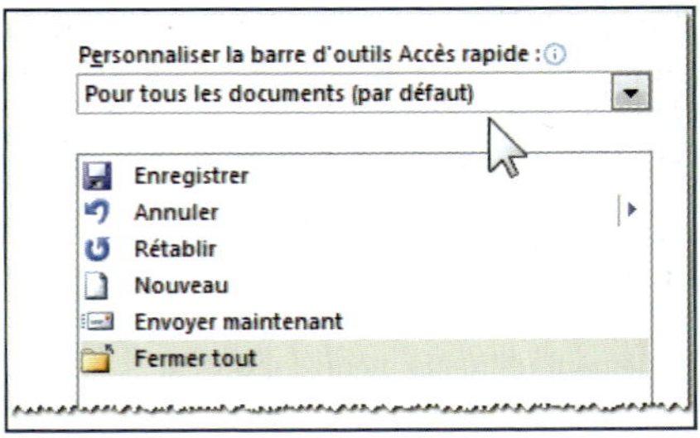

Vous noterez que la liste déroulante située au-dessus de la liste de droite permet de choisir si l'on souhaite personnaliser la barre d'outils pour le document en cours ou bien par défaut (pour tous les documents). Il peut être en effet intéressant de pouvoir accéder rapidement à certaines commandes utilisées couramment dans un document particulier et moins utiles le reste du temps.

▸ Exporter/importer des personnalisations

Vous pouvez très simplement exporter et importer des personnalisations. Très pratiques pour transférer ses personnalisations d'un poste à l'autre, ou bien pour les partager avec un autre utilisateur, ou simplement pour les conserver par prudence, l'export et import des personnalisations sont des fonctions très simples :

1 Tout en bas à droite des fenêtres de personnalisation du Ruban ou de la barre d'outils *Accès rapide*, la liste déroulante *Importer/Exporter* vous propose d'exporter vos personnalisations ou d'importer un fichier de personnalisation.

2 Pour exporter toutes les personnalisations, sélectionnez la commande du même nom : choisissez un emplacement, saisissez un nom, puis cliquez sur le bouton **Enregistrer**. Le fichier aura une extension *exportedUI*.

3 Pour importer un fichier de personnalisation existant, cliquez sur la commande du même nom : une boîte de dialogue **Ouvrir** s'affiche. Choisissez un fichier *exportedUI* précédemment enregistré et cliquez sur le bouton **Ouvrir**.

Personnalisations

L'export des personnalisations regroupe aussi bien les personnalisations du Ruban que les personnalisations de la barre d'outils Accès rapide.

Pas de fusion de personnalisation

L'import d'un fichier de personnalisation écrase toutes les personnalisations en cours. Il n'est pas prévu de fusionner plusieurs personnalisations.

▸ Réinitialiser la configuration

Dans la fenêtre de personnalisation du Ruban ou de la barre d'outils *Accès rapide*, un bouton permet de revenir à la configuration d'origine. Pour cela, choisissez la commande **Réinitialiser toutes les personnalisations**, qui annulera aussi bien les personnalisations du Ruban que celles de la barre d'outils *Accès rapide*.

En fonction de la boîte de dialogue, le bouton propose également de réinitialiser uniquement l'onglet sélectionné ou uniquement la barre d'outils *Accès rapide*.

PERSONNALISER L'AFFICHAGE DES DOCUMENTS ET EMPLACEMENTS RÉCENTS

Lorsque vous cliquez sur **Récent**, en mode Backstage, une fenêtre partagée en deux s'affiche, avec à gauche les 20 documents les plus récents et à droite les 20 emplacements les plus récents. Vous pouvez décider de ce que vous souhaitez voir affiché. En regard de chaque document se trouve une icône en forme d'épingle. Si vous cliquez sur cette épingle, elle devient bleue et paraît enfoncée, ce qui indique que le document sera dans la liste des documents affichés, et cela même si d'autres sont plus récents que lui. C'est le même principe pour les emplacements.

Par ailleurs, tout en bas de la fenêtre, vous pouvez cocher l'option *Accéder rapidement à ce nombre de documents récents*, et indiquer un nombre. Ces documents récents s'afficheront directement dans la colonne de gauche du mode Backstage.

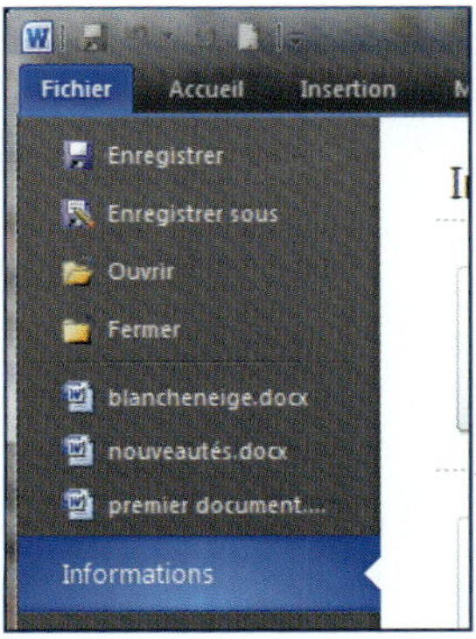

Par défaut, le nombre de documents affichés est de 20 ; vous pouvez aller jusqu'à 50 :

1. Toujours en mode Backstage, cliquez sur **Options**.
2. Cliquez à gauche sur la commande **Options avancées**.
3. Utilisez l'ascenseur pour descendre, de façon à atteindre la rubrique *Afficher*.
4. Vous pouvez maintenant modifier le nombre des derniers documents affichés.

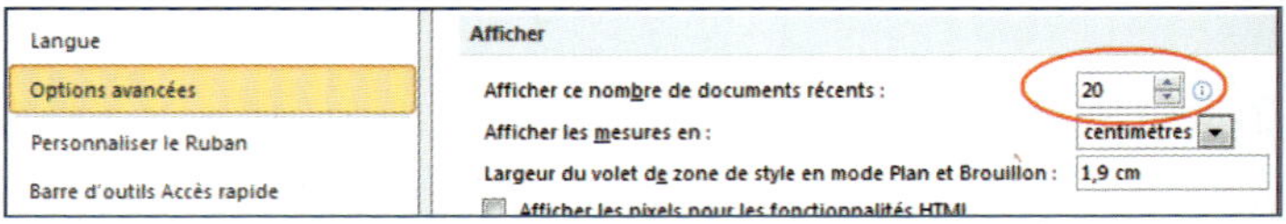

PERSONNALISER LES THÈMES, POLICES ET COULEURS

Nous avons vu qu'il était facile de modifier l'aspect d'un document en utilisant des jeux de styles ou de polices prédéfinis et en employant des thèmes. Nous allons maintenant créer nos propres jeux.

▸ Créer un jeu de couleurs

1. Sous l'onglet **Accueil**, dans le groupe *Styles*, cliquez sur le bouton **Modifier les styles**, pointez sur la commande **Couleurs**, puis cliquez sur **Nouvelles couleurs de thème**.
2. Choisissez vos propres couleurs.
3. Donnez un nom à votre jeu de couleurs et sauvegardez-le en cliquant sur le bouton **Enregistrer**.

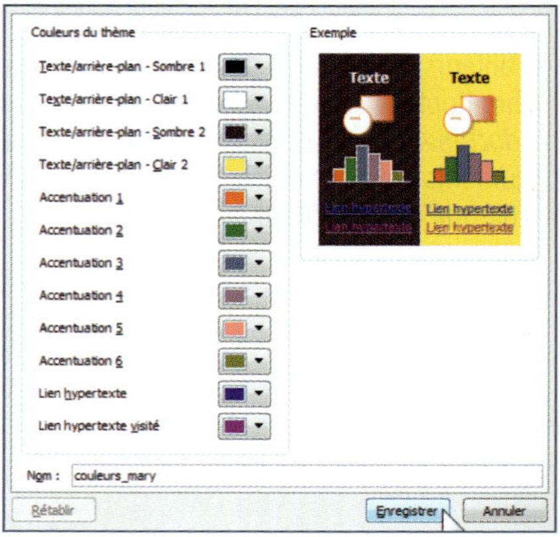

Votre jeu de couleurs est maintenant disponible dans la liste des jeux de couleurs.

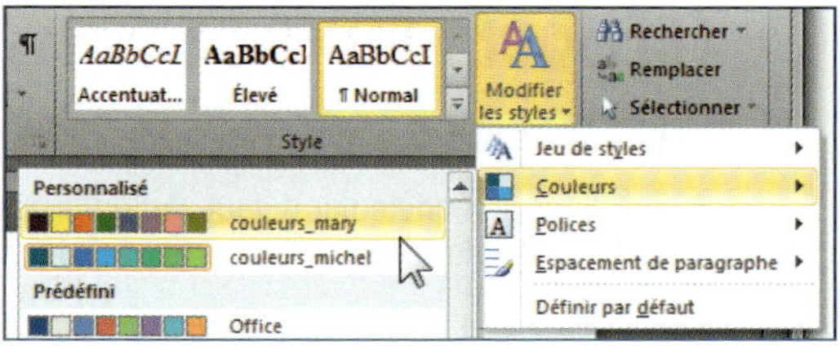

▸ Créer un jeu de polices

1 Sous l'onglet **Accueil**, dans le groupe *Styles*, cliquez sur le bouton **Modifier les styles**, pointez sur la commande **Polices**, puis cliquez sur **Nouvelles polices de thème**.

2 Choisissez votre propre jeu de polices : une police pour les titres, une autre pour le corps du texte.

3 Donnez-lui un nom et sauvegardez-le en cliquant sur le bouton **Enregistrer**.

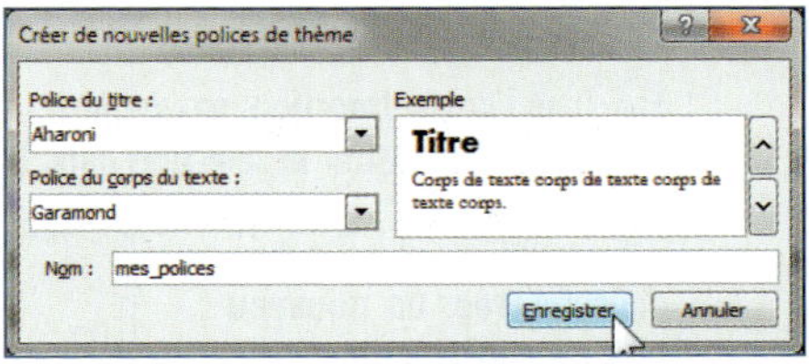

Votre jeu de polices est à présent disponible dans la liste déroulante des jeux de polices.

▸ Créer un thème

De plus, vous pouvez créer un thème à partir de vos propres jeux de couleurs et de polices, ou à partir des jeux prédéfinis.

1 Sélectionnez vos deux jeux personnalisés, puis sous l'onglet **Mise en page**, groupe *Thèmes*, cliquez sur le bouton **Thèmes** puis sur la commande **Enregistrer le thème actif**.

2 Donnez un nom à votre thème et cliquez sur le bouton **Enregistrer**. Votre thème est maintenant disponible dans la galerie des thèmes.

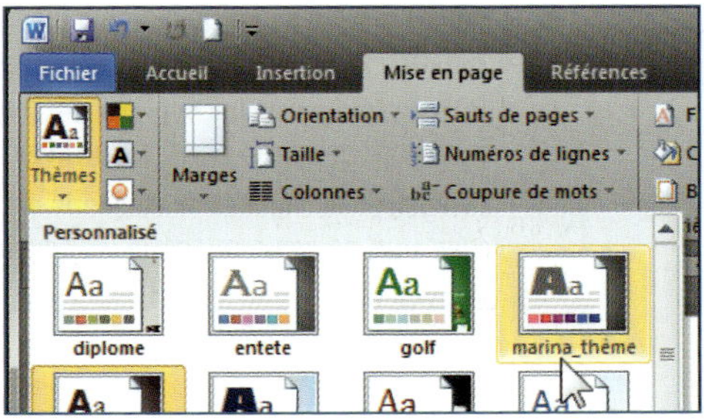

CRÉER DES BLOCS DE CONSTRUCTION

Les blocs de construction sont des éléments réutilisables. Ils peuvent être stockés :

- Soit dans le modèle par défaut *Building blocks.dotx*, et dans ce cas ils sont accessibles depuis n'importe quel document.
- Soit dans un modèle particulier, et ils sont alors accessibles uniquement dans un document fondé sur ce modèle.

Les blocs de construction sont accessibles depuis les galeries.

▸ Créer un composant QuickPart

Vous allez créer une insertion automatique de votre adresse. Ainsi, vous n'aurez plus besoin de la saisir manuellement.

1. Dans un nouveau document, tapez votre adresse avec la mise en forme souhaitée et sélectionnez-la.

2. Dans l'onglet **Insertion**, groupe *Texte*, cliquez sur le bouton **QuickPart** puis sur la commande **Enregistrer la sélection dans la galerie des composants QuickPart**.

3. Complétez la boîte de dialogue **Créer un nouveau bloc de construction** :

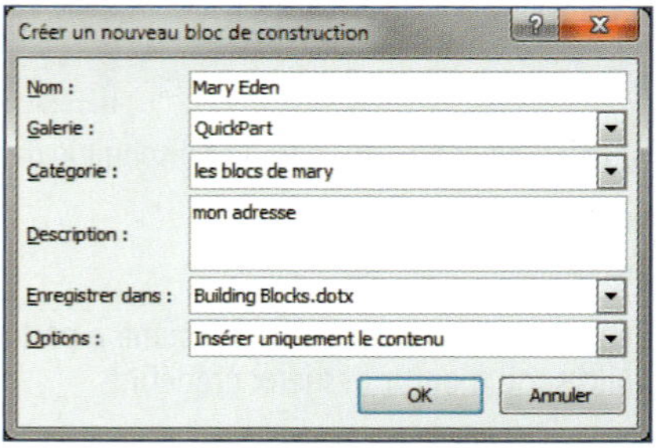

- *Nom* : par défaut, ce sont les deux premiers mots de la sélection qui sont pris en compte ; vous pouvez modifier ce nom s'il ne vous convient pas.
- *Galerie* : il s'agit de la galerie où le bloc de construction sera disponible. Ici nous garderons le choix par défaut, *QuickPart*, qui est la galerie accessible depuis le bouton **QuickPart**. Cette galerie est vide par défaut.
- *Catégorie* : le choix de la catégorie est personnel. Vous pouvez même créer une nouvelle catégorie, par exemple ici « les blocs de Mary ».
- *Description* : la description s'affichera dans une info-bulle et permettra de se rappeler de quoi il s'agit.

- *Enregistrer dans* :
  - Soit le *Building blocks.docx*, ou le *Normal.dotx*, et vous y aurez accès depuis n'importe quel document.
  - Soit un modèle spécifique si toutefois le document en cours est un modèle.
  - Nous nous contenterons de l'enregistrer dans le *Building blocks.dotx*, qui est le choix par défaut.

Building blocks.dotx ou Normal.dotx ?

Le modèle Building blocks.dotx *contient uniquement les blocs de construction, alors que le* Normal.dotx *contient en outre toute votre personnalisation. Le choix de l'une ou l'autre solution est intéressant uniquement dans le cas où vous souhaiteriez partager vos modèles avec d'autres utilisateurs.*

- *Options* : vous pouvez choisir entre trois options :
  - *Insérer du contenu dans sa propre page* : l'élément sera placé sur une nouvelle page.
  - *Insérer le contenu dans son paragraphe* : l'élément sera placé dans un nouveau paragraphe.
  - *Insérer uniquement le contenu* : pour tous les autres cas.

4 Cliquez sur OK : votre bloc de construction est enregistré.

Pour utiliser ce nouveau composant QuickPart n'importe où dans votre document, cliquez sur le bouton **QuickPart** puis sur le bloc de construction que vous venez de créer.

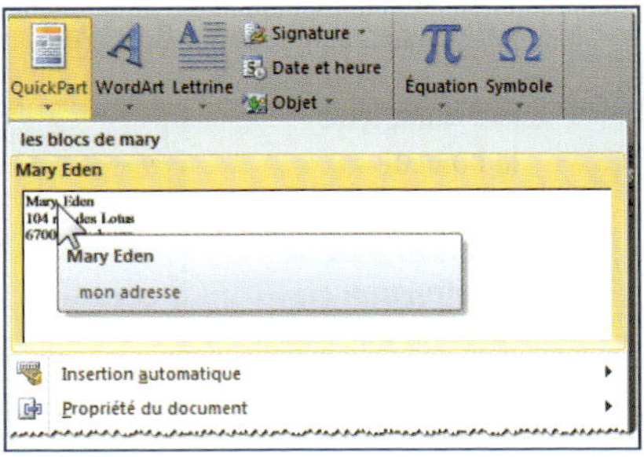

Si vous cliquez avec le bouton droit sur le bloc de construction, plusieurs options de placement deviennent disponibles.

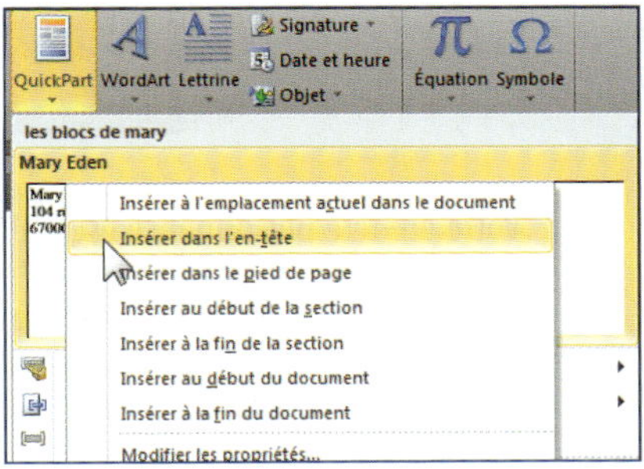

▸ Créer un en-tête personnalisé

Vous allez créer un en-tête personnalisé qui sera accessible depuis n'importe quel document, via la galerie des en-têtes.

1 Dans un nouveau document, créez un tableau de deux colonnes et alignez les bords de ce tableau sur les bords du document.

2 Formatez le tableau de manière à avoir un fond coloré bleu dégradé, aucune bordure et un centrage vertical.

3 Dans la première colonne, insérez le nom d'une société (Lemon S.A. dans notre exemple) et dans la seconde, insérez une image clipart.

4 Sélectionnez le tableau, puis dans l'onglet **Insertion**, groupe *Texte*, cliquez sur le bouton **QuickPart** puis sur la commande **Enregistrer la sélection dans la galerie des composants QuickPart**.

5 Complétez la boîte de dialogue **Créer un nouveau bloc de construction** en choisissant la galerie des en-têtes.

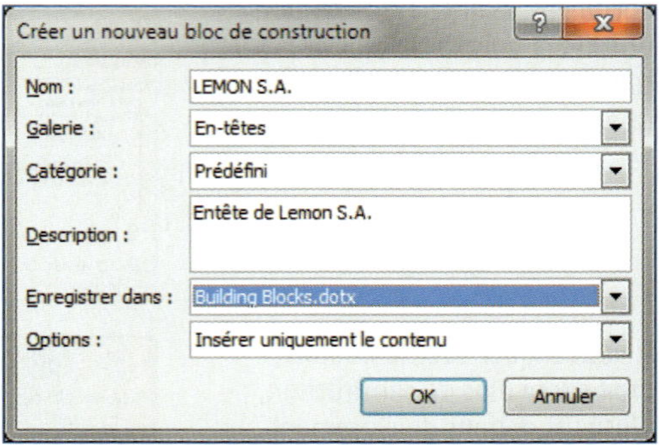

Votre en-tête personnalisé est maintenant terminé et utilisable depuis n'importe quel document. Pour l'employer, ouvrez un nouveau document, puis dans l'onglet **Insertion**, groupe *En-tête et pied de page*, cliquez sur le bouton **En-tête** et choisissez l'en-tête que vous venez de créer. Votre tableau va s'insérer automatiquement en en-tête de votre document.

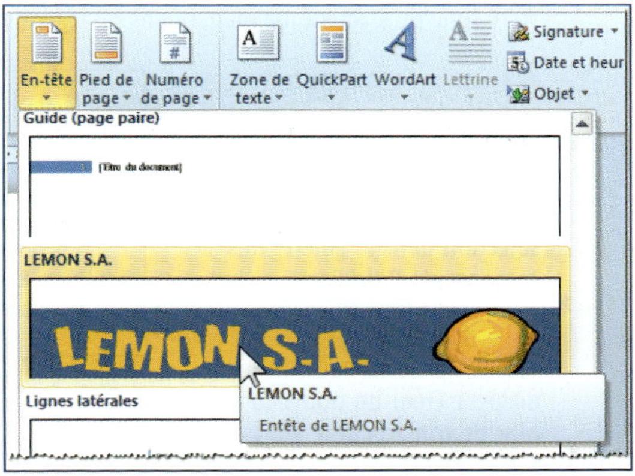

▸ Créer une zone de texte personnalisée

Comme pour l'en-tête, vous allez à présent créer une zone de texte personnalisée qui sera accessible depuis la galerie des zones de texte.

1 Dans un nouveau document, insérez une forme automatique *Flèche droite* via le bouton **Formes**, sous l'onglet **Insertion**, groupe *Illustrations*.

2 Via l'onglet **Outils de dessin/Format**, affectez à cette flèche le style de forme *Effet discret* et ajoutez-lui une ombre perspective.

3 Donnez-lui les mesures suivantes : 3,9 cm pour la hauteur et 8 cm pour la largeur.

4 Dans le groupe *Organiser*, cliquez sur le bouton **Position** et sélectionnez *En bas à droite avec habillage du texte carré*.

5 Transformez cette forme automatique en zone de texte en cliquant simplement à l'intérieur avec le bouton droit de la souris et en choisissant l'option *Ajouter du texte*.

6 Assurez-vous que le point d'insertion est placé dans la flèche, puis sous l'onglet **Développeur**, groupe *Contrôles*, insérez un contrôle de contenu de texte enrichi.

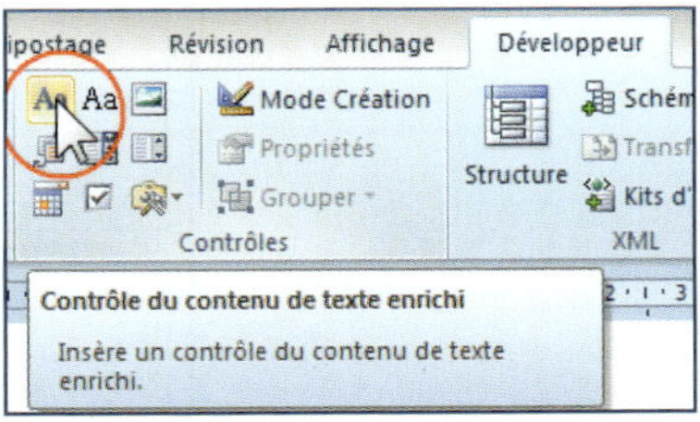

7 Passez en mode Création en cliquant sur le bouton du même nom, et saisissez le texte suivant dans la flèche : `Utilisez cette flèche pour indiquer où se trouve la suite`. Désactivez ensuite le mode Création en cliquant à nouveau sur le bouton.

Votre zone de texte est maintenant prête à rejoindre les blocs de construction :

1 Gardez la zone de texte sélectionnée, puis sous l'onglet **Insertion**, groupe *Texte*, cliquez sur le bouton **Zone de texte** puis sur la commande **Enregistrer la sélection dans la galerie des composants QuickPart**.

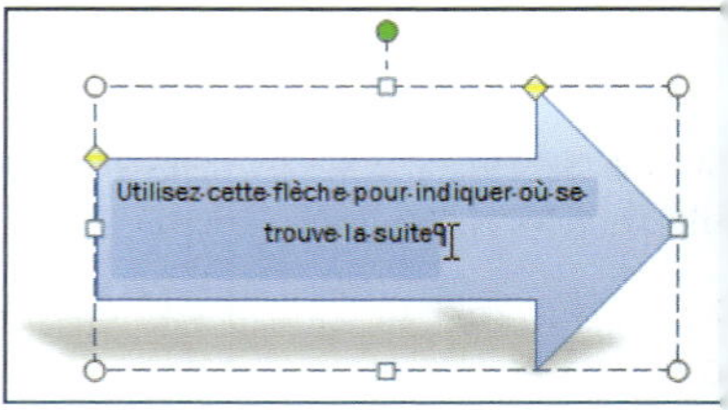

2 Complétez la boîte de dialogue **Créer un nouveau bloc de construction**. Vous constatez que la galerie des zones de texte est automatiquement sélectionnée du fait que vous êtes passé directement par le bouton **Zone de texte**.

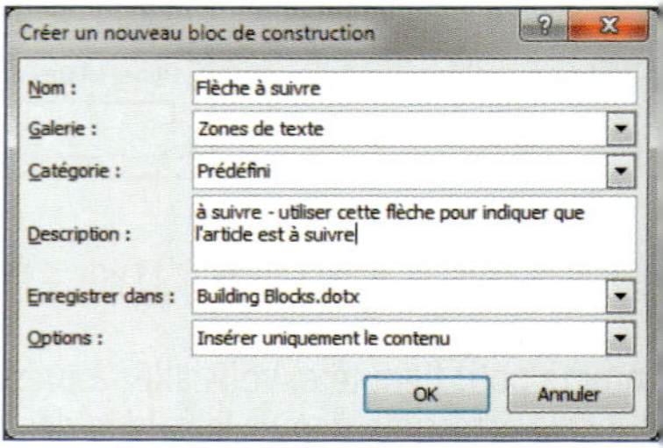

Cette flèche-zone de texte est maintenant accessible depuis n'importe quel document.

Testez : il reste à saisir le texte à l'intérieur.

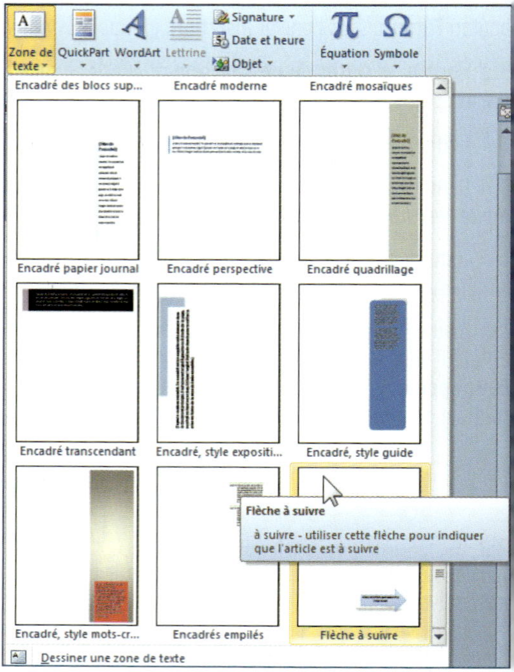

▸ Créer un contrôle de contenu de bloc de construction

Si vous créez vos propres modèles à diffuser, vous souhaiterez peut-être que les utilisateurs puissent avoir accès à une galerie personnalisée à l'intérieur du document.

Nous allons créer un modèle dans lequel il y aura un choix de tableaux à compléter :

1 Créez un nouveau modèle et enregistrez-le sous le nom de *Modèle galerie personnalisée.*

2 Affichez l'onglet **Développeur** s'il ne l'est pas.

3 Commencez par créer des tableaux différents, par exemple des tableaux reprenant les résultats de commerciaux pour chacun des quatre trimestres d'une année. Ces tableaux seront formatés avec des couleurs différentes et contiendront une colonne avec le nom des commerciaux. Vous leur ajouterez un titre : *Premier Trimestre*, *Deuxième Trimestre*, etc.

PREMIER·TRIMESTRE¶

Nom·du·vendeur¤	Janvier¤	Février¤	mars¤
Pierre·DUVAL¤	¤	¤	¤
Sandrine·LELONG¤	¤	¤	¤
Sylvie·NORMAND¤	¤	¤	¤

¶

4 Transformez chacun des tableaux en blocs de construction pour la galerie des tableaux personnalisés, en créant une catégorie *Comptes rendus commerciaux* et en les enregistrant dans le modèle en cours.

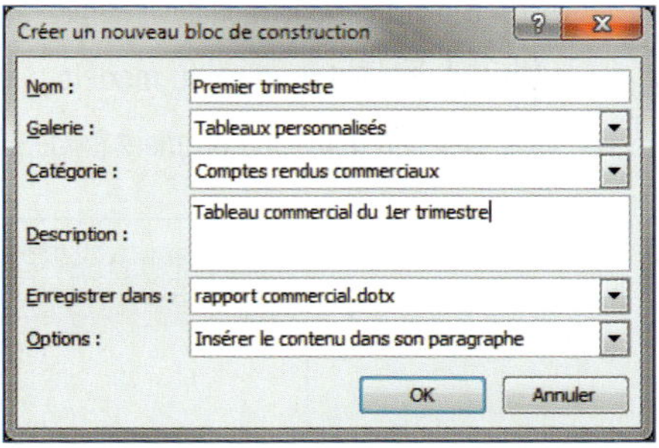

5 Vos blocs de construction étant maintenant créés, vous pouvez supprimer tous les tableaux du document.

6 Saisissez le texte fixe du modèle et placez le point d'insertion à l'endroit où l'utilisateur devra insérer un des tableaux.

7 Dans l'onglet **Développeur**, groupe *Contrôles*, cliquez sur le bouton **Contrôle de contenu de bloc de construction du document**.

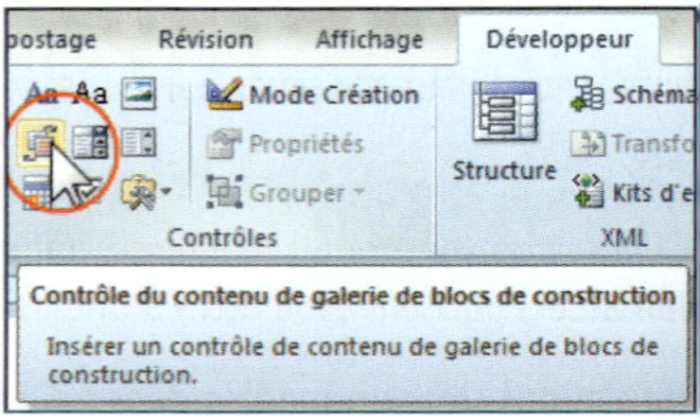

8 Cliquez sur le bouton **Propriétés**.

9 Complétez la boîte de dialogue **Propriétés du contrôle de contenu** :

- Donnez un titre : *Sélectionnez le tableau à compléter.*
- Cochez l'option *Ne pas supprimer le contrôle du contenu.*
- Sélectionnez la galerie *Tableaux personnalisés* et la catégorie *Comptes rendus commerciaux.*
- Cliquez sur OK pour valider.

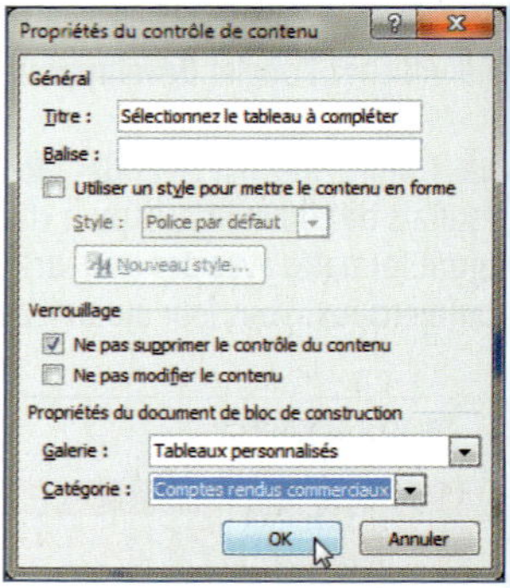

Votre contrôle de contenu est bien inséré.

10 Enregistrez votre modèle et fermez-le.

Pour utiliser votre nouveau modèle :

1 Créez un nouveau document fondé sur ce modèle.

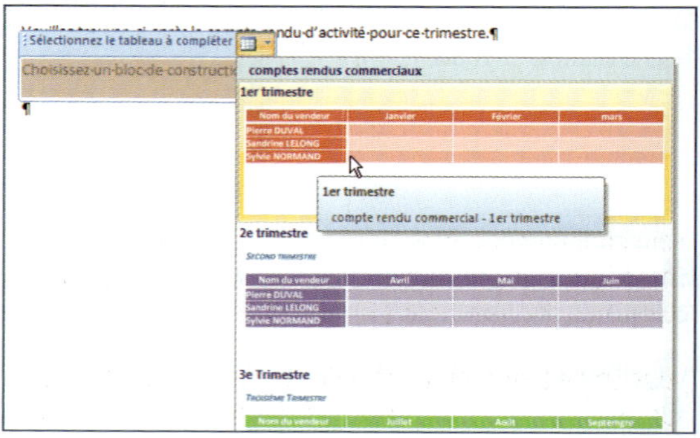

2 Cliquez sur le contrôle de contenu *Tableaux personnalisés* et sélectionnez un tableau via la liste déroulante située dans la barre de titre du contrôle.

3 Le tableau est inséré. Il reste à le compléter.

Modifier un bloc de construction

Modifier le contenu

Pour modifier le contenu d'un bloc de construction, insérez-le dans votre document et procédez aux changements. Enregistrez-le à nouveau sous le même nom. Word vous demandera si vous souhaitez redéfinir l'entrée du bloc de construction. Répondez **Oui**.

Modifier les propriétés

Pour modifier les propriétés d'un bloc de construction, vous pouvez :

- Soit cliquer avec le bouton droit sur l'élément à modifier dans la galerie et choisir la commande **Modifier les propriétés**.

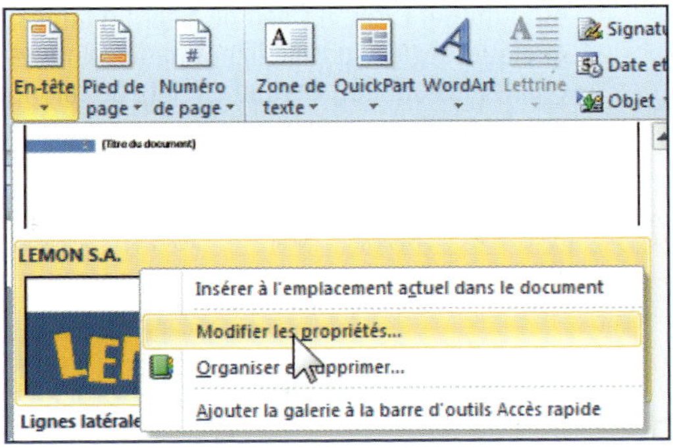

- Soit cliquer sur le bouton **QuickPart** de l'onglet **Insertion**, groupe *Texte*, et choisir la commande **Organisateur de blocs de construction**. Sélectionnez ensuite le bloc à modifier, puis cliquez sur le bouton **Modifier les propriétés**.

Supprimer un bloc de construction

Pour supprimer un bloc de construction, cliquez sur le bouton **QuickPart** de l'onglet **Insertion**, groupe *Texte*, et choisissez la commande **Organisateur de blocs de construction**. Sélectionnez ensuite un bloc, puis cliquez sur le bouton **Supprimer**.

Vous pouvez afficher la même boîte de dialogue en cliquant avec le bouton droit sur un élément d'une galerie, et choisir la commande **Organiser et supprimer**.

CRÉER UNE LETTRE TYPE

Grâce à la fonction **Publipostage**, nous allons créer une lettre personnalisée issue d'une fusion entre :

- un document principal qui contient le texte commun à tous les documents ;
- une source de données de type Excel qui contient les noms et adresses des destinataires.

Cliquez sur le bouton **Démarrer la fusion et le publipostage** du groupe du même nom puis sur la commande **Lettres**.

Créer la source de données

La source de données peut être de différents formats, mais le plus simple est d'utiliser Excel. Il s'agit de créer un tableau simple en respectant quelques règles : pas de lignes ni de colonnes entièrement vides, pas de cellules fusionnées, chaque en-tête de colonnes dans une seule cellule, une ligne d'adresse par cellule.

	A	B	C	D	E	F	G	H
1	Civilité	Prénom	Nom	Adresse1	Adresse2	Code Postal	Ville	Pays
2								

Préparer la lettre

Vous allez utiliser l'onglet **Publipostage**.

Pour commencer, vous devez indiquer qu'il s'agit d'une lettre : dans le groupe *Démarrer la fusion et le publipostage*, cliquez sur le bouton du même nom et choisissez la commande **Lettres**.

Vous devez ensuite indiquer quelle est votre source de données. Dans le même groupe, cliquez sur le bouton **Sélection des destinataires**, puis sur la commande **Utiliser une liste existante**. Rendez-vous dans le dossier où se trouve votre liste Excel, sélectionnez-la et cliquez sur **Ouvrir**.

Créer la lettre

Saisissez votre lettre. À l'endroit où vous devez insérer des variables, vous utiliserez des champs qui seront remplacés par vos variables lors de la fusion :

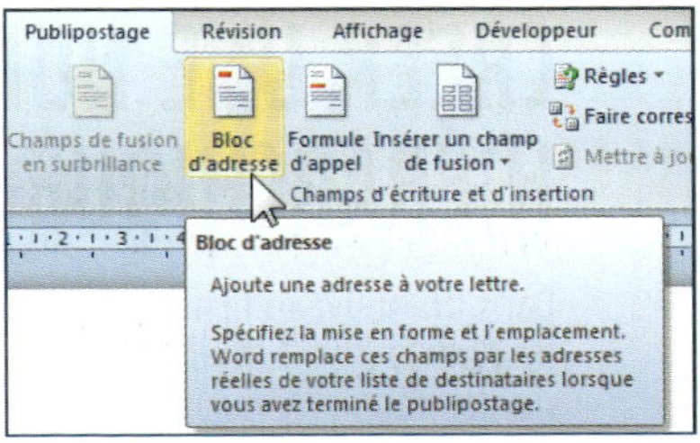

- Le bloc d'adresse permet d'obtenir l'adresse complète. Positionnez le point d'insertion à l'endroit souhaité et cliquez sur le bouton **Bloc d'adresse** du groupe *Champs d'écriture et d'insertion*.
- Si les noms de vos champs ne sont pas reconnus, cliquez sur le bouton **Faire correspondre les champs** et sélectionnez pour chaque élément nécessaire du bloc d'adresse le champ correspondant issu de votre base de données.
- Cliquez sur le bouton OK : le champ *Bloc d'adresse* est inséré.
- La formule d'appel contient le libellé de la salutation, le format de nom et la virgule qui suit.

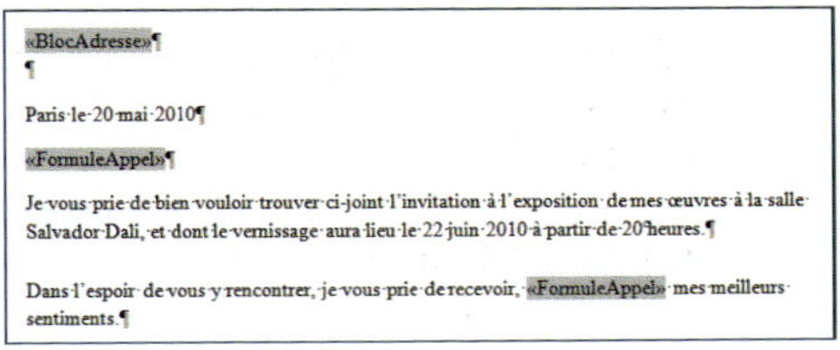

- En début de lettre ainsi que dans la formule de politesse, cliquez sur le bouton **Formule d'appel**. Word gère automatiquement le genre des personnes (femme ou homme).
- Cliquez sur OK, la formule d'appel est insérée.

Visualiser les résultats

Dans le groupe *Aperçu des résultats*, cliquez sur le bouton du même nom et faites défiler les résultats à l'aide des flèches situées dans le même groupe.

Effectuer la fusion

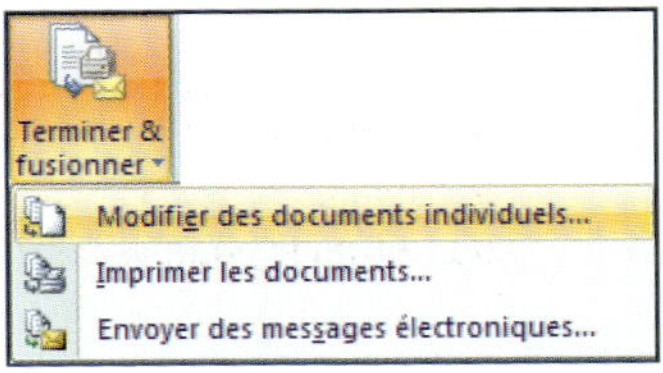

Dans le groupe *Terminer*, cliquez sur le bouton **Terminer et fusionner**. Choisissez l'option *Modifier des documents individuels*.

Word fusionne vers un nouveau document composé d'autant de sections que de destinataires ; vous pourrez éventuellement faire des retouches avant d'imprimer.

CRÉER UNE NUMÉROTATION HIÉRARCHIQUE

Dans un nouveau fichier, saisissez quelques titres en utilisant les styles de Titre 1, 2 et 3. Nous allons les modifier afin de leur appliquer une numérotation hiérarchique.

Sous l'onglet **Accueil**, groupe *Paragraphe*, cliquez sur le bouton **Liste à plusieurs niveaux** et cliquez sur un type de liste qui contient les libellés *Titre* : votre numérotation est faite !

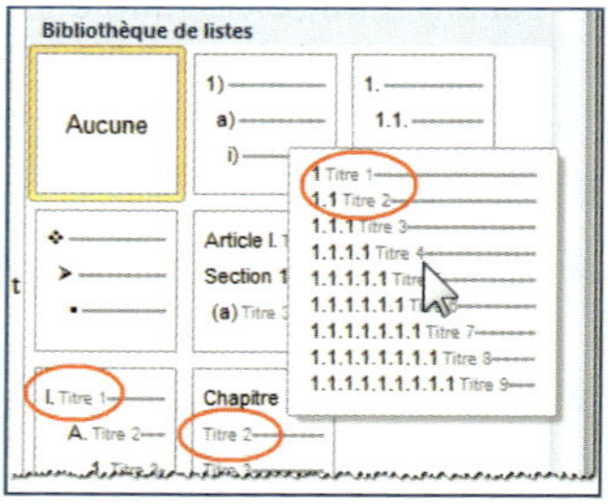

Voici néanmoins comment créer votre propre numérotation si vous n'avez pas trouvé votre bonheur parmi celles qui existent :

1. Cliquez à nouveau sur le bouton **Liste à plusieurs niveaux** et cette fois cliquez sur la commande **Définir une nouvelle liste à plusieurs niveaux** afin d'afficher la boîte de dialogue du même nom.
2. Cliquez sur le bouton **Plus** en bas à gauche de la boîte de dialogue.
3. Sélectionnez le premier niveau, puis :
   - Dans la liste déroulante *Style de numérotation pour ce niveau*, choisissez *A, B, C*.
   - Dans la zone de saisie *Mise en forme de la numérotation* où s'est affiché A), supprimez la parenthèse et remplacez-la par un point.
   - Dans la liste déroulante *Style à appliquer à ce niveau*, choisissez *Titre 1*.

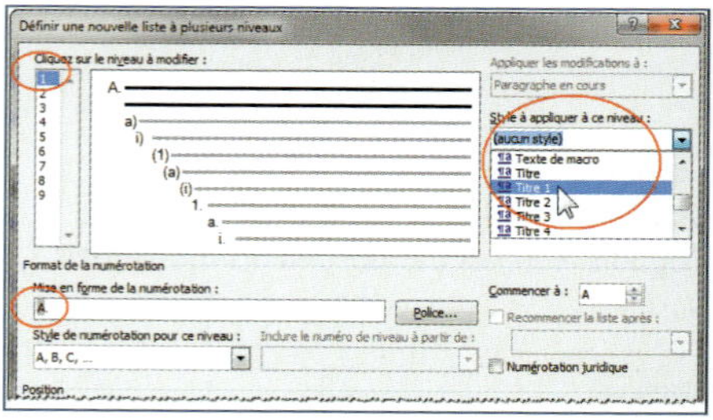

4. Sélectionnez le deuxième niveau, puis :
   - Dans la liste déroulante *Inclure le niveau à partir de*, sélectionnez *Niveau 1*.

- Dans la liste déroulante *Style de numérotation pour ce niveau*, choisissez *1, 2, 3*.
- Dans la zone de saisie *Mise en forme de la numérotation* où s'est affiché A1), supprimez la parenthèse et tapez les points de séparation.
- Dans la liste déroulante *Style à appliquer à ce niveau*, choisissez *Titre 2*.

5 Sélectionnez le troisième niveau, puis :

- Dans la liste déroulante *Inclure le niveau à partir de*, sélectionnez *Niveau 1*, puis sélectionnez *Niveau 2*.
- Dans la liste déroulante *Style de numérotation pour ce niveau*, choisissez *1, 2, 3*.
- Dans la zone de saisie *Mise en forme de la numérotation* où s'est affiché 111), supprimez la parenthèse et tapez les points de séparation.
- Dans la liste déroulante *Style à appliquer à ce niveau*, choisissez *Titre 3*.

6 Nous allons aligner tous les numéros à gauche :

- Cliquez sur le bouton **Définir tous les niveaux**, situé dans la rubrique *Position* en bas de la boîte de dialogue.
- Entrez les valeurs 0 pour la première option, 2 pour la deuxième et 0 pour la troisième. Cliquez sur OK.

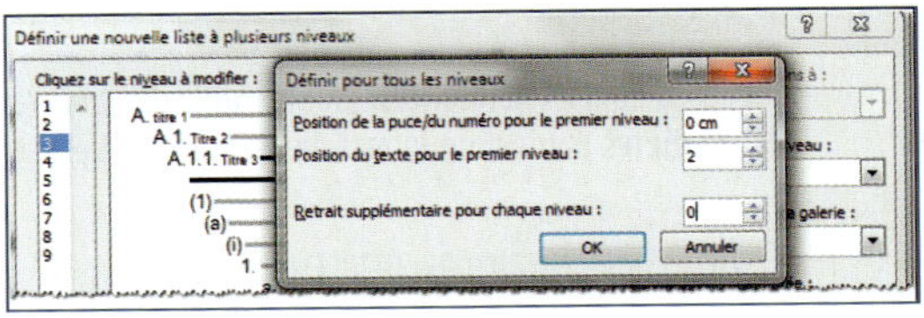

7 La boîte de dialogue est maintenant correctement complétée, vous pouvez valider en cliquant sur OK.

- Votre liste est créée et vos titres sont correctement numérotés.
- Pour pouvoir utiliser cette nouvelle liste avec n'importe quel jeu de styles dans n'importe quel document, enregistrez votre liste dans la bibliothèque :

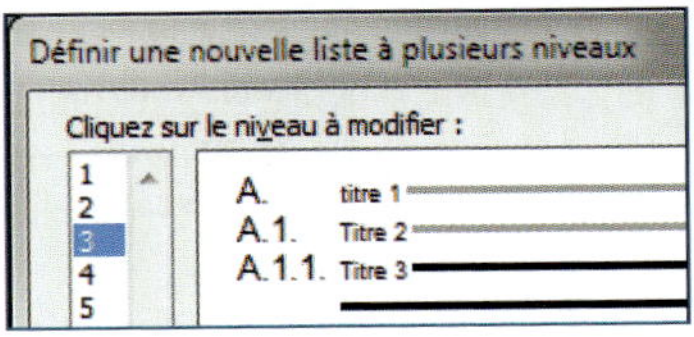

8 Cliquez sur le bouton **Liste à plusieurs niveaux**, cliquez avec le bouton droit sur votre liste nouvellement créée qui doit se trouver sous la rubrique *Liste dans les documents actuels*, et enfin cliquez sur la commande **Enregistrer dans la Bibliothèque de listes**.

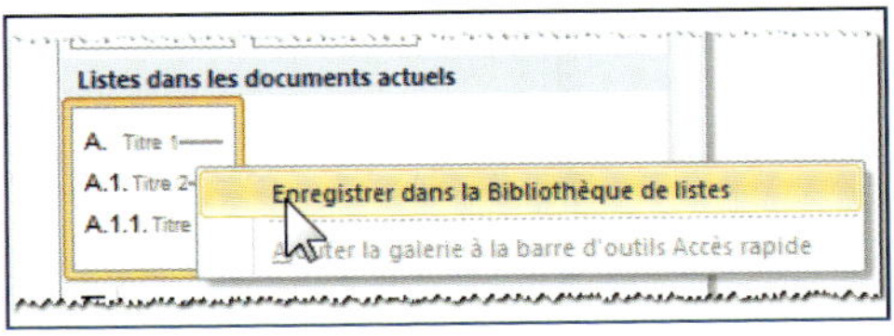

CRÉER ET METTRE À JOUR UNE TABLE DES MATIÈRES

Pour insérer facilement une table des matières, les titres de votre document doivent être mis en forme avec les styles de titre intégrés à Word.

Création de la table des matières

1 Dans un nouveau document, créez plusieurs titres de niveau 1 à 3 et insérez du texte. Enregistrez-le sous le nom *TM.docx*.

2 Une fois que le texte est saisi, positionnez le curseur en début de document afin d'insérer la table des matières à cet emplacement.

Table des matières prédéfinie

1 Sous l'onglet **Références**, groupe *Table des matières*, cliquez sur le bouton **Tables des matières** puis sur un format de table des matières de la galerie.

Table des matières personnalisée

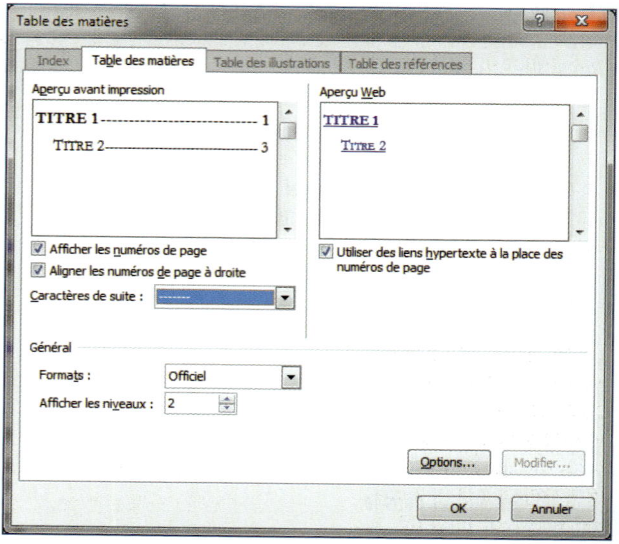

1 Cliquez sur le bouton **Tables des matières** puis cette fois sur la commande **Insérer une table des matières**.

2 Sous la rubrique *Général* :

- Optez pour le format *Officiel* dans la liste déroulante *Formats.*
- Optez pour *2 niveaux* dans la liste déroulante *Afficher les niveaux* qui permet de choisir le nombre de niveaux de titre souhaités dans la table des matières.

3 Vous pouvez afficher ou non les numéros de page en cochant la case d'option correspondante, les afficher à droite, choisir un caractère de suite.

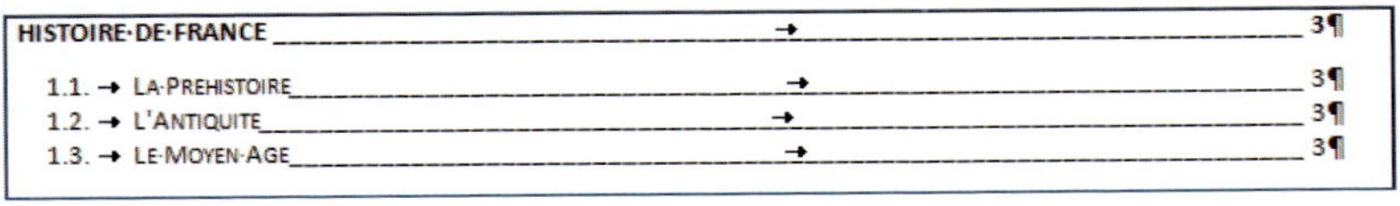
HISTOIRE·DE·FRANCE → 3¶
1.1. → LA·PREHISTOIRE → 3¶
1.2. → L'ANTIQUITE → 3¶
1.3. → LE·MOYEN·AGE → 3¶

4 Cliquez sur OK : votre table des matières est insérée dans votre document.

Notez que vous pouvez réaliser et conserver votre propre table des matières personnalisée par la création d'un bloc de construction.

Mise à jour de la table des matières

Votre document peut évoluer. Vous allez ajouter de nouvelles pages ou de nouveaux titres, ou encore procéder à des suppressions ; la table des matières devra être mise à jour. Word ne le fera pas automatiquement.

1 Cliquez sur le bouton **Mettre à jour la table**, toujours dans l'onglet **Références**.

2 Une boîte de dialogue vous demande si vous souhaitez mettre à jour les numéros de page uniquement ou mettre à jour toute la table. S'il y a eu des ajouts ou suppressions de titres, optez pour la deuxième solution.

3 Cliquez sur OK : votre table des matières est mise à jour.

Si votre table des matières est issue de la galerie des tables des matières, vous pourrez cliquer dans le cartouche situé en haut de la table sur le bouton **Mettre à jour la table**.

UTILISER LE MODE PLAN

Le mode Plan permet de travailler d'une manière plus organisée. Il nécessite d'utiliser les styles de titre.

Ouvrez le document *TM.docx* et affichez-le en mode Plan : cliquez sur le bouton **Plan** situé en bas à droite de la fenêtre Word. L'onglet **Mode Plan** apparaît, qui permet d'afficher le plan du document et de le réorganiser.

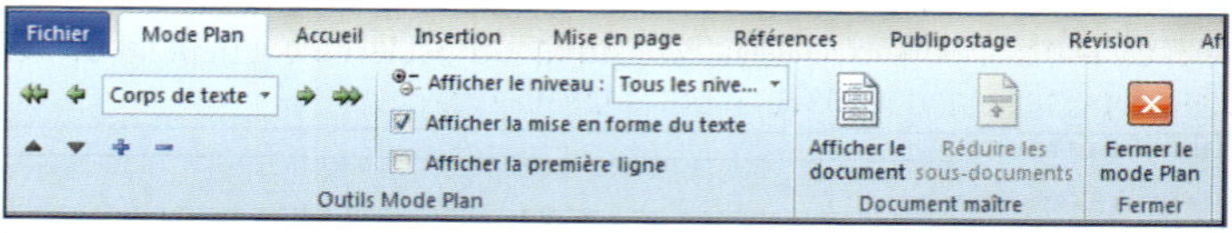

Modifier les niveaux

Les flèches vertes permettent de modifier le niveau des titres.

1 Sélectionnez *Niveau 2* dans la liste déroulante *Afficher le niveau* pour afficher seulement les deux premiers niveaux.

2 Positionnez le curseur sur un Titre 1 et cliquez sur la flèche verte dirigée vers la droite : le niveau de ce titre baisse d'un rang. Cliquez sur la flèche verte dirigée vers la gauche pour annuler l'opération.

3 Placez le curseur sur un titre de niveau 2 et cliquez sur la flèche verte dirigée vers la droite, puis, dans la liste déroulante *Afficher le niveau*, cliquez sur *Niveau 4* : le titre de niveau 2 ainsi que ses sous-niveaux ont baissé d'un rang.

En conclusion, si vous souhaitez modifier le rang d'un niveau et de ses sous-niveaux, masquez les sous-niveaux.

Fiche pratique 4

Pour masquer (ou réduire) les sous-niveaux :

- Pour le document entier : utilisez la liste déroulante *Afficher le niveau*.
- Pour un titre en particulier : placez le point d'insertion dans le titre et utilisez les signes + et - de la barre d'outils *Mode Plan* pour le réduire ou le développer.

Déplacer le texte

Les flèches bleues de l'onglet **Mode Plan** permettent de déplacer du texte vers le haut ou le bas dans le document. Le résultat du déplacement dépend de l'état de développement ou de réduction des sous-niveaux.

1. Sélectionnez le niveau 1 de la liste déroulante *Afficher le niveau*.
2. Positionnez le point d'insertion sur le second titre.
3. Cliquez sur la flèche bleue dirigée vers le haut : le titre monte d'un cran.
4. Affichez tous les niveaux : tous les sous-niveaux du titre qui a été déplacé ont suivi.

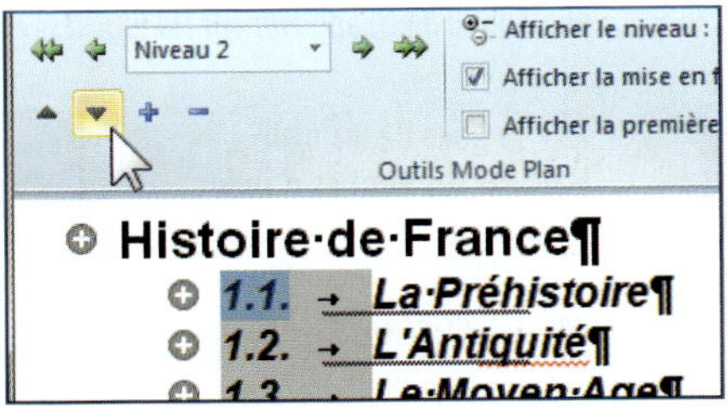

CRÉER UN INDEX

Pour créer un index, il faut marquer chaque terme à répertorier par un code (appelé « entrée d'index ») pour ensuite générer l'index lui-même. Vous pouvez « marquer » votre texte en cours de frappe ou en fin de saisie.

Ouvrez un document qui contient un texte suffisamment long. Dans notre exemple, nous allons créer un index des noms propres dans le fichier *Boulle_sans_index.docx* que vous retrouverez sur le site de Micro Application.

Marquer le texte

1 Sélectionnez le premier mot ou groupe de mots à indexer, « Boulle » dans notre exemple.

2 Sous l'onglet **Références**, dans le groupe *Index*, cliquez sur le bouton **Entrée**, ou plus simplement appuyez sur les touches Alt+Maj+X.

3 La boîte de dialogue **Marquer les entrées d'index** s'affiche.

4 Modifiez éventuellement le libellé de l'entrée : dans notre exemple, nous avons ajouté le prénom de Boulle.

5 Cliquez sur le bouton **Marquer** : le texte est marqué. Si vous souhaitez indexer toutes les occurrences de ce terme, cliquez sur le bouton **Marquer tout**.

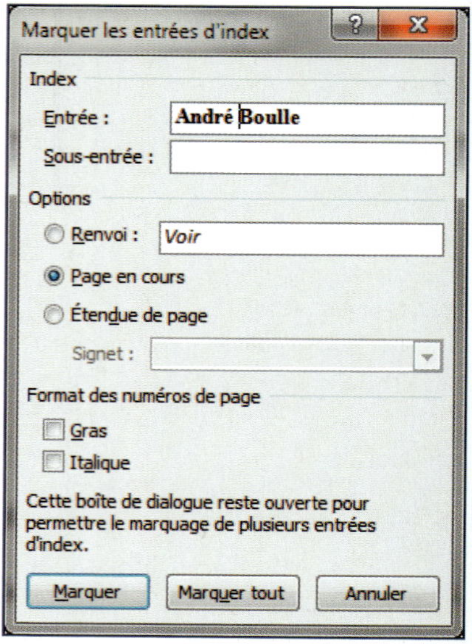

6 Recommencez pour chaque mot ou groupe de mots. La boîte de dialogue **Marquer les entrées d'index** reste ouverte. Vous pourrez la fermer lorsque vous aurez terminé.

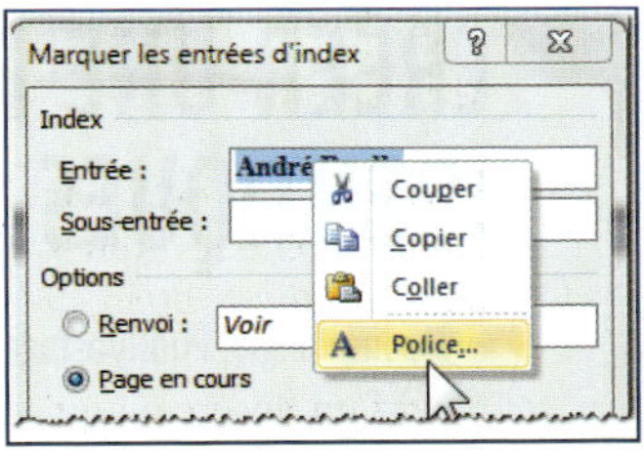

Mise en forme du texte de l'index

Pour appliquer une mise en forme particulière au texte de l'index, sélectionnez le texte dans la zone Entrée *avec le bouton droit de la souris, choisissez* Police *et modifiez la mise en forme comme vous le souhaitez.*

Insérer l'index

Lorsque toutes vos entrées sont marquées, vous pouvez insérer l'index :

1 Positionnez le point d'insertion à l'endroit où vous souhaitez ajouter l'index.

2 Sous l'onglet **Références**, dans le groupe *Index*, cliquez sur le bouton **Insérer l'index**.

3 Sélectionnez toutes les options souhaitées. Dans notre exemple, nous avons choisi le modèle d'index *Moderne* dans la liste déroulante *Formats*, opté pour l'alignement des numéros de page à droite, pour une entrée par ligne, sur 2 colonnes.

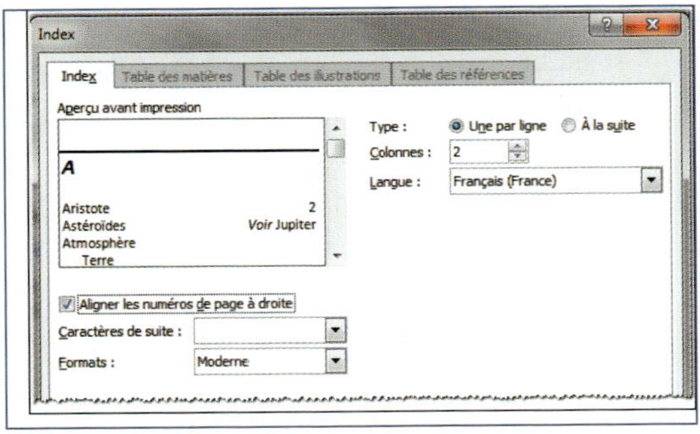

4 Cliquez sur OK.

Mise à jour de l'index

Si vous supprimez ou ajoutez d'autres entrées d'index, vous devrez mettre votre index à jour. Cliquez n'importe où dans votre index et appuyez sur la touche F9*, ou bien cliquez sur le bouton* ***Mettre à jour l'index****, situé sous l'onglet* ***Références****, dans le groupe* Index.

CRÉER UNE PLANCHE D'ÉTIQUETTES IDENTIQUES

1. Sous l'onglet **Publipostage**, groupe *Créer*, cliquez sur **Étiquettes**.

2. Dans la zone *Adresse*, saisissez l'adresse. Vous avez le choix entre une adresse *Expéditeur* ou *Destinataire* :

   - Pour une adresse *Destinataire*, vous pouvez soit la saisir, soit la récupérer depuis vos contacts Outlook en cliquant sur le bouton **Carnet d'adresses**.
   - Pour une adresse *Expéditeur*, cochez l'option *Expéditeur* : à la première utilisation, vous saisirez l'adresse, pour les utilisations suivantes, il vous suffira de cocher l'option.

3. Pour modifier la mise en forme de l'adresse, sélectionnez tout ou partie de l'adresse, cliquez avec le bouton droit, sélectionnez **Police** et/ou **Paragraphe** pour faire apparaître les boîtes de dialogue correspondantes et y apporter vos modifications.

4. Cliquez sur le bouton **Options** afin de choisir votre format d'étiquettes. Sélectionnez la marque de vos étiquettes et le numéro de référence qui se trouve sur votre pochette d'étiquettes, puis validez en cliquant sur OK.

5. Vérifiez que l'option *Page d'étiquettes identiques* est bien cochée dans la rubrique *Imprimer*.

6. Pour terminer, vous avez le choix entre :

   - Imprimer tout de suite votre planche d'étiquettes : placez une planche d'étiquettes dans le bac de votre imprimante et cliquez sur le bouton **Imprimer**.
   - Créer un nouveau document contenant votre planche d'étiquettes : cliquez sur le bouton **Nouveau document**. Word crée un nouveau document, que vous pouvez sauvegarder. Vous pouvez si nécessaire utiliser les outils de tableau pour centrer verticalement le texte dans vos étiquettes.

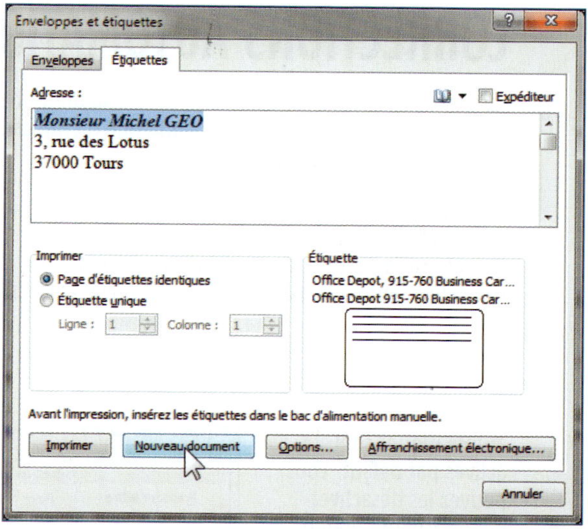

Si vous voulez ajouter des objets graphiques dans vos étiquettes, voici une autre méthode qui permet d'insérer facilement une image :

1 Dans un nouveau document Word, saisissez une adresse et insérez une image.

2 Sélectionnez la totalité de l'adresse, y compris l'image.

3 Dans l'onglet **Publipostage**, groupe *Créer*, cliquez sur **Étiquettes** : votre adresse est insérée avec l'image, même si cette dernière n'est pas visible.

4 Pour terminer, reprenez les points 3 à 6 expliqués dans la première méthode.

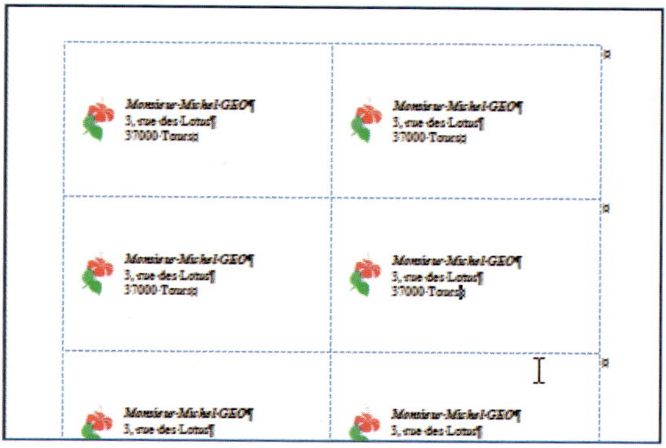

CORRECTIONS AUTOMATIQUES

Comme nous l'avons mentionné dans le chapitre *Création d'un premier document*, Word possède une bibliothèque d'entrées de corrections automatiques intégrées et modifiables.

Les corrections automatiques se gèrent dans la boîte de dialogue **Correction automatique**. Passez en mode Backstage, et cliquez sur **Options**. Cliquez à gauche sur la commande **Vérification** et à droite sur le bouton **Options de correction automatique**. Cliquez sur l'onglet **Correction automatique**.

Options et exceptions de la correction automatique

Les corrections automatiques sont actives par défaut. Vous pouvez les désactiver en décochant l'option *Correction en cours de frappe*.

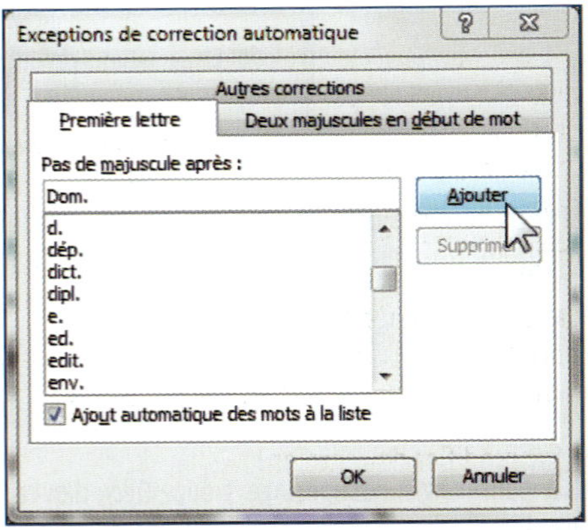

Dans ce même menu, vous pouvez aussi gérer les exceptions, par exemple pas de majuscules après une abréviation.

> **Utilisation de la correction dans une autre langue**
>
> *Pour utiliser la correction automatique dans une autre langue, vous devez activer la langue en question.*

Ajout, modification et suppression d'entrées de correction automatique

Pour ajouter des entrées :

1. Dans la zone de saisie *Remplacer*, saisissez le mot à remplacer, par exemple `stefane`.

2 Dans la zone de saisie *Par*, saisissez le mot de substitution : `Stéphane`.

3 Cliquez sur le bouton **Ajouter** pour valider.

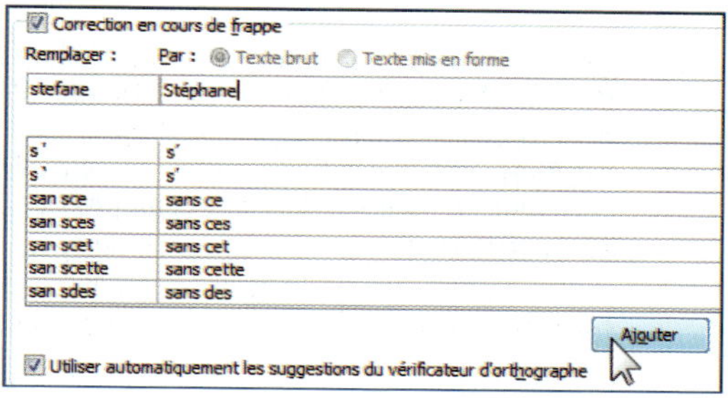

4 Faites un test. Tapez le nom `stefane` avec la faute, suivi d'un espace : il est automatiquement corrigé.

Si vous souhaitez qu'un mot soit remplacé par un autre mis en forme, tapez le mot mis en forme dans votre document et sélectionnez-le avant d'afficher la boîte de dialogue **Correction automatique**. Vous verrez que la zone *Par* sera déjà remplie avec votre mot, et vous aurez le choix entre les options *Texte brut* ou *Texte mis en forme*.

Pour modifier des entrées :

1 Sélectionnez l'entrée à corriger dans la liste : celle-ci s'affiche dans les zones *Remplacer* et *Par*.

2 Corrigez l'une de ces deux options.

Pour supprimer des entrées :

1 Sélectionnez l'entrée à supprimer dans la liste.

2 Cliquez sur le bouton **Supprimer**.

Les AutoMaths

*Les AutoMaths (onglet **AutoMaths**) sont également des corrections automatiques mais, par défaut, elles ne s'activent que lors de la saisie d'une équation mathématique.*

NOTES DE BAS DE PAGE ET DE FIN

Vous utiliserez la fonction des notes de bas de page et de fin de document pour insérer des renvois à des notes. Une note de bas de page s'affichera en bas de la page où se trouve l'appel de note, alors que les notes de fin de document se retrouveront toutes groupées sur la dernière page de la section ou du document.

Insertion de notes

1 Placez le point d'insertion à l'endroit où vous souhaitez mettre la référence de note.

2 Sous l'onglet **Références**, groupe *Notes de bas de page*, cliquez sur le bouton **Insérer une note de bas de page** ou **Insérer une note de fin**, selon l'organisation que vous préférez.

3 Un appel de note est automatiquement inséré, et le point d'insertion se déplace en bas de page : saisissez la note.

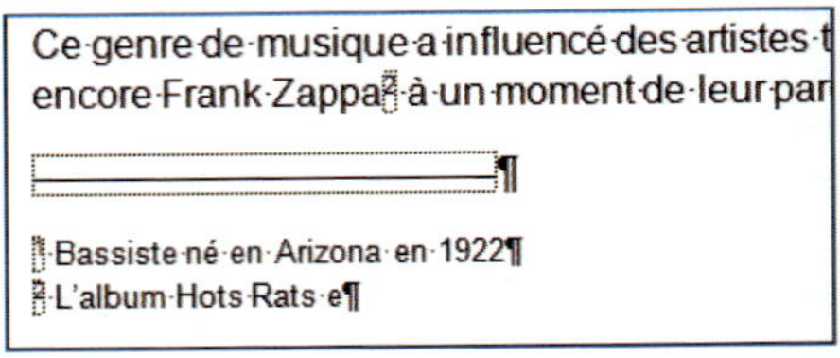

4 Une fois la note saisie, appuyez sur les touches Maj+F5 pour retourner à l'endroit où vous vous étiez arrêté.

Si vous passez le curseur sur un appel de note, le pointeur prend l'aspect d'un petit mémo et le contenu de la note apparaît dans une info-bulle.

En cas d'insertion ou de suppression de notes dans le document, la numérotation se mettra automatiquement à jour.

Modification du format

1 Pour modifier le format par défaut des notes, cliquez sur le lanceur de boîte de dialogue situé en bas à droite du groupe *Notes de bas de page*.

- Emplacement des notes : les notes de bas de page peuvent être positionnées en fin de texte, les notes de fin peuvent être positionnées en fin de section. Par ailleurs, vous pouvez convertir les notes de bas de page en notes de fin, et inversement.
- Format de nombre : ce sont par défaut des numéros. Vous pouvez choisir autre chose, un astérisque par exemple. La numérotation peut aussi recommencer à chaque page ou chaque section.

2 Cliquez sur le bouton **Appliquer**.

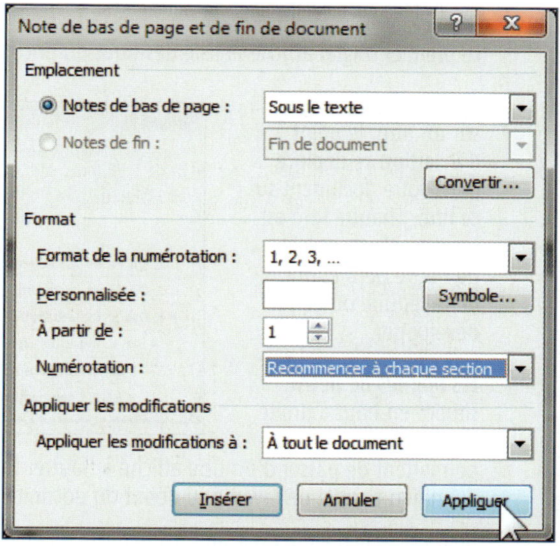

Modification et suppression de notes

- En mode Page, accédez directement aux notes en déplaçant votre curseur dans le texte de la note.
- En mode Brouillon, double-cliquez sur la référence de la note pour accéder à la note elle-même, ou utilisez le bouton **Afficher les notes**.
- Pour effacer une note de bas de page ou de fin de document, supprimez simplement l'appel de note dans le texte.

LE VOLET DE NAVIGATION

Cochez l'option *Volet de navigation*, située sous l'onglet **Affichage**, dans le groupe *Afficher/masquer*, ou cliquez sur le bouton **Rechercher** situé sous l'onglet **Accueil**, groupe *Navigation* ; le volet de navigation, très utile pour naviguer dans un long document, s'ouvre à gauche.

Parcourir les titres du document

Le premier onglet affiche la liste des titres du document.

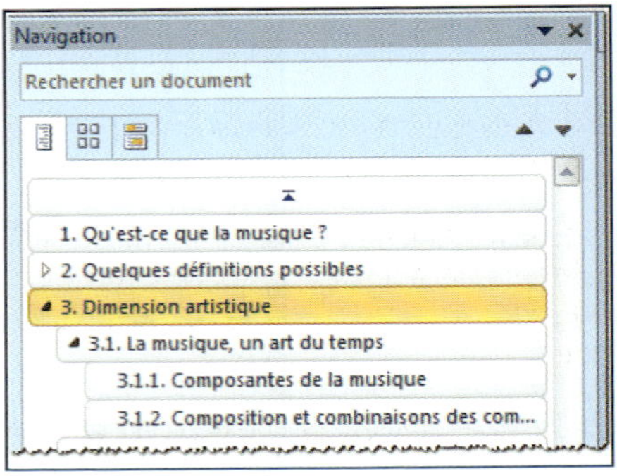

Lorsque vous cliquez sur un titre, le point d'insertion se déplace dans votre document sur ce titre. Chaque titre est précédé d'une pointe de flèche permettant de le réduire ou de le développer.

Les pointes de flèche situées en haut à droite du volet de navigation permettent de passer d'un titre affiché à l'autre. La pointe de flèche située au milieu permet de revenir au début du document.

Un clic avec le bouton droit sur un titre ouvre un menu contextuel qui permet :

- De développer ou de réduire tout.
- De choisir les niveaux de titre à afficher.
- De promouvoir ou d'abaisser, et donc de modifier rapidement le niveau du titre. Notez que ces deux commandes vont promouvoir ou abaisser non seulement le titre sélectionné mais aussi tous les sous-titres qui en dépendent.

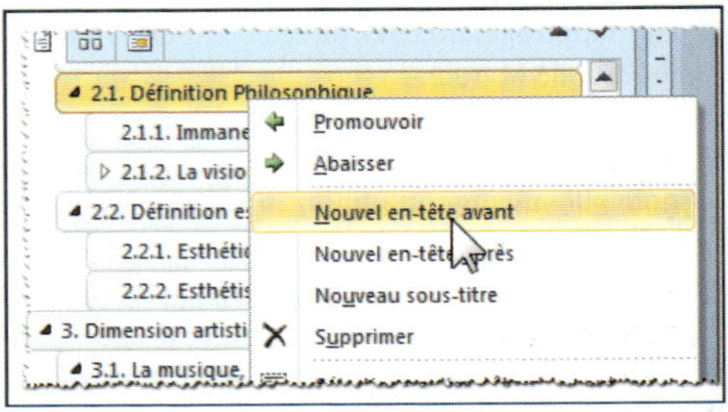

Fiche pratique 9

- D'ajouter des titres de même niveau via les commandes **Nouvel en-tête avant** ou **Nouvel en-tête après**, ou des sous-titres via la commande **Nouveau sous-titre**.
- De sélectionner et/ou d'imprimer uniquement une partie via les commandes **Sélectionner l'en-tête et le contenu** et **Imprimer l'en-tête et le contenu**.
- De supprimer via la commande **Supprimer**.

Supprimer

La commande ***Supprimer*** *du navigateur supprimera le titre et tout le texte qui en dépend.*

Vous pouvez par ailleurs déplacer vos titres avec les sous-titres et le texte qui en dépendent en faisant simplement glisser le titre concerné à l'aide de la souris.

La zone de texte située en haut du volet permet de faire des recherches sur un texte précis, ou via la liste déroulante sur des objets particuliers comme des tableaux, des équations, etc. Lorsqu'un élément est trouvé, le titre qui le contient est coloré en jaune.

Un clic sur la croix située à gauche de la liste déroulante annule la recherche.

Parcourir les résultats de la recherche actuelle

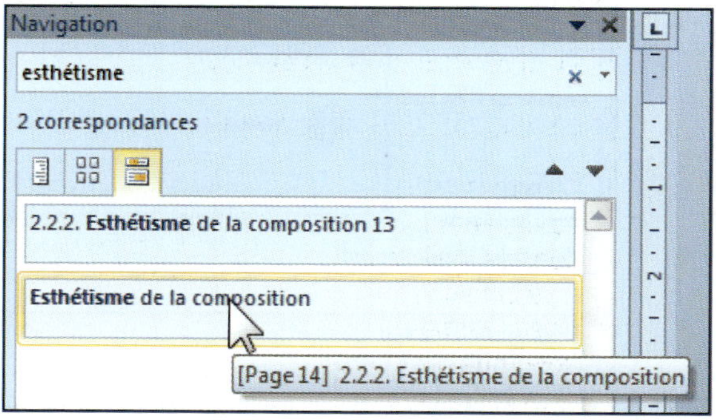

Le troisième onglet présente le résultat de la recherche. Il s'agit d'une liste d'extraits du document qui contiennent le mot ou le groupe de mots recherché. Pointez sur l'un des éléments pour faire apparaître le titre du chapitre ainsi que le numéro de la page, puis cliquez sur l'élément pour l'afficher dans le document.

UTILISER LA FONCTION REMPLACER

La fonction **Rechercher et remplacer** permet de rechercher à l'intérieur d'un document du texte et/ou des éléments comme des marques de paragraphe, des tabulations, etc., et de les remplacer par d'autres.

Nous allons ouvrir le document *Bourgeois.doc* que vous pouvez télécharger sur le site de Micro Application. Dans ce document, nous voulons remplacer le groupe de mots « bourgeois de Paris » par « bourgeois parisien ».

1. Sous l'onglet **Accueil**, groupe *Modification*, cliquez sur le bouton **Remplacer**.

2. Dans la zone *Rechercher*, tapez `bourgeois de Paris`.

3. Dans la zone *Remplacer*, tapez `bourgeois parisien`.

4. Un clic sur le bouton **Plus** fait apparaître des options : notez que la recherche se fait par défaut dans *Tous* les sens mais que vous pouvez choisir *Vers le haut* ou *Vers le bas*.

5. Cliquez sur le bouton **Remplacer tout**.

6. Word remplace toutes les occurrences de la suite de caractères « bourgeois de Paris » par « bourgeois parisien » et vous indique le nombre d'occurrences trouvées.

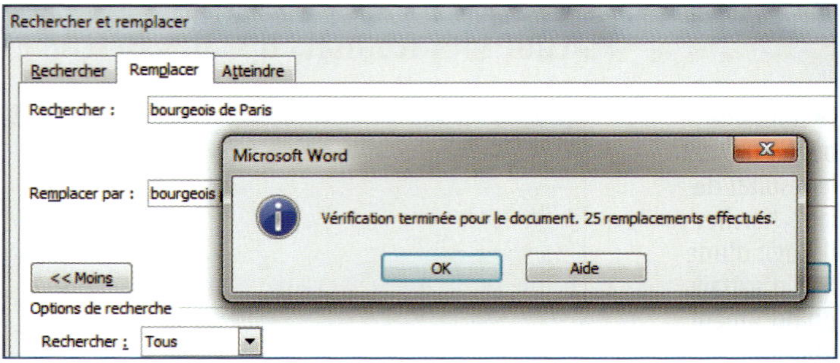

Remplacement

Si vous êtes certain de vouloir remplacer TOUTES les occurrences trouvées, cliquez sur le bouton ***Remplacer tout****, sinon cliquez sur* ***Remplacer*** *puis sur* ***Suivant*** *pour faire les remplacements au fur et à mesure que Word trouve une occurrence. Si vous ne souhaitez pas remplacer un mot, cliquez simplement sur* ***Suivant*** *pour passer à l'occurrence suivante.*

Remplacer des éléments particuliers

1. Dans la boîte de dialogue **Rechercher et remplacer**, cliquez sur le bouton **Plus** pour accéder aux options.

2. Cliquez sur le bouton **Spécial** qui affiche une liste déroulante dans laquelle vous pouvez sélectionner des éléments particuliers tels que *Marque de paragraphe*, *Tabulation*, etc. Tous ces éléments peuvent être recherchés et remplacés comme du texte.

Remplacement de format

Le bouton ***Format*** *affiche une liste déroulante dans laquelle vous pouvez sélectionner le type de format à rechercher et à remplacer.*

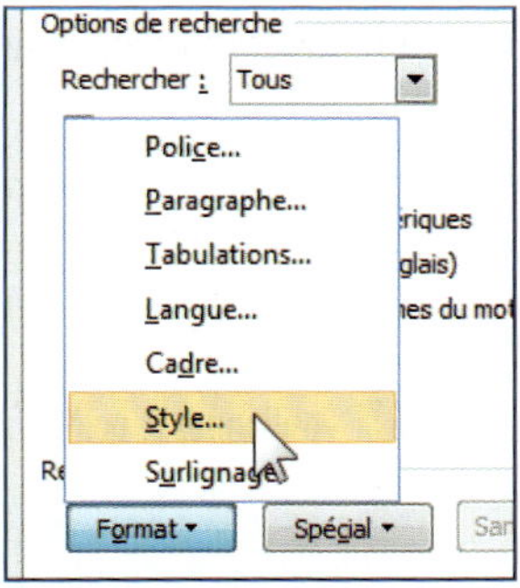

INSÉRER UN TABLEAU EXCEL DANS UN DOCUMENT WORD

Un objet créé dans une application (Excel, PowerPoint, etc.) et lié ou incorporé dans une autre application telle que Word est un objet OLE (*Object Linking Embedding*). L'objet lié garde un lien avec l'objet source : si celui-ci est modifié, l'objet le sera également dans l'application de destination.

Un objet incorporé fait partie intégrante du fichier de destination. Il pourra être modifié à l'intérieur de ce fichier.

Un fichier incorporé peut être lié.

Le but de cette fiche est de vous expliquer comment incorporer un objet OLE dans un document Word. La démonstration porte sur un objet Excel.

Incorporer un nouveau tableau Excel

1. Positionnez le point d'insertion à l'endroit où vous souhaitez incorporer le tableau.

2. Dans l'onglet **Insertion**, groupe *Tableau*, cliquez sur le bouton **Tableau** et choisissez la commande **Feuille de calcul Excel**.

3. Une fenêtre Excel est insérée dans votre page Word ; le menu est celui d'Excel, vous pouvez travailler dans cette fenêtre comme si vous étiez dans Excel.

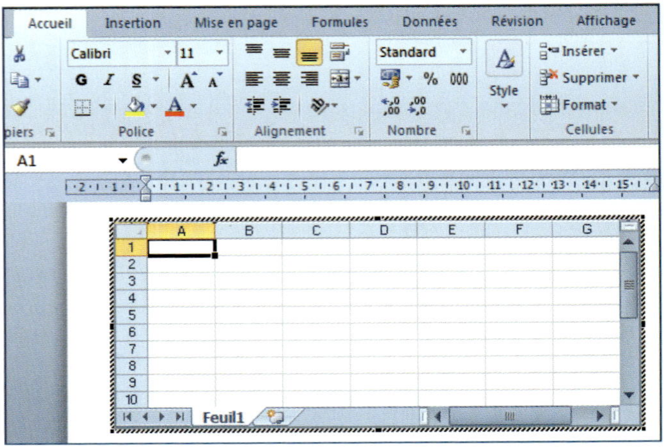

4 Une fois que la saisie est terminée, ajustez la fenêtre Excel en faisant glisser ses poignées à l'aide de la souris. Si la fenêtre est trop petite, vous pouvez l'ajuster en cours de saisie.

5 Cliquez enfin à l'extérieur du tableau, dans votre page Word : le tableau est incorporé.

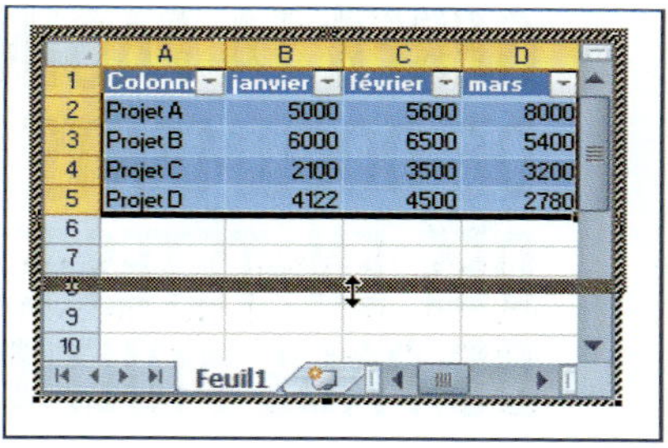

Modifier le tableau Excel

1 Double-cliquez sur l'objet.

2 La fenêtre de l'application s'ouvre.

3 Modifiez l'objet.

4 Cliquez en dehors de l'objet, dans la page Word.

Modification d'un objet

Lorsque vous double-cliquez sur un objet pour le modifier dans son application, une petite fenêtre s'ouvre et il n'est pas toujours pratique de travailler dedans. Si vous préférez travailler directement dans l'application, cliquez avec le bouton droit sur l'objet, pointez sur ***Objet Feuille de calcul*** *et choisissez l'option* Ouvrir *et non* Édition. *Une fois que l'objet est modifié, fermez la fenêtre en cliquant sur la croix de fermeture.*

GÉRER LA PAGINATION DE DOCUMENTS COMPORTANT DES EN-TÊTES ET PIEDS DE PAGE MULTIPLES

Ouvrez un document contenant plusieurs pages. Pour notre exemple, nous utilisons le fichier *Ours.docx* qui se trouve sur le site de Micro Application. Ce fichier comprend deux sections pour lesquelles nous souhaitons des en-têtes différents.

Placez le point d'insertion dans la première page de votre document, puis, sous l'onglet **Insertion**, groupe *En-tête et pied de page*, cliquez sur le bouton **En-tête** puis sur l'en-tête *Guide (page impaire)* : l'en-tête contenant le titre en cours et la pagination est affiché sur toutes les pages du document.

Modification des en-têtes et pieds de page de la section 1 :

1 Restez dans l'en-tête et insérez une image d'ours brun à l'aide de la fonction d'insertion d'images clipart. Mettez l'image à la bonne taille.

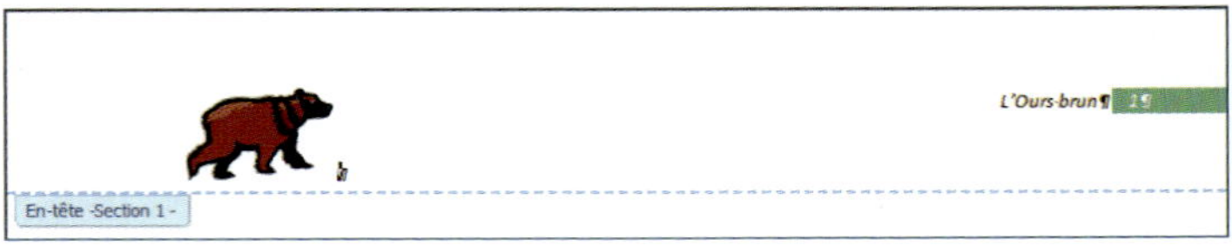

2 Sous l'onglet **Outils des en-têtes et des pieds de page**, groupe *Navigation*, cliquez sur le bouton **Atteindre le pied de page** afin de créer le pied de page.

3 Vous allez insérer la date du jour : cliquez sur le bouton **Date et heure** du groupe *Insérer*, choisissez un format de date et décochez l'option *Mettre à jour automatiquement*. Centrez la date.

Rendez-vous maintenant dans la section 2 :

1 Cliquez sur le bouton **Section suivante** du groupe *Navigation* pour passer dans le pied de page suivant. Le pied de page de la section 1 est reproduit dans la section 2. En effet, la commande **Lier au précédent** du groupe *Navigation* est active par défaut.

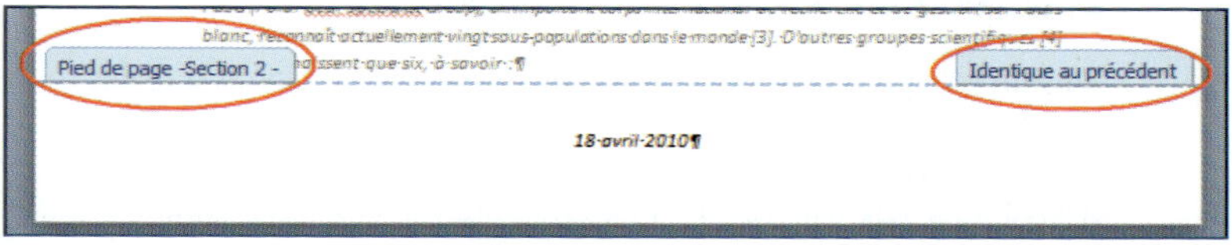

2 Cliquez ensuite sur le bouton **Atteindre l'en-tête** pour modifier l'en-tête de la section 2.

3 Pour que cet en-tête soit différent du précédent, désactivez la commande **Lier au précédent**. Si vous modifiez l'en-tête sans désélectionner cette option, l'en-tête de la section précédente changera également !

4 Supprimez l'image de l'ours brun et insérez une image d'ours blanc, avec le même formatage que pour le premier ours.

Retournez dans votre document en cliquant sur le bouton **Fermer l'en-tête et le pied de page** ou en double-cliquant dans votre document. Faites un aperçu avant impression pour voir l'ensemble de vos en-têtes et pieds de page.

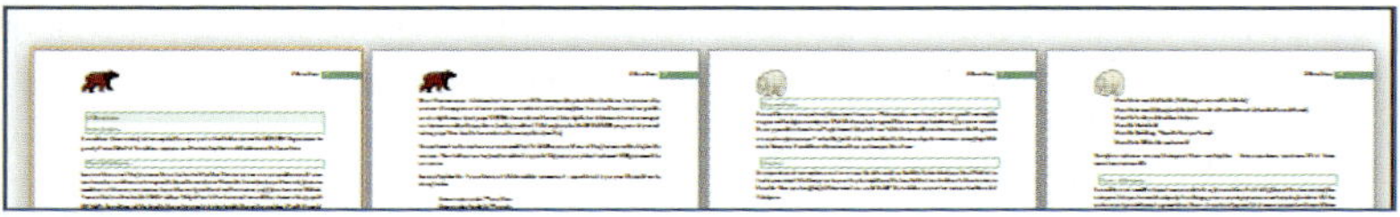

FAIRE DES RENVOIS VERS D'AUTRES ÉLÉMENTS DU DOCUMENT

Dans un gros document, il arrive souvent qu'on ait besoin de faire des renvois à certaines pages ou chapitres. Or, si on saisit manuellement ces renvois, ils seront erronés si le document évolue par la suite. Les renvois doivent donc être dynamiques et doivent pouvoir être mis à jour.

Nous allons travailler sur le document *Musique.docx*, disponible sur le site de Micro Application.

À la fin du paragraphe 2.1, nous voulons faire un renvoi au paragraphe 3.1.1 (Composantes de la musique) :

1. Positionnez le curseur à la fin du chapitre 2.1.
2. Insérez un espace, ouvrez une parenthèse et tapez le texte : `voir chapitre`.
3. Sous l'onglet **Insertion**, groupe *Liens*, cliquez sur le bouton **Renvoi**.
   - Dans la liste déroulante *Catégories*, choisissez *Titre*.
   - Dans la liste des titres, choisissez *3.1.1. Composantes de la musique*.

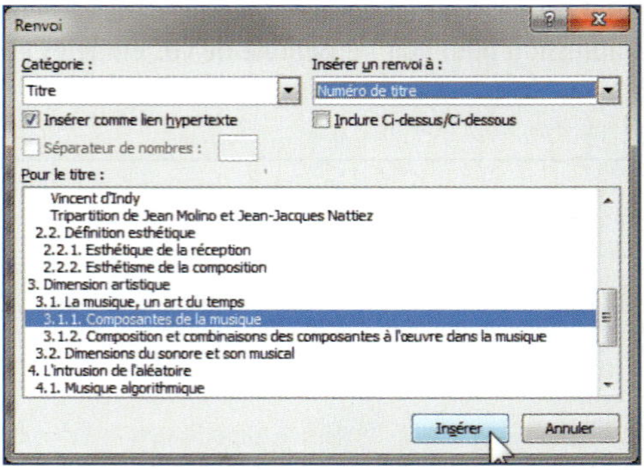

   - Dans la liste déroulante *Insérer un renvoi à*, sélectionnez *Numéro de Titre* et cliquez sur **Insérer** : le numéro du chapitre s'insère dans votre document.
4. Fermez la boîte de dialogue et votre parenthèse.

Vous pouvez faire des renvois sur un certain nombre d'éléments de type titre, tableau, légende, etc. Si vous souhaitez faire un renvoi sur un mot ou un groupe de mots particulier, vous devez au préalable créer un signet. Nous allons créer un signet sur la phrase du chapitre 6.1 « Qu'est-ce qu'une œuvre musicale ? » :

1 Sélectionnez la phrase.

2 Sous l'onglet **Insertion**, groupe *Liens*, cliquez sur le bouton **Signet** et donnez un nom au signet, *œuvre* par exemple.

3 Validez en cliquant sur **Ajouter** : le signet est créé.

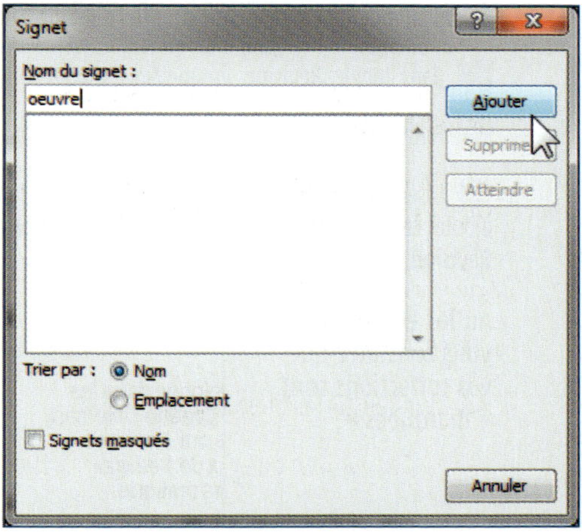

4 À la fin du premier paragraphe, faites un renvoi en reprenant l'exemple précédent, mais cette fois choisissez un renvoi au numéro de page de ce signet dont vous voyez le nom affiché dans la liste des signets.

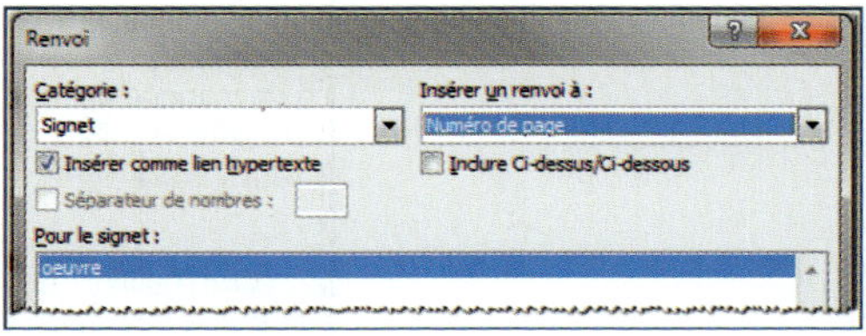

Vous allez à présent modifier votre document en changeant le titre du chapitre 3.1.1 et en insérant un saut de page avant le chapitre 3. Vous devez donc mettre à jour les renvois :

1 Sélectionnez tout votre texte (Ctrl+A).

2 Appuyez sur F9 : les renvois sont modifiés.

TRAVAILLER AVEC AUTRUI : SUIVRE LES MODIFICATIONS

Lorsque plusieurs personnes travaillent sur un même document, il est nécessaire de pouvoir visualiser aisément les modifications que chaque intervenant a faites sur ledit document.

Ouvrez un document. Notre exemple portera sur le document *Free jazz.docx*, disponible sur le site de Micro Application.

1 Dans l'onglet **Révision**, groupe *Suivi*, cliquez sur le bouton **Suivi des modifications**.

2 Faites toutes sortes de modifications dans le document (ajouts, suppressions, etc.).

3 Insérez un commentaire : placez le point d'insertion à l'endroit où vous souhaitez ajouter ce commentaire et cliquez sur le bouton **Nouveau commentaire** de l'onglet **Révision**, groupe *Commentaires*.

Au fur et à mesure, vous constatez que vos corrections sont « marquées ».

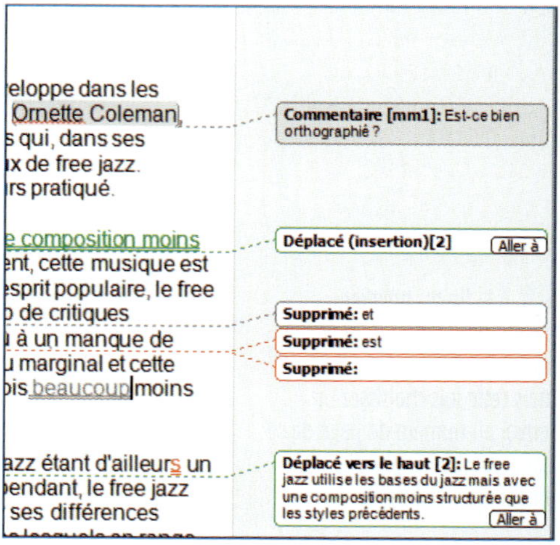

Marquage

*Le type de marquage est à régler dans les options proposées via la boîte de dialogue **Options de suivi des modifications**, accessible en cliquant sur la flèche située sur le bouton **Modifier les options de suivi**. Vous pouvez également choisir d'afficher les révisions dans des bulles ou dans un volet, via les boutons **Bulles** et **Volet Vérifications** situés dans le groupe* Suivi. *Le volet est nécessaire en affichage Brouillon, car les bulles ne sont pas visibles.*

La liste déroulante *Afficher pour la révision* du groupe *Suivi* permet d'afficher le document en mode Original ou Final avec ou sans les marques. Attention cependant, il ne s'agit que d'un affichage. Vous pouvez également choisir de n'afficher que les corrections de certaines personnes : cliquez sur la liste déroulante *Afficher les marques*, pointez sur **Relecteurs** et décochez les noms des relecteurs dont vous ne souhaitez pas voir les corrections.

Pour supprimer définitivement les marques, il faut accepter ou refuser les modifications :

1 Visualisez chaque modification en cliquant sur les boutons **Suivant** ou **Précédent**, situés sous l'onglet **Révision**, groupe *Modifications*.

2 Cliquez sur les boutons **Accepter** ou **Refuser** du groupe *Modifications*. Vous pouvez accepter ou refuser toutes les modifications à la fois en sélectionnant les options correspondantes de la liste déroulante liée à ces deux boutons. Au fur et à mesure que les corrections sont acceptées ou refusées, le marquage est effacé.

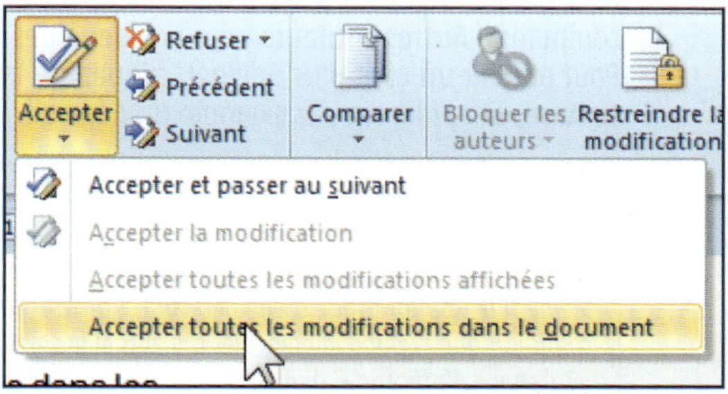

ARRIÈRE-PLANS ET FILIGRANES

Cette fiche explique comment ajouter très facilement un arrière-plan et/ou un filigrane à un document. Les filigranes sont conçus pour être imprimés, tandis que les arrière-plans sont prévus pour l'affichage.

Arrière-plan

Pour ajouter une couleur :

Sous l'onglet **Mise en page**, groupe *Arrière-plan de page*, cliquez sur le bouton **Couleur de page** puis sur la couleur de votre choix, ou sur la commande **Autres couleurs** pour accéder à des couleurs supplémentaires. Pour obtenir un effet plus original, cliquez sur la commande **Motifs et texture**, et appliquez par exemple un dégradé.

Impression de l'arrière-plan

Même si le résultat risque d'être décevant, l'arrière-plan peut être imprimé à condition que l'option Imprimer les couleurs et images d'arrière-plan *soit cochée dans les options d'affichage, sous la rubrique* Options d'impression.

Pour supprimer l'arrière-plan de votre document, cliquez sur le bouton **Couleur de page** et choisissez l'option *Aucune couleur.*

Filigrane imprimé

Pour ajouter un texte en filigrane :

1 Vérifiez que vous n'êtes pas en mode Web et, sous l'onglet **Mise en page**, groupe *Arrière-plan de page*, cliquez sur **Filigrane** puis sur le filigrane de votre choix. Si vous préférez un filigrane personnalisé, cliquez sur la commande **Filigrane personnalisé**, puis :

- Sélectionnez l'option *Texte en filigrane.*
- Vérifiez que la langue du texte est celle dont vous avez besoin.
- Choisissez le texte souhaité dans la liste déroulante ; vous pouvez également taper votre propre texte.
- Modifiez éventuellement la police, la taille, la couleur et la disposition.

2 Cliquez sur **Appliquer** pour voir le résultat sur votre page ; modifiez-le s'il ne vous convient pas.

3 Cliquez sur **Fermer**.

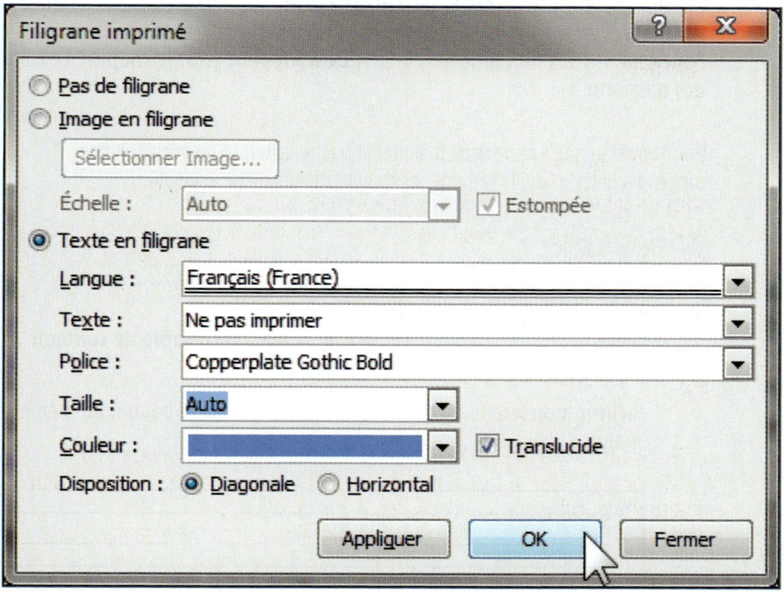

Si vous préférez obtenir une image en filigrane, cochez l'option *Image en filigrane* dans la boîte de dialogue **Filigrane imprimé** et sélectionnez votre image à l'aide du bouton correspondant.

Pour supprimer un filigrane imprimé, cliquez sur le bouton **Filigrane** puis sur la commande **Supprimer le filigrane**.

CRÉER ET UTILISER UN FORMULAIRE

Nous allons créer un petit formulaire pour demander à des salariés de remplir une fiche personnelle avec leur photo.

Pour cela, il vous faut afficher l'onglet **Développeur** (voir le chapitre Le coin des passionnés).

1 Insérez un tableau de deux colonnes et quatre lignes. La première colonne contiendra le texte fixe, la seconde, les champs de formulaire à remplir.

2 Première ligne :

- Dans la première colonne, tapez `Nom et Prénom`.
- Dans la seconde colonne, cliquez sur le bouton **Contrôle de contenu de texte enrichi**, situé dans le groupe *Contrôles*.
- Activez à présent le mode Création en cliquant sur le bouton du même nom.

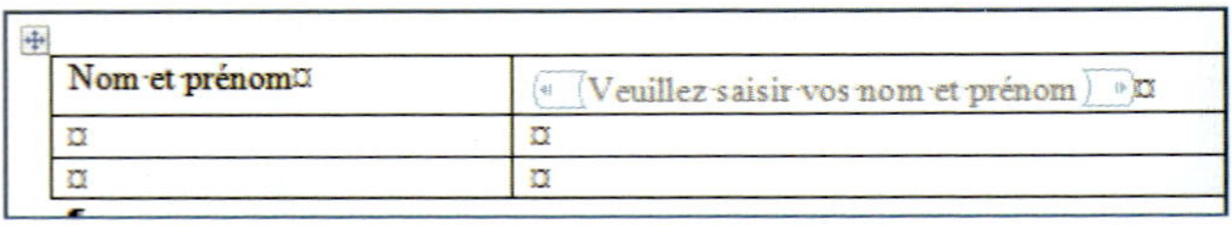

- Tapez `Veuillez saisir vos nom et prénom` entre les deux balises, à la place du texte « Cliquez ici pour taper du texte ».

3 Deuxième ligne :

- Dans la première colonne, tapez `Service`, puis dans la seconde, cliquez sur le bouton **Contrôle du contenu de liste déroulante**. Cliquez ensuite sur le bouton **Propriétés**. Dans la boîte de dialogue, cliquez sur le bouton **Ajouter** et tapez le nom du premier service, puis cliquez

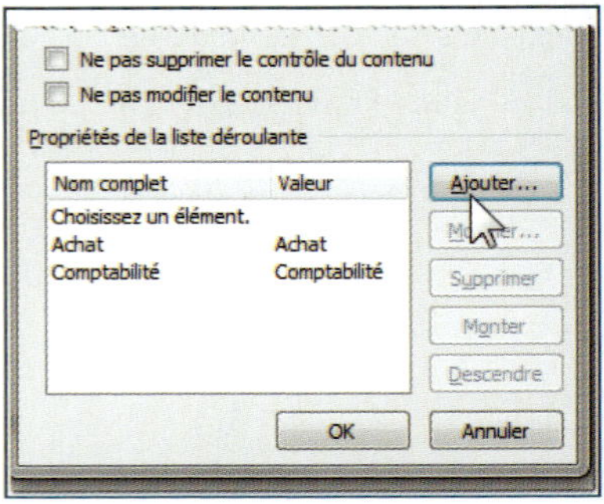

Fiche pratique 16

sur OK. Recommencez autant de fois qu'il y a de services. Lorsque vous avez terminé, cliquez sur OK, puis tapez le texte `Sélectionnez votre service` entre les deux balises.

4 Troisième ligne : laissez la première colonne vierge et dans la seconde colonne, cliquez sur le bouton **Contrôle du contenu d'image**.

5 Quatrième ligne :

- Dans la première colonne, tapez `Cochez si vous avez le statut Cadre`, puis dans la seconde, cliquez sur le bouton **Case à cocher**.

Votre petit formulaire est terminé. Désactivez le mode Création en cliquant sur le bouton du même nom et mettez le tableau en forme.

Sélectionnez votre tableau, puis, toujours dans le groupe *Contrôles*, cliquez sur la liste déroulante *Grouper* et choisissez la commande **Groupe**. Testez votre formulaire : seuls les champs de formulaire sont modifiables.

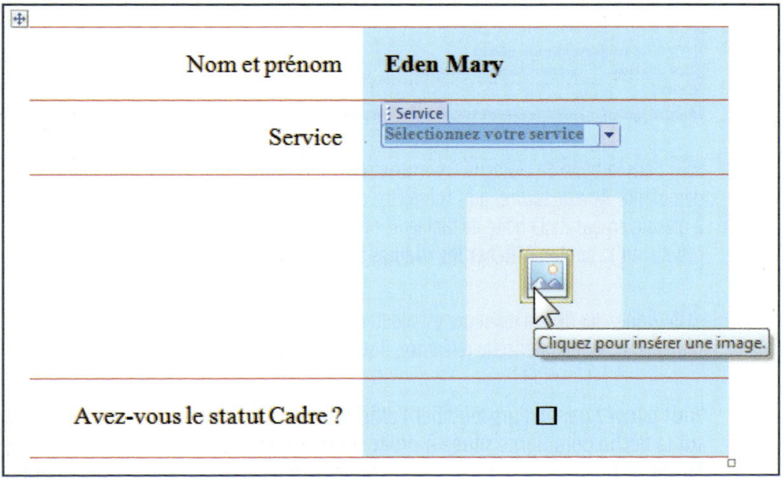

CRÉER UNE BIBLIOGRAPHIE

La création d'une bibliographie n'est pas chose simple et répond à des normes très précises. Cette fonctionnalité de Word va vous aider.

Créer une source

1 Positionnez le point d'insertion à l'endroit où vous souhaitez ajouter une citation, puis, sous l'onglet **Références**, dans le groupe *Citations et bibliographie*, cliquez sur le bouton **Insérer une citation** et sur la commande **Ajouter une nouvelle source**.

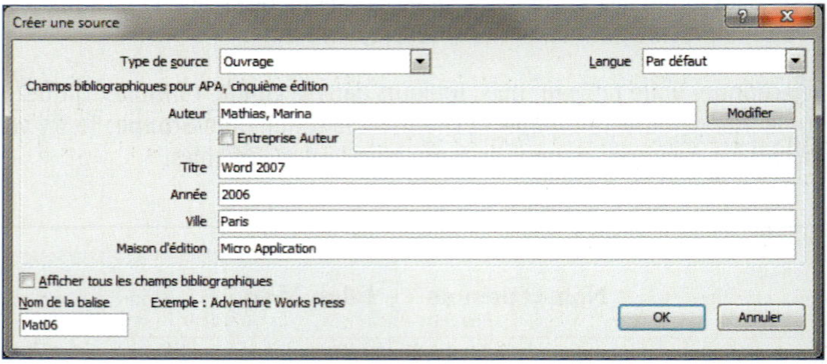

2 Dans la boîte de dialogue **Créer une source**, choisissez une source dans la liste déroulante *Type de source*, puis complétez chaque zone : un exemple s'affiche au fur et à mesure en bas de la boîte de dialogue. Si vous souhaitez entrer d'autres informations, cliquez sur le bouton **Afficher les champs bibliographiques**.

3 Cliquez sur OK : la référence est ajoutée dans votre texte et dans la galerie des citations. Pour réutiliser cette référence, il suffira de la sélectionner dans la galerie.

Vous pouvez par ailleurs modifier l'affichage de la citation dans le texte : cliquez sur la flèche déroulante située à droite du bloc de construction et choisissez **Modifier la citation**. Pour ajouter le ou les numéros de page qui contiennent la citation, complétez la zone de saisie *Pages*. Vous pouvez en effet faire plusieurs fois référence au même livre, en citant des passages différents.

Choisir une norme bibliographique

Il existe plusieurs normes bibliographiques, que vous pourrez choisir dans la liste déroulante *Style* du groupe *Citations et bibliographie*, onglet **Références**.

Gérer les sources

Grâce au bouton **Gérer les sources** du groupe *Citations et bibliographie*, vous pourrez conserver vos sources afin de les réutiliser depuis n'importe quel document. La boîte de dialogue est divisée en deux parties : à gauche la liste principale, à droite la liste du document en cours. Pour passer une source d'une colonne à l'autre, il suffit de la sélectionner et de cliquer sur le bouton **Copier**. La copie vers la droite permettra de conserver la source pour les documents futurs, la copie vers la gauche permettra d'utiliser une source enregistrée auparavant dans le document en cours.

Insérer la bibliographie

Une fois vos références bibliographiques insérées, positionnez le point d'insertion à l'endroit où vous souhaitez ajouter la bibliographie, cliquez sur le bouton **Bibliographie** du groupe *Citations et bibliographie* puis sur un modèle de bibliographie de la galerie.

La bibliographie s'insère dans un bloc de construction.

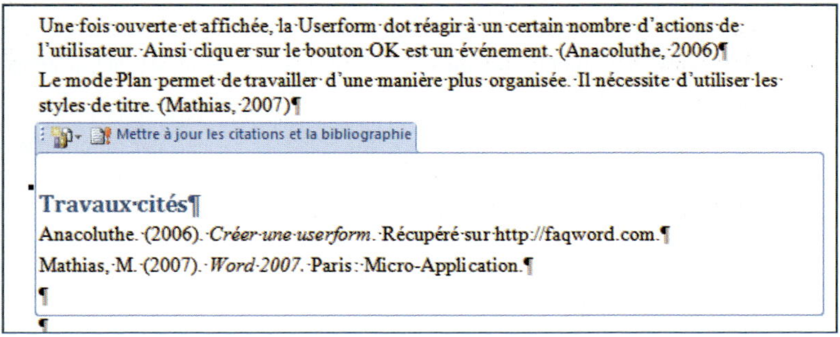
Une fois ouverte et affichée, la Userform dot réagir à un certain nombre d'actions de l'utilisateur. Ainsi cliquer sur le bouton OK est un événement. (Anacoluthe, 2006)¶

Le mode Plan permet de travailler d'une manière plus organisée. Il nécessite d'utiliser les styles de titre. (Mathias, 2007)¶

Mettre à jour les citations et la bibliographie

Travaux cités¶

Anacoluthe. (2006). *Créer une userform*. Récupéré sur http://faqword.com.¶

Mathias, M. (2007). *Word 2007*. Paris : Micro-Application.¶

¶

¶

INSÉRER UNE ÉQUATION

Word contient un éditeur d'équation très puissant. Vous pourrez tout aussi bien construire votre propre équation que créer une équation à partir d'un modèle existant.

1 Sous l'onglet **Insertion**, groupe *Symboles*, cliquez sur la flèche déroulante située en bas du bouton **Équation** pour accéder à la galerie des équations.

Création d'une équation sans utiliser un modèle

Si vous souhaitez créer une équation qui ne soit fondée sur aucun modèle, cliquez directement sur le bouton ***Équation****. Un bloc d'instruction vide s'insère, dans lequel vous allez saisir votre équation.*

2 Choisissez votre modèle d'équation parmi ceux qui sont proposés et cliquez dessus.

3 Un bloc de construction **Équation** s'insère dans votre document, et le Ruban affiche les outils propres aux équations.

4 Il vous reste à personnaliser votre équation en utilisant les éléments des groupes *Symboles* et *Structure* et en y ajoutant, bien entendu, vos propres chiffres.

Espaces réservés des structures mathématiques

Les petits cadres en pointillé sont des espaces réservés. Si la structure contient des espaces réservés, cliquez dedans et saisissez vos chiffres ou symboles.

Pour modifier une équation, cliquez à l'intérieur de celle-ci pour faire apparaître les outils d'équation sur le Ruban.
S'ils n'apparaissent pas, cliquez sur l'onglet **Conception** situé en bout de Ruban.

Une équation peut avoir deux formats : le format *Professionnel* et le format *Linéaire*. Vous pouvez passer de l'un à l'autre en cliquant sur les boutons correspondants situés dans le groupe *Outils* de l'onglet **Conception** ou en utilisant la flèche déroulante située à droite de votre bloc de construction **Équation**.

Par ailleurs, l'équation pourra être soit centrée, seule sur une ligne, soit insérée dans le corps d'un paragraphe. Pour cela, toujours par le biais de la flèche déroulante du bloc de construction **Équation**, vous choisirez la commande **Basculer** pour changer l'état de l'équation.

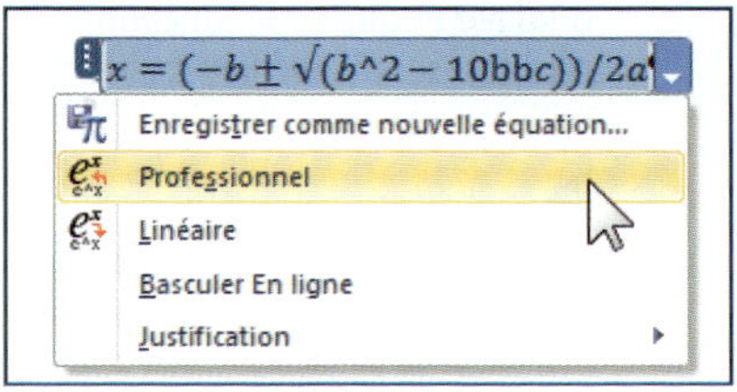

DÉTOURER UNE IMAGE

Le détourage est une technique qui permet d'extraire un élément d'une image, en supprimant l'arrière-plan et en déterminant un contour pour l'élément. Notez néanmoins que Word n'est pas un logiciel de traitement d'image et que cette fonctionnalité reste limitée. Sachez également que les résultats seront meilleurs avec des objets ayant des bords nets.

Détourage et compression

La compression modifie une image puisqu'elle en réduit la résolution. Aussi, compressez impérativement l'image avant de la détourer.

Pour détourer une image, sélectionnez-la, puis :

1. Sous l'onglet **Outils Image**, dans le groupe *Ajuster*, cliquez sur le bouton **Suppression de l'arrière-plan**, qui affiche l'onglet du même nom.

2. Word sélectionne automatiquement les zones à supprimer, qui sont recouvertes de couleur rose pour être repérées facilement.

3. Vous pouvez faire glisser les poignées de la zone de sélection afin que celle-ci englobe plus précisément les zones à supprimer.

4. Si cela ne suffit pas, utilisez les deux boutons **Marquer les zones à supprimer** et **Marquer les zones à conserver**, sous l'onglet du groupe *Affiner*. Après avoir cliqué sur l'un de ces boutons, cliquez dans l'image sur les zones à supprimer ou à conserver ; vous pouvez également tracer des traits en gardant le bouton de la souris enfoncé. Les zones seront marquées par un signe + ou un signe - indiquant si elles doivent être supprimées ou conservées.

5 Une fois les sélections faites, cliquez sur le bouton **Conserver les modifications**.

Pour abandonner les modifications, cliquez sur le bouton **Ignorer toutes les modifications** dans le groupe *Fermer*. Si vous cliquez n'importe où à l'extérieur de la photo, l'onglet **Arrière-plan** se ferme et les modifications sont par défaut conservées. Vous pourrez toujours annuler avec le bouton d'annulation ou le raccourci Ctrl+Z, ou en cliquant à nouveau sur le bouton **Suppression de l'arrière-plan**.

Arrière-plan d'une photo détourée

Une photo détourée a un arrière-plan transparent. Par conséquent, les effets ajoutés à cette photo (contour, lumière, etc.) le seront uniquement sur l'image détourée.

PROTÉGER UN DOCUMENT

Protéger l'accès à un document

Voici comment protéger un document en lecture par un mot de passe.

1. Passez en mode Backstage et cliquez sur **Informations**.

2. Cliquez ensuite sur le bouton **Protéger le document**, puis sur la commande **Chiffrer avec mot de passe**.

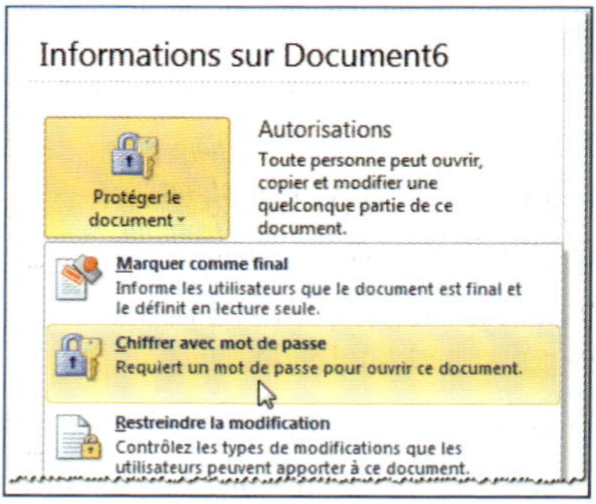

3. Entrez votre mot de passe dans la boîte de dialogue et cliquez sur OK.

4. Confirmez votre mot de passe et cliquez sur OK à nouveau.

Le mot de passe sera demandé à l'ouverture du document.

Empêcher l'enregistrement

Il s'agit non pas d'assurer la confidentialité d'un document, mais plutôt de se protéger contre des erreurs de manipulation qui pourraient être dommageables.

Vous pouvez définir un mot de passe pour la modification, ce qui bloquera l'enregistrement sous le même nom dès lors que l'utilisateur ne connaîtra pas le mot de passe.

1. Dans la boîte de dialogue **Enregistrer sous**, cliquez sur le bouton **Outils**, situé en bas à gauche, puis sur la commande **Options générales**.

2. Complétez la boîte de dialogue en saisissant un mot de passe pour la modification, sous la rubrique *Options de partage de fichier pour ce document.*

3. Cliquez sur le bouton OK : Word vous demande de confirmer le mot de passe.

4. Enregistrez votre document.

Un utilisateur pourra ouvrir le fichier et l'enregistrer sous un autre nom. Le fichier d'origine ne pourra donc pas être modifié.

Une autre solution consiste à marquer votre document comme « Final » :

1. Passez en mode Backstage et cliquez sur **Informations**.

2. Cliquez sur le bouton **Protéger le document**, puis sur la commande **Marquer comme Final**.

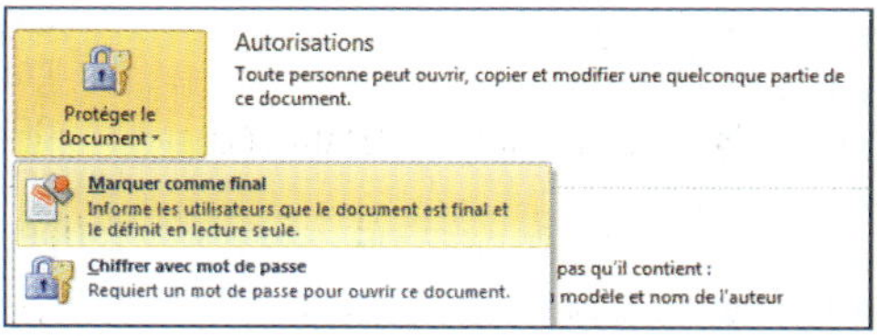

3. Un message vous informe que ce document a été marqué comme « Final » et sauvegardé. Cliquez sur OK.

À présent le clavier est bloqué, et l'enregistrement est impossible. Par ailleurs, la propriété de document *État* est marquée à *Final*.

Notez cependant que l'état Final d'un document n'est qu'une mesure de précaution et d'information.

Un document marqué comme Final se repère aisément :

- Il ne s'ouvre qu'en mode Plein écran.
- En mode Backstage, une bande jaune située en haut du document signale clairement l'état Final.
- Le nom du document contient la mention « Lecture seule » entre parenthèses.

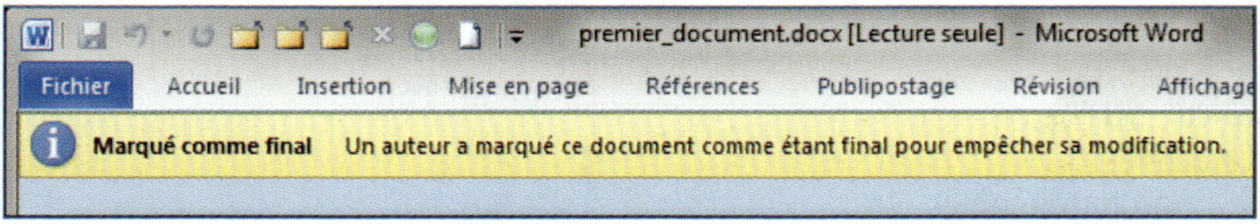

- Toutes les commandes situées sur le Ruban et sur la barre d'outils *Accès rapide* sont grisées.
- Une icône *Marqué comme Final* est affichée dans la barre d'état.

Pour annuler cette action, cliquez sur le bouton **Fichier**, puis sur le bouton jaune **Modifier quand même**.

Enregistrer une nouvelle version d'un document

Si vous enregistrez un document final sous un autre nom, la propriété Final *est conservée.*

INDEX

A

Accent flottant 96
Aide 17
Ajustement automatique 78
Ajuster 82
Aligner 121
Aperçu avant impression 23
Arrière-plan 178
Attribut de police 47
Auteur 134
AutoMaths 163

B

Backstage 16
Barre
 de redimensionnement 14
 d'état 14
 d'outils Accès rapide 13, 137
Bibliographie 182
Bibliothèque de listes 153
Bloc de construction 142, 149
Bordure 63, 87
 automatique 29
Bouton de collage 27

C

Calcul 90
Caractères
 non imprimables 24
 spéciaux 63
Casse 50
Césure 99
Chiffrer 188
Clipart 114
Coller 27
Colonne 41
Comparer 129
Compatibilité 131
Connecteur 109
Contour 110
Contrôle de contenu 147
Convertir 132
Copier 27
Correcteur
 contextuel 94
 grammatical 94
 orthographique 93
Correction automatique 28, 162
Couper 27
Coupure 99
Courbe 109

D

Définitions 105
Dessin 108
 à main levée 109
Détourer une image 186
Dictionnaire
 de noms communs 105
 personnel 97
Document approuvé 129

E

Enregistrer 22
 sous 125
En-tête 34, 144, 172
Équation 184
Espacement 56
Étiquette 160

F

Faux texte 31
Filigrane 178
Forme 108
 libre 109
Formulaire 180
Fusion de cellule 88

G

Glisser-déplacer 28
Grammaire 93
Gras 49
Grouper 122

H

Habillage 120

I

Image 115
Impression
rapide 22
Index 158
Info-bulle 134
Insertion 21
Inspecteur de document 130
Interligne 55
Italique 49

J

Jeu
de couleurs 70, 140
de polices 70, 141
de styles 43, 68, 70

L

Langues étrangères 100
Lettre type 150
Lignes 109
Livret 33

M

Majuscules accentuées 96
Marges 32
Masquer les objets 118
Menus contextuels 15
Messagerie 133
Mini-barre d'outils contextuels 134
Mini-traducteur 103
Mode
compatibilité 131
Plan 156
Plein écran 12
protégé 24, 129
Modifier le nom d'un objet 118
Mot de passe 188
Multisélection 25, 80

N

Nombre
de pages 37
décimal 85
Nom d'utilisateur 134
Normal.dotm 71
Notes de bas de page et de fin 164
Numéro de page 36
Numérotation hiérarchique 152

O

Objets flottants 118
Onglet Développeur 135
OpenType 54
Options
d'enregistrement 126
d'impression 23
Ordre d'empilement 123
Orientation 32
du texte 113
Orthographe 93, 97

P

Page de garde 39
Pagination 36
Partage 130
PDF 133
Personnaliser 135, 137
le ruban 135
Pied de page 34, 172
Poignée d'ajustement 108
Point
de connexion 109
d'insertion 20
Position 121
Première page différente 39
Presse-papiers 27
Office 28
Protéger 188
Publipostage 150

Q

QuickPart 142

R

Raccourci clavier 70, 137
Récupérer un document 127
Redimensionnement 119, 124
Règle 14
    de style 96
Reliure 32
Remplacer 28, 168
Remplissage 110
Réparer 24
Répartir 121
Restaurer 129
Retrait 57
Révision 176
Rogner 119
Rotation 122
Ruban 12, 135

S

Saut
    de page 39
    de section 40
Sauvegarde 22
    automatique 126
Sélectionner 25
SmartArt 116
Soulignement 49
Style 43, 65
    de tableau 85
    rapides 66
Substitution 21
Synonymes 101

T

Tableau 77
    Excel 170
Table des matières 154
Tabulations 59
Thème 70, 141
Traduction 103-104
Trame 87
    de fond 63
Transformer 113

V

Vérificateur de compatibilité 132
Versions 128
Volet 14
    de navigation 26, 166
    Sélection 118

W

WordArt 113

X

XML 131
XPS 133

Z

ZIP 131
Zone
    de dessin 119, 124
    de texte 111, 145

CPI Aubin Imprimeur - Ligugé, D.L. juin 2010 / impr. : L 73787